Elite
31

關於 古蘭經 100 Stories of Koran
的100個故事

吳學榮◎編著

前　言

　　《古蘭經》是先知默罕默德在自己二十三年的傳教生涯中陸續宣讀的有關「真主啟示」的彙集。它是伊斯蘭教唯一的經典，也是最根本的經典。其涵蓋的內容極其豐富，包括宗教、文學、法制、道德習俗等各個方面，可以說是一部關於阿拉伯文化的百科全書式典籍。《古蘭經》之於伊斯蘭教就如《聖經》之於基督教。憑藉這部真主的經文，先知默罕默德把一盤散沙似的阿拉伯人塑造為一個堅韌的民族，並在短短百年之中解放了亞、非、歐三大洲上被羅馬帝國和波斯帝國奴役的幾百萬同胞。

　　「古蘭」這個詞是阿拉伯語Quran的音譯，意為「誦讀」或「宣讀」。《古蘭經》文體採用的是韻體散文的形式，語言精練、節奏明快，讀起來鏗鏘有力。阿拉伯人早期的文藝生活都表現在《古蘭經》裡，那時典雅的文章無不是以《古蘭經》為先導。

　　時至今日，穆斯林分布在全球七十多個國家和地區，他們的文化信仰和生活方式必然會引起全世界人們的關注。英國學者蘭敦說過這樣一句話：「西方文化中的數學、醫學、哲學等科學深深得益於伊斯蘭文化，如果不瞭解後者也就無法瞭解前者。」而做為伊斯蘭教唯一的經典《古蘭經》，也就順理成章地成為西方高等院校重點研究的課程之一。

　　在如今這樣一個多元化和全球化共存的地球村時代，充滿了

變動和挑戰。只有不斷加強世界不同文化間的交流和對話才能消除彼此的偏見，進而減少不必要的衝突。只有這樣，我們才能求同存異，為了人類共同的福祉一起奮鬥。然而，要做到互相理解並不是一件容易的事情，首先就要對做為文化核心的宗教文化有一個全面透徹的瞭解。做為伊斯蘭教「經典中的經典」，《古蘭經》絕對是瞭解伊斯蘭文化的一條必經之路。

在《古蘭經》中，最引人注目、給人啟迪的是穿插其中的故事。真主做為講述者，他以第一人稱的語氣把這些故事說給了先知穆罕默德。在這些極具啟示性的故事中，有些是為了警告世人要信仰真主，不要執迷不悟，否則就會重蹈前人遭到毀滅的覆轍；有些是為先知穆罕默德所提倡的宗教正名，向世人闡明穆罕默德宣導的宗教不是標新立異，而是繼承了古代眾先知的衣缽；還有一些是為了鼓勵處於困境中的穆斯林們，激勵他們要學習先人與艱難困苦爭鬥的勇氣和智慧，堅持到最後的勝利。

編著者本著實用有趣的原則，把卷帙浩繁的《古蘭經》用100個精彩故事展現出來，每一篇故事都閃爍著智慧之光。

德國大文豪歌德說：「《古蘭經》裡的故事是百讀不厭的，每讀一次，總覺得它們變得更加新鮮了。」

願，我們這本書也能給您這樣的感覺。

目 錄

第三章 眾先知的醒世記

第五章 小故事的喻世記

第一章

伊斯蘭教的創世記

宇宙起源與萬物的創造

全能的穆斯林真主

一切讚頌，全歸真主——全世界的主！

據說很久很久以前，在天地還沒有形成的時候，整個宇宙都空洞無邊，沒有日月星辰，也沒有鳥獸魚蟲，而掌管著這片「空洞」的就是真主。也許是一個人太寂寞，真主用了七天的時間創造出了天地萬物，在第七天的最後一刻，創造了人類。

第一天，真主完成了開天闢地的壯舉。他將一根神奇的柱子矗立在一片渾濁的水中，藉助這根柱子支撐起天空，把水和天分成兩半，從此以後，整個世界分成上、下兩部分，上面是天空，下面是水。在真主的神力之下，大片大片的陸地從水下突出，變成廣闊的大地，洶湧的大水匯聚成河流、湖泊與海洋。

第二天，真主把平坦的大地變成了凹凸不平的形狀，形成綿延起伏的山脈，山脈之間出現深不可測的溝壑，還有無窮無盡的丘陵和平原。看著自己的傑作，真主還是不滿足，他覺得陸地上顯得有些空蕩，便決定在大地上再創造出一些生物來。

第三天，真主讓大地生長出各式各樣的植物，一時間，百花爭奇鬥豔，各種樹木鬱鬱蔥蔥，蔚然成林，飄香的瓜果，新鮮的蔬菜也轉瞬而生，整個世界頓時顯得一片生機。倘若我們這個世界都是如此美好，那麼就沒有什麼好壞、美醜的區別了，這何嘗不是一種遺憾呢？

於是，萬能的真主在第四天創造出一切讓人們為之鬱悶和厭惡的可憎之物。

第五天很快到來了，真主決定對天空做一下改變，他在空中創造出各式各樣的發光體，並且安排好它們照射大地的時間。就這樣，世間有了日月星辰的存在。不僅如此，真主還巧妙而神奇地把它們固定在各自的軌道上，讓它們按照一定的規律運行。從此以後，整個宇宙有了光明和黑暗的區別：白天，太陽普照大地；夜晚，群星指引方向，明月照亮道路。如此周而復始，世間也就有了四季之變化，年月日之分別。

第六天到來的時候，真主決定在水中、空中和陸地上創造出一些動物。他讓魚兒優游在水中，讓鳥兒飛翔在空中，讓各種牲畜、昆蟲在大地上繁殖生息，使整個世界更加熱鬧和鮮活起來。

就這樣，萬能的真主在兩天內創造了天和地，在六天內創造了天地之間的一切。在開天闢地的同時，真主也給自己做了一些事情，他從光中創造出了天使，並將他們安置在天庭上做自己的近侍。其中有四位天使肩負重任，被稱為「四大天使」。在四大天使中，位列第一的是吉卜利勒，他的主要職責是向真主派遣的先知傳授來自真主的經文；位列第二的是米卡伊勒，他的職責是負責呼風喚雨，管理天象；位列第三是阿茲拉伊勒，他的職務是司命天使，主要的任務是根據真主的命令取走人類的靈魂，終結人的生命；位列第四的是伊斯拉菲勒，他主要負責吹響世界末日的號角，一旦他吹響了號角，整個宇宙就會陷入毀滅，然後轉世。

小知識

吉卜利勒：《聖經·舊約》中稱其為加百利，因其在眾天使中的地位最高，故有「天使長」之稱。其專職使命是奉真主派遣，向眾先知傳達真主的啟示。他曾先後將真主賜降的經典《討拉特》、《宰卜爾》和《引支勒》分別傳達給古代先知穆薩、達烏德和爾薩。隨後，他又將真主降示的《古蘭經》文傳達給穆罕默德。

用黏土創造人類

人類祖先阿丹的誕生

當時，你的主曾對眾天神說：「我必定要用泥土創造一個人。」

經過一週的努力，真主把原本混沌與虛無的世界變得多姿多彩、有聲有色、煥然一新。做完這一切之後，他決定創造超越一切生靈的人類，讓他們代替自己治理大地。

當真主把這一想法告訴眾天使的時候，卻遭到他們的反對。天使們對真主的這個決定深感意外和不解，在他們看來，這個世界已經很完美了，一切都在正常地運轉著，環境好氣氛好，更何況至高無上的真主時時受到天使們的擁戴和讚頌。假如再創造出人類，那麼寧靜的氣氛就不免遭到破壞，理想的環境就會隨之改變。

於是，天使們選出一個代表，向真主表達大家的意見：「我最敬愛的真主，您怎麼會有這樣的想法呢？您創造的宇宙萬物已經完美無缺了，無需再創造人類了。他們會給我們帶來很大的麻煩，也不會像我們那樣感激您、崇拜您、敬佩您的。」

真主充滿自信地對眾天使說：「諸位，我可以使人類變得智慧無比，他們會在我的引導之下，變得謙虛而和善。」

接著，真主便開始了「造人工作」。 他首先用黏土塑造出一個形體優美的男人，他有著挺拔的身軀和清秀的面孔，五官勻稱，四肢健壯。剛開始，這個新生物還沒有任何的思想和意識，只是一個泥土塑成的模型而已。當真

主將一口靈氣吹進這個模型的身軀後，他很快就有了脈搏和呼吸，雙眼也有了光芒。真主賜予他觀察萬物、傾聽聲音、表達想法、傾吐話語的能力，不僅如此，還賜予他超凡的精神意識和複雜的思維能力，使他具備了超凡、卓越的智慧，成為萬物之靈長。

自此，真主創造了最初的人，創造了人類的始祖。真主還給人類的始祖取了一個很好聽的名字──阿丹。

真主的心思很細膩，為了不讓阿丹孤獨，他又創造出一個女人，讓這個女人和阿丹結為夫妻，這個女人就是哈娃。阿丹和哈娃住在綠樹成蔭、花果滿地的天園裡，和眾天使一起享受著真主的恩澤，感激著真主，讚頌著真主。

但是，面對著這兩個陌生的人，眾天使卻有點不知所措，不知道該以什麼身分去和他們交往和生活。在天使們眼裡，阿丹和哈娃是低他們一等的，不配和真主生活在一起。

為了在眾天使面前樹立起阿丹的威信，真主就對他們說：「眾天使啊，如果你們自以為比阿丹還要聰明，那就把世間萬事萬物的名稱和性質逐一地告訴阿丹吧！」

聽到真主這個提議，眾天使面面相覷無言以對，他們只知道要侍奉真主，對周圍的一切卻一無所知。他們羞愧而無奈地對真主說：「仁慈的真主，我們回答不出這個問題，天地間您才是萬能的，我們所擁有的一切都是您賜予的！只有您才能瞭解其中的奧祕。」

聽完眾天使的回答，真主微笑著對阿丹說：「既然他們回答不出剛才的問題，你就來告訴他們吧！」接到真主的命令，阿丹不假思索地把萬事萬物的名稱、性質和用途等正確無誤地告訴了大家。阿丹的表現讓眾天使嚇了一

跳，他們想不到這個用黏土創造出來的人類竟然也和真主一樣無所不知，頓時嚇得目瞪口呆。

直到此時，眾天使才後悔當初不該冒冒失失地對真主的決定提出異議。原來，宇宙間的一切奧祕都在真主的掌握之中。

看到眾天使的臉上掛滿了悔意和敬佩，真主毫不猶豫地命令道：「既然你們都沒有阿丹聰明，那麼各位就向阿丹俯首致敬吧！」一聲令下，眾天使趕緊伏在地上，心悅誠服地向人類始祖阿丹施禮致敬。

小知識

真主：是伊斯蘭教所信仰的唯一主宰的名稱，也被稱為安拉和胡達。在伊斯蘭教興起之前，一部分阿拉伯人和猶太教徒以及基督教徒都把自己所信奉的最高神稱為真主，因為他們相信真主是「天地的創造者和日月星辰的支配者」。同時，他們還為真主樹立了各種配神來加以崇拜。在伊斯蘭教興起之後這種信仰就逐漸消失了，因為伊斯蘭教認為正確的宗教信仰來自於宇宙的造物主真主，要摒棄那些雜而無用的虛無神靈，將真主視為天地間唯一的最高主宰。

向真主對決的魔鬼

易卜列斯

眾人啊！你們的主，創造了你們，和你們以前的人，你們當崇拜他，以便你們敬畏。

阿丹在真主和眾天使面前成功證明了自己的能力，得到真主的祝福和眾天使的叩拜。但一向態度傲慢、舉止粗暴的天使易卜列斯卻拒絕執行真主的命令，他一動也不動地站在那裡，對阿丹嗤之以鼻，不屑一顧。

「憑什麼我要向他跪拜，他是低級無能的物種，只有白癡才肯向他屈膝。」易卜列斯指著阿丹輕蔑地對真主說道。

「你說什麼，誰低級無能，你再給我說一遍！」真主勃然大怒道。

易卜列斯指著阿丹對真主說：「您用泥土製造了他，他是這個世界上最低能的生物，如此愚蠢的物種，他不配讓眾天使叩拜。」

真主怒氣沖天，拍著桌案喊道：「易卜列斯，你給我滾出去，你才是這個世界上最低級無能的東西，你不配待在天園裡。現在，你已經喪失了這個資格，立刻給我滾出去！」

看著勃然大怒的真主，易卜列斯大吃一驚，他作夢也想不到一向以寬厚待人的真主竟會如此生氣。易卜列斯有些害怕了，如果他真的被趕出了天園，那就意味著他不可能再享有現在這樣的身分和地位，沒有真主安拉的庇護，他什麼都不是。更可氣的是，自己竟輸給了一個用泥巴做出來的白癡，實在是難以接受。

易卜列斯知道真主的態度是不會輕易改變的，更不會放棄對阿丹的厚愛，如果自己和真主鬧翻，那麼連除掉阿丹的機會都沒有。只有先留在天園，從長計議。

想到此，他聲音顫抖著向真主祈求道：「我最敬愛的真主，請您寬容我、原諒我、包容我吧！以後我再也不會抵制您的命令了。」

真主早就洞察了易卜列斯的心思，他充滿厭惡地說道：「直到世界末日到來之前，你都會受到詛咒。」說罷，便把易卜列斯驅逐出了天園。

遭到呵斥和驅逐的易卜列斯心有不甘地在天園門外徘徊遊蕩，他拒絕反思自己的過錯，卻對阿丹恨得咬牙切齒。他在心裡暗暗發誓：「總有一天，我要和阿丹算一下這筆帳，一定要連本帶利討回來。」

「阿丹，你等著，我們走著瞧！」易卜列斯陰險惡毒的詛咒迴盪在天園裡。

真主是萬能的，他一眼看穿了易卜列斯的詭計。為了避免阿丹受到傷害，他再次嚴肅地警告易卜列斯：「阿丹的智慧非同小可，在他面前，你沒有任何機會，你就死了報復的心吧！倘若你一意孤行，繼續為非作歹，製造混亂的話，你必將受到清算和懲罰。到時候，我會把你扔進火獄中去，讓你永世不得翻身。」

小知識

易卜列斯：原意為「邪惡者」，《古蘭經》稱其為真主用火造化的「精靈」。他因拒絕服從真主命令，不向用泥造就的人類祖先叩拜而被貶為魔鬼，專門誘人犯罪。穆斯林用以指現實生活中挑撥離間者。

誓言與誘惑的較量
易卜列斯的詭計

善功的份量較輕的人，將因生前不信我的跡象而虧折自身。

世上先有男人還是先有女人，一直是一個很有爭議的話題。其實，這個爭議早有答案。

真主在創造了阿丹之後，心思縝密的他覺得阿丹一個人太孤獨了，需要有一個伴侶。於是，真主問阿丹：「阿丹，你是否覺得孤獨呢？你需要一個伴侶嗎？」

真主的話正中阿丹的下懷，他趁機回答道：「是的，儘管在這樣一個綠樹成蔭、瓜果飄香的福地裡，我依然覺得很孤獨，特別希望有人陪伴我，哪怕只是陪我一起吃吃飯。」

聽了阿丹的話，真主說：「好，我可以滿足你的願望，給你一個伴侶，但是，你要為此付出代價。我要用你的肋骨來創造這個屬於你的伴侶，讓她成為你的妻子，你願意嗎？」

阿丹毫不猶豫地點頭答應：「我最親愛的真主，您這個想法實在是太好了。我願意為此付出代價，承擔痛苦，獻出我的肋骨。」

就這樣，阿丹的一根肋骨變成一個女人，這個女人成了他的妻子。阿丹給她取名為哈娃，並與之結為夫妻，朝夕相處。兩人跑遍了天園的每一個角落，那裡的每一處風景都見證了這對夫妻的幸福人生。

一天，阿丹和哈娃正在果園中嬉笑打鬧，真主忽然大駕光臨。

看到真主，阿丹急忙拉著哈娃跪迎偉大的真主。

「你們習慣這裡的生活嗎？」真主充滿關切地問阿丹和哈娃。

「我最親愛的真主，多謝您賜予我如此美麗善良的妻子，我們生活得非常好，很開心，也很滿足。」阿丹滿臉幸福地回答道。

真主滿意地點了點頭：「今天我來是特地要告訴你們一件事，這個果園裡的任何果實，你們都可以吃，但絕對不能靠近那棵天園之樹，知道嗎？」真主用手指了指那棵樹說：「你們千萬要記住，不要靠近它，這是一棵會讓人產生邪惡慾望的樹。」

說到這裡，真主臉上的表情突然變得嚴肅起來，他說：「我把天園贈給你們，做為你們的棲息地，如果你們聽我的話，順從我，你們會一直過著幸福的生活，但你們如果違背了對我立下的誓言，我就會把你們丟入火獄中。只要你們遠離這棵樹，你們就可以在這天園中永久地居住下去，不愁吃穿，更沒有勞累和痛苦。你們，一定要記住我的話！」

阿丹和哈娃跪在地上，再次在真主面前發誓：「我們謹遵您的教誨和叮囑，不靠近那棵樹，更不會去吃上面的果實。」

聽了阿丹和哈娃的話，真主放心地點了點頭，說：「易卜列斯被我驅逐出天園，他很有可能會來報復你們，你們一定要當心他，千萬不要上他的當。對於他的任何話，你們都不能相信。」

真主囑咐一番之後，放心地離開了。此時，沉浸在幸福和快樂之中的阿丹和哈娃完全沒有意識到一場災難就要來臨了。

而另一邊，被真主貶出天園的易卜列斯一直在等待和尋找著報復阿丹和

哈娃的機會。每當他看到阿丹和哈娃在天園裡恩愛有加，內心就充滿了憤恨和妒忌。他無法理解，真主為什麼會對如此低下的人類這麼好。

「我一定要報復你們，我得不到的，你們也休想得到！」易卜列斯狠狠地自言自語道。

在聽到真主對阿丹夫婦警告的話後，易卜列斯認為報仇的機會來了。

「對，就這麼辦！」一條毒計在這個惡魔的腦海裡冒了出來。

一天，趁著阿丹不在哈娃身邊的時候，易卜列斯走近她，假裝和善地說：「哈娃，妳看那棵樹上的果子多麼誘人呀！妳和阿丹怎麼不去吃呢？」

聽聞此言，哈娃充滿警惕的看著易卜列斯說：「真主囑咐過我們，不許我們吃那棵樹上的果子，我們是不會背叛真主的，更不會違背自己的誓言。」

易卜列斯做出一副神祕兮兮的樣子說：「我以為你們早就知道真主的真實想法，沒想到你們居然不知道。」

哈娃聽了易卜列斯這些話感到很好奇，問道：「真主的真實用意是什麼呢？與我們吃這些果子到底有什麼樣的關聯？易卜列斯，你一定要說明白。」

易卜列斯見哈娃開始上鉤，心裡暗暗得意，嘴上接著說：「哈娃，你們真是一對糊塗蛋，居然連這裡面的祕密都不知道，還是我來告訴你們吧！其實真主是不想讓你們成為天使，在這裡永久地居住下去，才不讓你們吃的。你們如果不吃這些果子，就不會像我們一樣生命長久不衰。」

易卜列斯看了看半信半疑的哈娃，繼續遊說：「真的，我沒有騙你們，我可以發毒誓，如果我騙你們，我不得好死。」

這個時候，阿丹回來了，他看到正和哈娃說話的易卜列斯立刻沉下臉問道：「易卜列斯，你來這裡做什麼？我們不歡迎你來這裡，趕緊離開。」

易卜列斯詭笑道：「我是來告訴你們一個祕密的，其實那棵樹上的果子是可以吃的，吃了之後可以成為天使。可惜，真主對你們隱瞞了祕密，我看你們忍得好辛苦，所以特意來告訴你們的。」

阿丹冷冷地哼一聲，說道：「你不可能如此的好心吧？」

易卜列斯虛偽地笑了笑，說：「怎麼會呢！我是真心想幫助你們的，我剛才還和哈娃發過毒誓，你應該相信我。」

阿丹狐疑地看了看哈娃。

哈娃對阿丹說：「是的，他剛才發過誓，我想他的話應該是真的。」

小知識

「天園」：又譯「天堂」、「樂園」，是伊斯蘭教信仰的後世極樂境界。它坐落在七層天體之上，每一層由低到高，不同品級的人將分別住在不同層次的天園裡，品級越高，住的層次就越高。《古蘭經》明確指出：「信教、行善的人，敬畏真主的人，為主奮鬥的人和恪守教規的人，將永住天園。」

偷吃禁果代價大
阿丹與哈娃的愛情悲劇

易卜列斯用欺騙的手段使他們墮落。當他們嚐了那棵樹上的果實的時候，他們的私處便對自己顯露出來了，他們只好用園裡的樹葉遮蓋自己的下體。真主喊叫阿丹與哈娃說：「難道我沒有禁止你們吃那棵樹的果實嗎？難道我沒有對你們說過，惡魔確是你們的死敵嗎？」

照理說，像易卜列斯這樣的惡徒，怎能輕信於他，況且他一開始便公然站在自己的對立面。但轉念一想，即使自己犯了錯誤，真主安拉也應該容許自己改正的。看易卜列斯講話的語調，似乎也符合情理，更何況他並不強迫就範，只是點到為止，看不出他有什麼險惡用心。於是，阿丹和哈娃的思緒紊亂了，意念模糊了，遙望著那棵枝繁葉茂的禁樹上面散發著誘人香氣的果實，一股難以抵制的誘惑力，好像磁鐵一樣吸引著他們，使他們不由自主地向那棵樹走去……

阿丹挑中果實中最光滑、最新鮮的一顆，摘下來，拋給正在樹下仰望的哈娃。哈娃接過阿丹扔過來的禁果，聞著撲鼻而來的清香，再也按捺不住，大口大口地吃起來。阿丹坐在大樹枝上，也摘了一顆，津津有味地咀嚼著。

突然，阿丹在樹上聽到自己的妻子哈娃在樹下發出一聲令人驚恐萬分的慘叫。情急之下，阿丹立刻從樹上跳了下來，只見妻子哈娃全身裸露，驚惶失措地用雙手掩蓋著自己的私處……他正想詢問是怎麼回事，忽然發現自己也赤裸裸無所遮掩。夫婦倆羞愧難耐，便躲進了灌木叢中。

此時，真主剛好進入園中，他大聲喊著阿丹和哈娃的名字，不見回應。

無奈之下，阿丹和哈娃從樹上摘了些樹葉，遮住自己的下體，才忐忑不安的來到真主的面前。真主當即猜出阿丹和哈娃已經違背他們自己的誓言，偷吃了禁果，便生氣地說：「我不是和你們說過嗎？那棵樹是禁止靠近的，你們為何不聽我的話？」

阿丹和哈娃慌忙跪在地上說：「敬愛的真主，是易卜列斯告訴我們樹上的果實是可以吃的，他甚至還向我們發毒誓，說沒有關係，我們吃了會成為天使，能有幸跟您相伴更久，所以我們才吃了禁果。」

此時，阿丹和哈娃後悔萬分，祈求真主的原諒：「偉大的真主，我們知道錯了，我們不該背叛對您許下的諾言，失信於您，請您寬恕我們吧！如果您不寬恕我們，不憐惜我們，我們將會非常痛苦和內疚。」仁慈的真主看到阿丹和哈娃已經認錯，也知道他們是被易卜列斯所欺騙，決定給他們一個改過自新的機會。於是，真主決定讓他們經歷磨難，離開天園去大地生活，讓他們在那裡體會耕作之辛勞，育兒之艱難。

臨走的時候，真主嘆著氣說：「你們到大地上自謀生活吧！在那裡尋找棲身的地方，栽種果腹的糧食。你們將會和易卜列斯成為仇敵，記住，不要再被易卜列斯欺騙了。」阿丹和哈娃點頭叩別真主，帶著悔意和茫然離開了天園。

小知識

伊斯蘭教的婚姻制度是以《古蘭經》、聖訓和教法為依據的，在修改補充阿拉伯婚姻習俗的基礎上，提出了一套系統比較完整的穆斯林婚姻、家庭生活的道德規範和法律制度。主張婚姻自由，反對強迫、買賣和包辦。關於離婚，也明確規定了男方有休妻權，但必須保持謹慎的態度，不可草率離婚。

為愛放棄天堂也無悔

被貶下凡間的阿丹夫婦

阿丹的子孫啊！我確已為你們創造蔽體的衣服和修飾的衣服，敬畏的衣服尤為優美。這是屬於真主的跡象，以便他們覺悟。

離開了天園，擺在阿丹和哈娃兩個人面前有兩種選擇：正路和歧途，信仰與背叛，成功和失敗。誰順從真主，誰就不受魔鬼之蠱惑，誰不順從真主，誰就背叛了正道，陷入窮苦潦倒的境地。因為偷食禁果，阿丹和哈娃淚別真主，離開天園來到大地。雖然在大地上的生活與在天園裡的生活有著天壤之別，但是，他們夫婦對真主的寬容和仁慈，一直心存感恩，念念不忘。

在經歷了上次事件之後，阿丹和哈娃對易卜列斯這個混蛋一直心懷警惕，無時無刻都提防著他的干擾和破壞。每當念及真主的好，阿丹都會提醒一下自己的妻子：「哈娃，我們不能再犯同樣的錯誤了。」哈娃點點頭說：「是的，我們一定要牢記上次的教訓，再也不能犯如此愚蠢的錯誤了。」

安頓下來之後，阿丹和哈娃夫婦兩人日出而作，日落而息，他們學會了自己尋找食物，學會了搭建棲身之所，開始全新的生活。很快，哈娃和阿丹就完全適應了人間生活，他們的生活也過得越來越順心了。但是，他們的敵人易卜列斯卻沒有放棄對他們的報復和仇恨。易卜列斯一直在人間徘徊著，尋找機會發洩他的怒火，挑起紛爭，破壞阿丹和哈娃的關係。

一天，哈娃對阿丹說：「阿丹，我好像有孩子了，你看，我的肚子都凸出來了。」阿丹高興地撫摸著哈娃的肚子說：「太好了，我要當父親了！」

阿丹對真主感謝道：「我最敬畏的真主，感謝您寬恕我們，感謝您賜給我們孩子，我會獻上我最忠實的敬畏。」

十月懷胎，生產的時刻終於來臨了，哈娃生下高比勒和他的妹妹，一男一女兩個孩子。阿丹左手抱著兒子，右手抱著女兒，笑得合不攏嘴。他暗下決心一定要竭盡全力把兩個孩子撫養長大，要教會他們做人的道理，讓他們懂得是非善惡、對錯黑白，讓他們知道，這世界上只有真主的啟示，才應該言聽計從。

哈娃看到丈夫阿丹如此高興，自己也非常開心。她內心深處想做一個好母親，好好撫養孩子，教會孩子如何生存，讓孩子知道真主的仁慈和善良。

真主看到哈娃順利生下兩個孩子，也真心為阿丹和哈娃高興。不久，喜訊再度傳來，哈娃又一次懷孕了。因為有了上一次的生產經驗，這一次，哈娃順利地生下了哈比勒和他的孿生妹妹，同樣是一對可愛的小孩。

這四個孩子在雙親的關懷下慢慢地長大，高比勒和哈比勒這對兄弟相親相愛，兩個女兒也出落得亭亭玉立，像含苞待放的花朵一樣，十分惹人憐愛。躲藏在暗處覬覦著阿丹一家幸福生活的易卜列斯賊心不死，他的心理更加失衡了，又一次萌生出一個惡毒的計畫，決定把自己的陰謀詭計用在阿丹和哈娃的孩子身上。

小知識

信仰伊斯蘭教的各民族婚禮是不同的，但共同點都是要念和寫「伊札布」。阿拉伯語為確定、確認的意思。首先用阿拉伯文寫了「伊札布」，即證婚詞，在上面分別填上男女雙方的經名，用阿拉伯語唸誦後，再用本族語言解釋證婚詞，並分別詢問新郎和新娘對此婚姻是否願意。在得到雙方肯定的回答之後，就會向新人及其家人表示祝福，婚禮即成。

禍起蕭牆
兄弟兩人的婚嫁之爭

信士與信士互為弟兄，弟兄之間不參與討價還價的競爭，不互相排擠。某人的弟兄向一個女子提親的時候，他就不應當參加求婚，只有當那個弟兄收回提議，他才能提出自己的婚姻要求。

時間很快的過去，阿丹和哈娃的孩子們也長大了。每天，阿丹都帶著兩個兒子下田耕作，哈娃和兩個女兒則在家裡洗衣服、做飯、紡織，一家六口，分工合作，合作得很有默契。

有一天下午，阿丹和兩個兒子高比勒和哈比勒結束了一天的工作之後，與往常一樣向真主禱告，感謝真主賜予他們的收成。

祈禱的時候，阿丹發現兒子高比勒一副心事重重、悶悶不樂的樣子。

「怎麼了，我的孩子，有什麼心事嗎？」阿丹關切地問道。

「親愛的爸爸，我……我不知道怎麼說才好。」高比勒靦腆地回答。對一個剛剛成年的小夥子來說，有些事可能真的難以啟齒，他害怕說出來被自己的父親訓斥。

「有什麼不能說的呢？孩子！我是你的爸爸，任何話都可以跟我說，我不會責怪你的。沒有關係，有什麼就說什麼吧！」阿丹笑著鼓勵兒子說。

「爸爸，我想結婚了。」高比勒抓了抓後腦勺，臉紅紅的。

「可以啊！孩子，想結婚是件好事情，你和哈比勒兩個人都到該結婚的

年齡了。」看著高比勒滿臉害羞的模樣，阿丹覺得既好笑又欣慰。

在旁邊祈禱的哈比勒聽到父親和哥哥的談話，也沒有心思做禮拜了。他站起身來，獨自走到外面想著自己的心事。

哥哥和父親的談話讓他想起了美麗的格麗曼妹妹，他從小就很喜歡這個妹妹。格麗曼不但漂亮、聰明，而且可愛、活潑，如果要結婚，他就想和格麗曼結婚。

阿丹把兒女們都召集一起，告訴孩子們，他決定讓高比勒娶哈比勒的胞妹為妻子，哈比勒娶高比勒的胞妹為妻子。

高比勒聽完父親的安排後，十分生氣，他一想到自己的弟弟可以娶漂亮的格麗曼，就怒中火燒。他站起來大聲對父親說：「不！不！我要和自己的胞妹結婚。」

這個時候，哈比勒卻心平氣和地對哥哥說：「哥哥，這是父親的安排。」

高比勒用仇恨的目光怒視著弟弟，他不明白，為何弟弟要和他搶心愛的女人。

這個時候，該輪到做父親的阿丹出來做決定了，可是，他也感到很矛盾，兩邊都是自己的兒子，他到底該怎麼做，才能讓兩個兒子都滿意呢？阿丹一時間沒有了主意。

第二天，阿丹去向至尊的真主詢問兩個兒子的婚姻大事該如何安排。

「阿丹，可以讓兩兄弟和兩姐妹互相婚配，讓兄弟兩人各自向我獻禮，誰的禮物被我接受了，誰就有優先選擇的權利。」真主說。

「我最敬愛的真主，您這樣的安排實在是太好了。感謝您，我的真

主！」阿丹聽了之後非常高興，他終於解決了一個令自己為難的問題。

回到住處的當天晚上，阿丹再一次把自己的兒女們叫到一起：「我的孩子們，對於你們的婚姻大事，真主已經向我啟示，高比勒和哈比勒得向我們最敬愛的真主獻禮，誰的禮物被真主接受了，誰就有優先選擇妻子的權利。」

兄弟兩人看了看兩姐妹，點頭表示贊同這個方法。

高比勒問父親：「那麼，我們該怎麼獻祭呢？」

阿丹告訴兩個兒子：「你們每個人可以拿自己的工作成果去獻祭，高比勒可以拿一些你自己收穫的農作物去，哈比勒可以送一些牲畜過去。你們各自把獻祭的物品放到山頂上去，如果偉大的真主送來了火，誰的祭物被火燒著了，那麼就意味著至尊的真主接受了誰的祭物。

於是，高比勒抱來了一捆金黃且發出誘人芳香的小麥，而哈比勒則牽來了一頭高大、肥壯的駱駝。兩人翹首仰望著天空，期盼著真主來接受祭物。阿丹則站在一旁默默地為自己的兒子們祈禱著，祝福他們都能如願以償娶到自己的意中人。

因為高比勒曾經違抗過真主的命令，所以天空中落下的那團火焰把駱駝燒著了，而那捆小麥卻安然無恙。最終，忠厚老實、虔誠拜主的哈比勒如願以償地娶到了心儀的格麗曼。

小知識

真災：指復活。因為在復活日，一切事物的真相將大白於天下。

物猶如此人何以堪

良心發現的高比勒

誰在不義之後悔罪自新，真主必赦宥誰，真主確是至赦的，確是至
慈的。

眼睜睜地看著弟弟娶走了自己喜歡的女人，高比勒既失落又難過，一個
人坐在樹下，悶悶地想著心事。

藏在暗處的易卜列斯認為找到了復仇的機會，他走出來對高比勒說：
「你就這樣放棄了你心儀的格麗曼，讓你弟弟娶她為妻嗎？」

「可是，我又該怎麼辦呢？偉大的真主已經接受了哈比勒的獻禮。」高
比勒有些無奈。「那我還能怎麼做？」

「孩子，你應該把哈比勒除掉。這樣一來，你就可以和格麗曼結婚
了。」易卜列斯惡狠狠地說。

「那麼，如何才能除掉他呢？」高比勒問。

「辦法很多，也很簡單，你可以用繩子勒死他，也可以用榔頭砸死他，
還可以用藥毒死他。只要你想讓他死，他就一定活不了。」

聽了易卜列斯的話，高比勒陷入了沉默中。他畢竟只是一個剛成年的孩
子，在這樣的問題上，他不知道怎麼做才是最正確的。

晚上，高比勒回到家裡，當他看到哈比勒和格麗曼親熱的樣子，心裡特
別難受。他越想越不甘心，決定聽取易卜列斯的建議殺掉弟弟，奪回自己所

愛的人。此時，仇恨已經淹沒了他的心智，怒火在他內心裡熊熊燃燒。

高比勒找了一個機會對哈比勒說：「弟弟，我們出去聊聊吧！」

聽到哥哥的話，哈比勒當即點頭同意。

兄弟兩人離開了住所，一前一後在路上走著。高比勒回想著兄弟兩人從小到大一起吃飯、睡覺、玩耍的場面，一時之間，心又軟了下來。 可是一想到弟弟霸佔著自己喜歡的格麗曼，那股怒火便重新燃燒了起來。

「哥哥，漂亮的格麗曼將成為我的妻子，請你祝福我們吧！」天真的哈比勒開心地對哥哥說。此時，他絲毫沒有意識到死神的逼近。

哈比勒話音剛落，高比勒突然抽出鋼刀，一步一步走向他，並且喪心病狂似地說：「弟弟，我要殺了你！」

看著手握利刃的哥哥，哈比勒大吃一驚，喊道：「哥哥，你怎麼了，為什麼要殺我，我是你的弟弟啊？」

高比勒憤怒地吼道：「正因為你是我的弟弟，我才要殺了你。是你搶走了格麗曼，讓我得不到自己最愛的女人！」

這時候，哈比勒才明白過來，原來哥哥因愛生恨，要殺了自己。

「哥哥，這是真主的安排，他已經接受了我的獻禮，你不可以這麼做。如果你真要殺我，我是不會還手的，因為我害怕真主的責難！」

「真主之所以接受你的祭物，是因為父親為你做了祈禱，而沒有為我祈禱。」

「不！哥哥，父親絕對不會只為我祈禱的，我們都是他的兒子，他不會偏袒任何人。而且，真主只接受敬畏者的祭物。」哈比勒希望自己的誠心能

打動哥哥。但是在高比勒心裡，只有殺了弟弟，才能讓自己的心平靜下來；也只有殺了弟弟，他才能和格麗曼在一起。

於是，他不再猶豫，從地上搬起一塊大石頭向弟弟砸了過去。就這樣，哈比勒成了這片土地上第一位被害人，而高比勒則成了人世間的第一個殺人兇手。

鮮血染紅了大地，血腥味充斥在天地之間。殺死弟弟之後，高比勒不知所措地癱坐在地上。很久之後，他清醒過來，在心裡一遍一遍地問自己：「我到底做了什麼？我居然把自己的親弟弟給殺了！」

此時，陰謀得逞的易卜列斯躲在暗處興奮地手舞足蹈，他奸笑著說：「這麼容易就能讓高比勒殺死自己的親弟弟，人類真是愚蠢至極！」

望著弟弟的屍體，高比勒的腦子裡一片空白，他不知道該如何面對父母和兩個妹妹。

這時，兩隻烏鴉在樹枝上互相撲打起來，啄得羽毛墜地，鮮血淋漓。

沒過多久，就聽見「吧嗒」一聲，一隻烏鴉墜落在高比勒的腳下，很快便死去了。而先前那隻獲勝的烏鴉先是圍著慘死的烏鴉轉了幾圈，然後飛到不遠處落下，用嘴挖了一個坑，把死烏鴉拖進坑裡，掩埋好後叫著飛走了。

高比勒從兩隻烏鴉的爭鬥中，看到了自己和弟弟的影子，他再次對自己殺害親生弟弟的惡行感到恐懼，陷入了極端的痛苦之中。最後，他學著烏鴉的樣子在地上挖了一個大坑，把弟弟的屍體放進去掩埋了。

埋葬了弟弟，高比勒的內心還是感受到一股刻骨的疼痛，他匍匐在地上，開始期盼真主的懲罰：「真主啊！請您把我從這片土地上趕出去吧！我願意遭受飢寒和流浪。凡是見到我的人，都有權利因為我的罪惡而殺死

我。」

但是，仁慈的真主還是寬恕了高比勒的罪惡，他要高比勒歷經苦難來悔改。

很快，阿丹和哈娃都知道了哈比勒遇害的真相，夫妻兩人哭天搶地，卻又無濟於事。他們無論如何都不敢相信，高比勒居然殺死了自己的親弟弟！

這次流血事件，是人類有史以來的第一樁謀殺案和家庭暴力事件。自此以後，世間開始有了兄弟互相殘殺的悲劇。

小知識

穆斯林葬禮的基本要求是土葬。伊斯蘭教認為，人來自於泥土，死後應復歸於土。人的生死均為真主的賜予，死亡就意味著接受真主的召喚，回歸到真土那裡去。

第二章

六大使者的傳道記

偶像崇拜的誕生

人類史上最早的幫派勢力

假藉真主的名義而造謠，或否認其跡象者，有誰比他們還不義呢？
這等人將遭遇天經中為他們預定的命運，直到我的眾使者來使他們
死亡的時候，將對他們說：「你們從前捨棄真主而祈禱的偶像，現
在在哪裡呢？」他們將說：「他們已迴避我們了。」他們將要承認
自己原是不通道者。

很多年過去了，阿丹漸漸年老體弱，生命之火即將熄滅。在臨死之前，
他把自己的兒女們都叫到身邊說：「我死以後，你們一定要繼續虔誠地崇拜
真主，因為只有他才會讓你們繼續過上好日子。千萬不要相信易卜列斯這個
混蛋的話。另外，你們每一個人一定要愛護自己的兄弟姐妹，真主會派先知
來，給人類送來禮物的。」

就在這個時候，阿茲拉伊勒帶領眾天使突然從天而降，他們向頻死的阿
丹表示敬意，阿丹也向其一一行了禮。隨後，阿茲拉伊勒帶著尊敬的心情取
走了阿丹的靈魂。為了表示對阿丹的敬佩，天使們特意給阿丹清洗身體，給
他裹上從天園帶來的衣服，為他做了禮拜，最後埋葬他。

臨走時，天使們對阿丹的兒女說道：「你們這些人去世時，你們的兒女
也要像今天這樣來辦理你們的後事。」

在丈夫阿丹死去一年後，年邁的哈娃也去世了。

阿丹歸真之後，他的子孫在他的福澤庇蔭下，一代又一代地延續著。在

他的子孫中，誕生了五位著名的大人物，分別是瓦德、蘇瓦爾、葉巫斯、葉歐格、奈斯爾。

這五人對真主懷著終身的感情，態度虔誠、認真、始終如一，在歸真後都成為古阿拉伯人的崇拜偶像。

因為這些好人的陸續去世，人們非常傷心。這個時候，陰險的易卜列斯又出現了，他再次給人們出壞主意，他對那些因為偶像去世而痛苦不已的人們說：「我們都為這些人的離去而感到難過，在未來的日子裡，我們大家都會非常想念他們的。你們可以為他們製作雕像來紀念他們，每日對他們進行膜拜。」

聽了易卜列斯的這席話，大家都覺得很有道理，「不錯，這是一個好辦法，我們可以製作雕像來紀念我們的先人，他們為我們做了這麼多的好事，我們應該以他們為榮。」於是大家便開始製作雕像，以此來紀念這些先人，以他們為榜樣。

時光如梭，又過了很多年，當初製作這些雕像的人也陸續去世了，看著他們留在人間悲傷不已的子孫，易卜列斯又開始了罪惡的勾當，他對這些人說：「這些雕像對你們來說是非常重要的，所以你們進進出出都要叩拜他們，要崇拜他們。」

同樣，這些人覺得易卜列斯說的話非常有道理：「我們從前的祖先是這麼做的，我們也應該採納他們的做法。」

易卜列斯的意見得到了大家的贊同。於是，大家照著他的話去做。又過去很多年，連這些崇拜偶像的人也陸續去世了，易卜列斯又對這些人的子孫後代說道：「你們的祖先都是崇拜這些偶像的，他們對偶像上香、叩拜，你們也應該這樣做。」

　　於是，這些後世的子孫們便開始按照易卜列斯的說法叩拜偶像，漸漸地遺忘了對真主的崇拜和信奉。易卜列斯見人們很容易聽從他的話，被他引導誤入了歧途，感到欣喜萬分。

　　漸漸地，崇拜偶像的人越來越多，偉大高尚的真主開始被人們遺忘了，到了最後，大地上幾乎全是崇拜偶像的人了。真主的光輝受到了矇蔽，聖明受到了損害，易卜列斯的陰謀眼看就要得逞了。

小知識

　　全世界穆斯林舉行葬禮的時候，朝拜的方向是坐落在阿拉伯半島麥加城內中央的一座名為「克爾白」的立方體建築。它在《古蘭經》中被稱之為「真主的房屋」，中國穆斯林稱其為「天房」。

苦口婆心
先知努哈對愚蠢人類的勸誡

我降示你這本包含真理的經典，你當崇拜真主，而且誠篤地順服他。

在眾人受到易卜列斯誤導，崇拜偶像、遺忘真主的時候，只有一個人保持著清醒的頭腦，保持著對真主的敬仰和尊重，這個人名叫努哈。

努哈對真主虔誠的態度不容置疑，每當擺上一桌食物的時候，他總是要先讚美真主的慈恩，感謝真主對他的恩惠。即使是喝水、睡覺或者是起床，他都要感謝真主對他的恩賜。

這個時候，真主也識破了易卜列斯的陰謀詭計。為了拯救這些迷途的人，真主決定派遣努哈做他的使者，把族人們引回正路。他對努哈說：「你是一個知道感恩的僕人，去吧！去把你的族人拉向正途。」

努哈欣然接受了真主給他的任務，他回到家鄉，對著在偶像面前燒香磕頭的父老鄉親們說：「你們應當崇拜真主，除了他之外，絕對沒有其他任何人值得你們崇拜。你們現在崇拜的偶像只不過是一些不會說話的石頭而已。你們要敬畏真主，魔鬼易卜列斯已經欺騙了你們這麼長時間，你們怎麼還跟著他走，為他所矇蔽呢？」

有一個族人非常生氣地打斷了努哈的勸告：「你怎麼可以這樣來侮辱我們的神靈呢？我們的神靈是偉大的，你不要把我們引到迷途中。」看著執迷不悟的父老鄉親，努哈心裡非常難過：「不，鄉親們，你們聽我說，我沒有

任何要誤導你們的意思，真主派我來引導你們走往正途，你們要相信我。」

人群中有人高聲怒斥努哈：「你說你是真主派來的，他派你來做什麼？」努哈平靜地回答道：「真主派我來把他的命令傳達給你們，並把他的忠告轉達給你們，我從真主的啟示中知道了你們所不知道的道理。」

聽了努哈的話，鄉親們都笑了起來：「怎麼可能，你和我們一樣，都是凡人。如果你真的是真主派來的，怎麼會沒有天使跟隨，而只有你一個人在這裡呢？」

另一個人說：「努哈，你一定是想超越我們，做我們的頭領吧？」努哈辯解道：「我並沒有想做你們頭領的野心，真主要挑選的是真正崇拜他的人，而不是背叛他的人。所以你們趕緊回頭是岸吧！放棄這些沒用的石頭，真正地崇拜真主，他會保佑你們的。」

人群騷動起來，有一個族長大聲喊道：「努哈，你為何一次又一次地來中傷我們的神靈，努哈，你一定是瘋了，鄉親們，我們走，不用理一個瘋子。」

看著族人一個一個走了，努哈並沒有為自己的失敗而感到灰心，他決定要繼續引導他們。他相信鄉親們一定會明白他的用心良苦，而回到真主的懷抱，享受真主的庇護。每到一個地區，努哈都積極地遊說：「鄉親們，你們要聽從我的勸告，相信真主，崇拜真主，拋棄那些沒有用的偶像。我是好心來勸你們的，那些虔誠相信真主的人，將來都有機會住進天園，而背叛真主的人，死後是要進入地獄的。」

有人說：「努哈，你是不是想要錢才這麼跟我們說的？如果是的話，我們可以給你錢，你離我們遠一點好不好，不要再來侮辱我們的神靈了。」

努哈回答道：「我不會為了傳達使命而向你們索取任何報酬。我的回

報，真主自然會給我。請你們敬畏真主吧！祈求真主寬恕，相信他會憐憫你們的，會帶給你們雨水，讓你們灌溉莊稼，讓你們有水喝，也會讓你們更富有，並造福你們的子孫後代。至高無上的真主創造了日月星辰，江河湖海，只有他，才能夠做到這一切。而你們奉承的這些石像，是沒有辦法給予你們這些的。」

迷失心性的族人們聽了努哈的這番話後，非常生氣，他們一再警告努哈讓他不要侮辱他們的神靈：「努哈，你怎麼還在詆毀我們的神靈，我們的神靈會給我們雨水的。如果你再這樣，我們就用石頭砸死你。」

努哈反問道：「石頭怎麼會給你們雨水呢？難道你們沒有發現嗎？擺在偶像面前的食物動也沒有動過。」

「神靈是不用吃東西的。」有人辯解道。努哈說：「如果神靈不用吃東西，你們為何要在偶像面前放置食物呢？」他們回答不出來了。

「如果有人用石頭砸你們所謂的神靈，他們依然會一動也不動站在原地，不會躲避，更不會保護自己。他們連自己都保護不了，怎麼還會保護你們呢？我的族人們啊！你們趕緊向真主懺悔吧！敬畏真主吧！在頭頂之上，你們難道沒有看到真主創造了太陽為你們發光，創造了月亮為你們照明？」

努哈希望鄉親們可以聽從他的勸告信奉真主，但是這些人仍然執迷不悟，離開努哈走了。

小知識

努哈是一位博學多才、能言善辯的人，是古代最著名的先知之一，相傳他在世上活了近千年，是一位老壽星。

穆斯林也有「諾亞方舟」

洪水來臨前的準備

我確已為火獄創造了許多精靈和人類。他們有心卻不去思維，他們有眼卻不去觀察，他們有耳卻不去聽聞。這等人，好像牲畜一樣，甚至比牲畜還要迷誤，這等人是疏忽的。

在努哈再次和族人們對話的時候，有一個人對努哈說道：「努哈，你不是要我們信奉你的真主嗎？那好，你把那些跟隨你的窮人趕出去，我們就信奉。我們是貴族人，和那些窮人在一起會影響我們的身分。」

努哈知道他們是故意刁難，說道：「他們信奉的真主也是你們的真主，他們加入的並非是我的宗教，而是真主的宗教，我是不會驅逐那些窮苦弟兄的。我們對每一個人都是非常仁慈的，如果我今天趕走那些人，那麼若干年後我去哪裡躲避真主的懲罰呢？他們一定會見到真主的，但我認為，你們就是一群無知的民眾，我的使命是奉勸你們要崇拜真主。」

遺憾的是，努哈的說教，仍然只有很少的人願意相信，加在一起只有八十名男女。但努哈一直沒有失去信心，繼續在勸說人們相信伊斯蘭教，放棄其他信仰。

為了讓人們認識真主的威力，努哈經常和族人們提起復活日這個特別的時刻，提醒復活日發生的那些可怕的情景，以及真主那嚴厲的懲罰，但是族人們都聽不進努哈的勸告。

有一天，族人們終於受不了努哈的說教，便對他說：「努哈，你以前和

我們爭論過，而且爭論很多次，如果你說的都是真的，那麼你就用懲罰來昭示我們吧！」

努哈平靜地回答道：「我一直在提醒你們這個懲罰，但是這個懲罰絕不是由我降臨給你們的。如果真主真的想懲罰你們的話，懲罰必定會降臨到你們的身上，真主是有這個能力的。我只是履行了對你們的勸告，這是我的使命。我是無法強迫你們去做你們不願意做的事情，如果真主想讓你們誤入歧途的話，你們絕對不要相信他，但如果真主是為了你們好，那麼，你們應該信奉他。等到你們的復活日，那一天你們將會回到真主那裡，真主會徹底和你們清算對他的不信奉。」

在反反覆覆的說服與較量裡，好多年又過去了，努哈一直堅持不懈地進行他的說教。九百五十年之後，相信努哈的人依舊是從前的那些人，再也沒有增加幾個。在這麼漫長的歲月裡，努哈一直在教化他的族人們，他堅持不懈、持之以恆。那個時候，所有人壽命都非常長，可以活到幾百歲。

努哈在一次祈禱時對真主說：「我最敬愛的真主，我日夜宣傳我的宗教，但是他們逃避我的召喚。我每次召喚他們的時候，他們都用手捂著耳朵，用衣服矇住眼睛，他們既固執又自大。我大聲召喚他們、公開訓導他們、祕密勸誡他們，都沒有任何效果，除了極少數的人，大多數的人還是如此執迷不悟。」

真主安慰努哈說道：「你的族人中除了已經歸信的人外，絕對不會再有人歸信於你了，所以你不要為他們的話而感到悲傷。」

聽到真主的話，努哈雙手舉起向著天空，大聲祈禱道：「我最萬能的真主，求你不要在大地上留下一個不通道的人，對他們的勸說已經沒有任何用處了。如果留下他們，他們將會使你的許多信士迷誤，生下的都是不道德、不感恩的子女。」

真主對努哈說道：「你照我的指示製造方舟吧！不要對我提起那些不義的人，他們末日來臨了，他們將被洪水所吞沒。」

努哈得到真主的啟示後，就來到一個僻靜的地方開始準備木材，製造方舟。

有人看到正在忙碌的努哈，充滿嘲諷的說：「努哈，你從前自稱先知和使者，今天怎麼當起木匠來了？你是放棄了宣講，還是想改行了呢？」

還有一些人說：「你遠離大海和江河，製造方舟有什麼用呢？你準備用黃牛拉它呢，還是靠風吹著它走呢？」

努哈沒有去理睬這些人的懷疑和譏諷，對他們說道：「如果你們要笑話我，那麼我也會同樣來笑話你們的，不久的將來，誰將受到懲罰，你們等著看好了。」

努哈繼續努力造船，直至巨大的方舟完工。

這時，真主對努哈說道：「當我下達命令，你看到爐子上冒水的時候，你就帶著歸信的人和親屬登舟，並從每種動物中各選一對載在船上！」

小知識

方舟：一艘巨大的四方形船，船造得極大，能夠裝上數千人和各種動物，但不信教的人最終沒能走上方舟，只有少數通道的人才走上了象徵著洗禮的方舟。

真主對人類的懲罰
大水帶來的世界末日

天地的創造，晝夜的輪流，利人航海的船舶，真主從雲中降下雨水，藉它而使已死的大地復生，並在大地上散布各種動物，與風向的改變，在天地間受制的雲，對有理智的人看來，此中確有許多跡象。

很快，真主對人類的懲罰終於來到，這讓很多人始料未及。災難即將發生前，真主悄悄地對努哈說：「你聽好了，我將利用無窮的法力，發動排山倒海般的洪水，把世界上所有的拒信者全部淹死。當洪水開始氾濫的時候，我會及時發給你信號的。這些天你要加倍小心，當你發現家中的爐子裡開始冒水的時候，那麼大水就要從地上湧出來了。這個時候，你一定要趕快帶領你的信士們和親眷上船，並且一定不要忘記，帶上各式各樣的牲畜，而且要成雙成對的。你要確保你親戚朋友的安全，使他們免於被大水所吞沒。而且你還要確保在船上每一種動物都有，以確保牠們能繁衍後代。」

努哈認真而虔誠的對真主說道：「我最親愛的真主，感謝您如此寵愛我，感謝您告訴我這些讓人始料未及的災難，我一定好好準備，好好觀察，一定完成您所交代的一切。」那可怕的一天，那滅頂之災，頃刻間到來了。大水如猛獸般從地下嘩嘩地湧出來，天上下起了世間罕見的傾盆大雨。努哈知道，真主的懲罰開始了。

努哈立即召集自己的信士、親屬，帶上牲畜們走上方舟。努哈對信士們說：「你們趕緊上船吧！這艘船按照什麼航線航行，在什麼地方停泊都是由

真主說了算。我們的真主擁有寬大的胸懷，他是仁慈的，你們要堅定不移地信仰他，崇拜他，遵從他的啟示和命令。」

努哈帶領信眾登上方舟不久，洶湧的洪水便開始席捲大地。洪水肆虐之處，傳來的是一陣陣哀嚎與痛哭，狂風也藉著水勢呼嘯而至，將那些叛教者們全部吹落洪水之中。雖然有一小部分人攀上大樹以及山坡，妄圖逃避真主的懲罰，但依舊無濟於事，洪水最終成為了埋葬他們的墳墓。

途中，努哈發現他的妻子和第四個兒子耶米沒有在船上。此時，他並不知道妻子是一個拒信者，兒子耶米是一個口是心非的傢伙。眼看洪水越來越猛烈，努哈朝兒子大喊道：「孩子，趕緊過來上船吧！你不要再和他們在一起了，你會沒命的。」

雖然高漲的洪水即將淹沒一切，但耶米仍然拒絕登上方舟，他對父親揮揮手說：「我會爬到山上去躲避洪水的，那裡非常高，絕不會被淹死的。」努哈再一次對耶米喊道：「今天除了信仰真主的人能夠生還外，其他人都不可能逃出真主的懲罰。孩子，難道你不信仰真主嗎？難道你不知道真主是仁慈、寬容的嗎？孩子，是否信仰真主只在一念之間，你若醒悟了，你還能得救……」

突然，一個大浪打了過來，父子之間談話被迫終止了，耶米被捲入洪水之中。努哈立在船頭獨自垂淚，不知妻兒的生死如何。沒多久，洪水把整個大地都給淹沒了。不信者、動物、莊稼都被淹死了。

小知識

努哈的宗族是《古蘭經》中記載的遠古部族，因古代先知努哈出身並勸教於該部族，故名。該部族是世界上最早遭到真主懲罰和毀滅的「悖逆的民眾」。

風雨過後總會有彩虹

努哈及其族人的重生

你應當說：「我的主啊！請你使我們在一個吉祥的地方登陸，你是最會安置眾生的。」

在這次驚天動地的山洪大爆發中，除了努哈和他的信者之外，其他人無人生還。千千萬萬條生命，千千萬萬個靈魂因為沒有信仰真主，沒有相信真理，就此化為烏有。

此時，倖免於難的人們堅定了對真主的信仰，他們站在船上忍不住地讚嘆真主的仁慈，慶幸自己沒有在這次山洪中失去生命，同時哀悼那些拒信者的悲慘遭遇。人有時候就是這樣，相信真理就會獲得解脫，就能延長生命，不相信真理，誤入歧途就可能付出慘重的代價。

看到對人類的懲罰足夠了，真主便下達命令：「大地啊！吸乾你的水分吧！烏雲啊！快快散去吧。太陽！趕快出來照耀大地吧！」於是，洪水漸漸地退去了，天空也晴朗了。

等洪水退盡，努哈和他的信士們陸續走出船艙。

努哈對真主說：「我最親愛的真主，您讓我們在一個吉祥的地方登陸，您是如此的眷顧眾生。祈求真主給予我們幸福安康的生活，讓我們重建家園，安居樂業。」

然後，努哈把所有的動物都放了出來，讓牠們在大地上自由自在地生活、繁殖。聽到牠們歡娛的叫聲，努哈覺得非常欣慰。

努哈對真主說：「真主啊！您曾經答應過我要拯救我的家人，那我的兒子也是我的家人。您是最公正判決者，一定要救救我的兒子啊！」

努哈的祈求得到了真主的回應，真主對努哈默示說：「雖然耶米是你的親生骨肉，但他卻是一個胡作非為的不通道者。你真正的家人應當是那些虔誠通道的信徒們，只有那些信仰真理的人才能得到拯救。那些不信我、不信真理的人，即使他們在血緣上是你的親屬，但是他們一樣不值得你去同情。等待他們的唯一下場便是毀滅，即使他們能夠躲到山頂上，暫時的躲過災難，但最終也必將受到懲罰。你要有自知之明，能察物觀人，能瞭解每個人的心理，只有這樣，你才不會變得愚昧無知。你對別人的愛，對別人的憐憫之心，對別人的仁慈，不能僅僅侷限於與你有血緣關係的人身上。那是小愛，你應該擁有寬大胸懷，寬厚待人，要擁有大愛，愛身邊的每一個信教的人，關心和幫助每一個信教的人。只有做到大愛，只有愛崇敬我的每個人，你的思想才能昇華，你的生活才能幸福平安。」

聽了真主的話，努哈才覺悟到自己被同情心沖昏了頭腦，被憐憫之心遮住了雙目。他應該真心感謝真主拯救了他和信仰真主的人，同時也應該感謝真主淹沒了那些不通道的人。他懇請真主寬恕自己的過錯，說：「我的主啊，我求您保佑，保佑我不會向您祈求我所不知道的事情。如果您不答應我的請求，我就是虧折的人了。」

小知識

朱迭山是阿拉伯半島的一座山，在洪水氾濫時所有的大山都顯得巍峨高聳，只有這座山為真主而顯得謙恭。所以，朱迭山沒有被洪水淹沒，真主就讓先知努哈的方舟停泊在上面。

死雞復活的啟示

對真主信仰的開始

這是我的證據，我把它賞賜易卜拉欣，以便他駁斥他的宗族，我將
我所意欲的人提升若干級。你的主，確是至睿的，確是全知的。

很多年以前，古巴比倫王國的人民生活富裕安康，但是在信仰方面卻陷
入了極度混亂的狀態。他們整日沉浸在對偶像的頂禮膜拜中，卻拋棄了賜予
他們幸福的真主。

當時巴比倫國的國王叫努姆魯德，他發現自己的子民非常愚昧無知後，
便想讓他的子民立自己為神。和那些石頭比起來，他覺得自己更適合讓他的
子民來膜拜。

在這個國家裡，有一位叫阿宰爾的老人，有一手高超的木雕手藝，他雕
刻出來的偶像形態逼真、出神入化，深受當地人的喜愛。老人也和其他人一
樣，每天都跪拜在自己雕刻的神像面前為全家祈福。

後來，阿宰爾老人喜得貴子，這個孩子就是易卜拉欣。易卜拉欣從小聰
明伶俐，真誠善良，真主非常喜愛他，於是真主賜予他更高的智慧，讓他明
白真理，傳播真理。

時光如梭，易卜拉欣逐漸長大成人，他越來越堅信一個道理：真主只有
一個，他主宰著宇宙萬物，統治著世界，人們由於盲目崇拜偶像，而得不到
真主的一點恩惠。

看到易卜拉欣日益成熟，真主非常高興，決定派遣他做為使者向族人傳

播「認主獨一」的教義，把他們引向正途。

易卜拉欣對真主說道：「我的主啊！我一定會把他們引回正途。」

易卜拉欣走到他的族人面前問道：「族人們呀！你們在崇拜什麼呢？」

人們異口同聲地回答：「我們一直在虔誠地崇拜偶像。」

易卜拉欣再問他們：「你們對著這些偶像祈禱的時候，它們能聽見嗎？它們可以降福給你們，還是可以幫你們阻擋災難？」

眾人回答：「我們從前的祖先就是這樣做的，所以我們也照著他們的方法做。」

易卜拉欣耐心地向族人解釋：「你們以及你們的祖先，都是被魔鬼誤導了，你們應該去虔誠的崇拜真主，而不是這些石像。你們應該敬畏真主，因為是真主讓宇宙有規律的運行起來，是真主創造了人類，而那些偶像是你們自己創造出來的，它並沒有給你們帶來任何的好處。」

這個時候，族人中有一個人站出來喊道：「不要聽他胡說八道，他這是在污蔑我們祖祖輩輩信奉的神靈！」

易卜拉欣毫不示弱地回答：「你們不要再執迷不悟了，你們拋棄真主而去崇拜這些沒有任何意義的偶像，簡直就是蒙昧！」

聽到這番話後，人群中一片混亂，有些人在那裡竊竊私語地說：「這人恐怕是瘋了吧！怎麼會說出這樣亂七八糟的話來。」

易卜拉欣思索著如何才能向眾人顯示真主的大能，「真主是萬物的創造者，眾生的生命皆源於真主的恩賜，使死者復生當能向世人揭示真主的萬能。」當對著自己的族人說完這話之後，易卜拉欣一下愣住了，心裡暗想真主的萬能可在人世界找到許許多多的印證，可是死後復生卻沒有顯示過，這

該怎麼和他們解釋呢？

想到這裡，易卜拉欣對真主說道：「我的主啊！請您啟示我，我該怎樣讓死者復生？」

真主對易卜拉欣說道：「你去拿四隻公雞來，把牠們宰了，然後肢解成很多塊，放到山頂上去，然後你叫牠們，牠們就會飛到你的眼前來。」

易卜拉欣按照真主的啟示，到市集上買了四隻雞，把牠們殺死以後切成塊放在盤中，送到家對門的山頭上。

易卜拉欣下山以後，在家門口呼喚「咕，咕……」不一會兒，那四隻雞真的從天而降，活蹦亂跳地出現在易卜拉欣周圍。

易卜拉欣不敢相信自己的眼睛，立刻跑回山頂上去看。放雞肉的盤子沒有任何被動過的跡象，而盤子上的肉卻沒有了，在盤子中央甚至都沒有留下一滴血或者一根羽毛。

易卜拉欣高興極了，死雞的復活給了他極大的動力，他感覺力量和信心瞬間滲透到全身的血液中，在心裡默默祈禱：「感謝萬能的真主，對您的堅貞信仰是我力量的泉源。」他下定決心，一定要把族人從迷途中引入正道。

小知識

古代先知易卜拉欣及其子易司馬儀，被阿拉伯人尊奉為祖先。易卜拉欣及其家屬在麥加的活動亦被視為神聖。今天朝聖中的許多禮儀，如在賽法與麥爾臥兩山之間奔走、在米那射石打鬼和宰牲等，均具有仿效祖先以示紀念的含義。伊斯蘭教產生之前在阿拉伯半島上出現的哈尼夫運動，即受到了易卜拉欣宣導的「認主獨一」的影響。

當親情遭遇信仰
易卜拉欣父子反目

當真理已降臨他們的時候，他們則加以否認。他們嘲笑的事物的消息，將降臨他們。

有一天，阿宰爾老人正在家裡跪拜他剛剛製作完的一尊雕像，易卜拉欣走了過來一把拉起父親，說道：「父親，您雕刻跪拜的這個人是誰？」

阿宰爾回答：「這是主宰我們的神中之神——我們至高無上的國王努姆魯德。」說完，又要進行跪拜。

易卜拉欣再次拉住父親，問道：「那麼，誰來主宰這個東西？」

阿宰爾老人嚇呆了，他沒有想到，自己的兒子會說出這樣大不敬的話來，一氣之下，狠狠地打了兒子一個耳光。

面對盛怒中的父親，易卜拉欣語氣平和的對父親說道：「我最親愛的父親，您為何會去崇拜一個既不能聽也不能說話的石頭呢？我真的擔心您遭到真主的懲罰。」

阿宰爾望著兒子，心想：「這個孩子是受了刺激，還是腦子出問題？他到底中了什麼魔？」他害怕神像怪罪下來，於是訓斥兒子道：「我不許你褻瀆神像，如果你再這樣繼續下去，你就離我們遠遠的，不要再來見我。」

易卜拉欣耐心地和父親解釋說：「父親，您別生氣，我說的每一字每一句都是為了您好，我是想讓您擺脫那種愚昧，回到信仰真主的正途上來。」

聽了兒子的話，父親毫不在乎。

易卜拉欣繼續勸說道：「您所說的神靈都是您親手創造出來的，它們連自己的命運都支配不了，又怎麼來主宰你們呢？」

「住口，你這沒良心的畜生，不許你這麼侮辱神像！」易卜拉欣的話讓父親再一次惱羞成怒，他揮舞著拳頭逼近易卜拉欣，大聲地叫喊道：「你要是再敢這麼胡言亂語，我就砸碎你的腦袋！」

「你不要胡來！」一直在一邊不安地看著父子吵架的母親，迅速用身體擋在了父子的中間。

暴跳如雷的父親一把推開了老伴，抄起一根棍子朝自己的兒子打了過去：「你這個畜生，給我滾出去，滾出去，不要再回來了！」

易卜拉欣跑出房門躲避父親的追打，只聽見「咚」的一聲，大門被緊緊地關上了。就這樣，易卜拉欣被無情的父親趕出了家門。

門裡面傳來了母親的哭泣聲和父親的怒罵聲：「這個逆子，以後都不用回來了，就當沒生過這個逆子。好了，不要哭了，哭什麼哭，他就算死在外面，都不用去管他！」

易卜拉欣聽到這些話，心如刀割，在這大千世界，他離開了家可以去哪裡呢？但是，想到真主賦予他這樣偉大神聖的使命，他暗下決心，一定要讓人們瞭解崇拜偶像的愚昧和荒唐。

小知識

《古蘭經》稱易卜拉欣是「真主的至交」，突出他在伊斯蘭教思想淵源方面的正統主導地位，明確指出伊斯蘭教源於「易卜拉欣的宗教」。

雕像是不會說話的

聰明人的小把戲

你無非是責備我們信仰了我們的主所降示的跡象。我們的主啊！求你把堅忍傾注在我們心中，求你在我們順服的情況下使我們死去。

易卜拉欣為了讓族人擺脫愚昧的崇拜偶像的信仰，每天都在苦思如何說服他們。正當他發愁要如何說服族人的時候，機會終於來到他的面前。

巴比倫每年都會舉辦一場盛大的民族節日慶典，所有人要把各種美味佳餚敬獻給神像，然後在郊外舉行盛會。回到城裡以後，這些人再把這些放在神像面前的貢品吃掉，他們認為，這樣做就可以得到神靈的喜愛和恩賜。

易卜拉欣決定在這些人出城的時候，去見見他們所謂的神靈。於是，他懷抱著斧頭來到了神廟。那一座座石雕神像被雕刻得活靈活現，有的微笑，有的嚴肅，或站或坐，千姿百態。

易卜拉欣看著這些神像，用嘲諷的口氣問道：「你們怎麼不享用美味佳餚呢？東西擺在了面前，為何不吃呢？」他越說越激動，用力朝一尊神像踹了一腳，那尊神像轟然倒地。

接著，易卜拉欣掄起斧頭，用力朝神像揮過去。這些神像一個接一個橫七豎八地倒在了地上，有的身首異處，有的四肢殘缺，沾滿了塵土的神像再也沒有了往日的神氣。

易卜拉欣留下了一堆碎石，揚長而去，他決定讓這些愚蠢的人們看看，他們時時刻刻在敬畏的神靈，現在連自己都保護不了，更別提保護他們了。

當人們看見廟裡一片狼籍時，都被眼前的景象嚇呆了，有些人甚至發出了尖叫聲。大家發現廟堂裡正中央最大的一尊神像卻安然的擺在那裡，有一把斧頭示威般的掛在神像的脖子上。

「這是誰幹的？」他們中有人氣急敗壞地問道。

「會不會是那個易卜拉欣幹的？」一位年輕人說道，「這裡的人就屬他對神靈最不尊敬了，而且這一次他沒有去參加聚會，肯定是他幹的。」

「對，肯定是他幹的，他以前就說過會這麼做的。」很多人都附和著。

「他居然敢這麼做？走！我們去把他抓來，他必須要為自己的行為付出代價！」很多人喊著。於是一些人就把易卜拉欣拉到神像面前指著這些殘缺破爛的神像問道：「這可是你幹的？」

易卜拉欣看了看周圍那麼多雙憤怒的眼睛，笑了笑說：「對，就是我幹的，全都是我幹的，是我趁你們出城的時候用這把斧頭砸碎了石像。」

「易卜拉欣，你為何要這麼做？你知道不知道，你的行為已經觸怒了我們的神靈？」一位長者厲聲責問道。

易卜拉欣眼裡充滿了嘲諷，他定了定神，轉頭指著那些破碎的石像對著眾人說道：「你問它們，它們知道我為何要這麼做嗎？」

「你明知道它們不會說話的，還要我們來問，你這不是故意刁難我們嗎？」有人說。

易卜拉欣說道：「石像不會說話，你們也知道這個道理。它們只是石像，並不能代表真神，那麼你們為何要敬畏它們？為什麼不敬畏真主？真主才是你們應該敬畏的。」

易卜拉欣的話難住了人們，他們不知道該如何回答這個問題。石像不會

說話，這個道理誰都知道，可是跪拜石像這個習慣是祖祖輩輩流傳下來的，人們理所當然地認為是對的。

人群中有人惱羞成怒地大喊道：「大家不要相信他所說的話，我們祖祖輩輩都崇拜這些偶像，一定有他們的道理。易卜拉欣是背叛祖宗，背叛我們民族的壞人，況且，他早就被自己的父親趕出了家門，已經不是我們家族的人了，我們不要聽他的話！鄉親們，為了我們的未來，為了我們世世代代的安寧，我們必須除掉他！」

狂徒們一擁而上，將易卜拉欣拖了出去。可是在人們的心裡易卜拉欣那番話語依舊在迴響，同時又目睹了這群狂徒的行徑，在場的人的心裡更是波瀾起伏，開始對自己以前的行為產生了懷疑。

小知識

伊斯蘭教認為，人的靈魂被真主從肉體取走以後，就代表死亡。當「眾星飄墮」、「海洋混合」、墳墓被揭開之時，復活之日便到來了。

真金不怕火煉
在烈火中重生的易卜拉欣

他們想謀害他，但是我使他們成為損失最慘重的人。

執行真主命令的易卜拉欣被狂徒們團團圍住，幾個首領在商量著用什麼方法來處置易卜拉欣。

「乾脆把他殺掉吧！」有人提議道。

話音剛落，立刻有人附和道：「對，我們應該燒死他，省得他妖言惑眾。」因為沒有足夠的木柴，狂徒中的領頭人便以「向神主獻祭」為名向族人徵收木柴。

這群暴徒在一個空曠的地方挖了一個大坑，坑裡填滿了木柴，並強迫族人們聚集在大坑旁邊觀看對易卜拉欣的火刑。暴徒中的一個頭領親自點燃了木柴，霎時，坑內火焰沖天，煙塵滾滾，圍觀的人被火焰炙烤得面紅耳赤，原本嘈雜的人群這時一片安靜，氣氛十分緊張。

易卜拉欣被幾個粗壯的男人推著走向火坑，暴徒們高聲喊道：「快點把這個叛徒扔進火坑裡燒死！」頭領揮了揮手示意人們安靜，對易卜拉欣說：「易卜拉欣，你還有什麼話要說？你現在反悔還來得及，我再給你最後一次機會，允許你收回以前說過的話，真心地悔過。」

易卜拉欣冷冷地看了一眼頭領和下面的族人，從容地邁著步伐，一步一步地走向火坑，他的臉上絲毫沒有畏懼的表情。他走到火坑旁的時候，猛地停住，大聲對所有的人喊道：「族人們，我本來就是無罪的，今天我犧牲自

己的肉體，就是為了讓大家可以從迷途中清醒過來，不再受那些昏君的欺辱。如果用我的身軀可以換來你們的覺悟，那麼，我將死而無憾！」

說罷，易卜拉欣高呼真主的聖名，毫不猶豫地縱身跳入火坑，在場的人們都被易卜拉欣的行為震驚了。

這個時候，真主也被易卜拉欣那視死如歸的行為感動，便命令烈火：「火啊！你不可傷害易卜拉欣。」

奇蹟出現了！人們看到熊熊的大火越燒越旺，燒斷了易卜拉欣身上的繩索，卻無法傷及他的肉體。易卜拉欣安然無恙，他悠然自得地在坑底走來走去。

見此情景，一些膽怯的人們預感到災禍的來臨，他們亂成一團，拼命地四處逃奔。

一部分人見此情景，再也忍不住了，上前把易卜拉欣拉出火坑。在場的所有人都見證了真主的神聖和偉大，紛紛向易卜拉欣靠近。他們決心拋棄偶像崇拜，和易卜拉欣一起走「認主獨一」的康莊大道。

易卜拉欣非常高興，至少他沒有白白遭受到那些苦，他知道自己還是有希望來勸說大家的。

小知識

古巴比倫王國是美索不達米亞南部奴隸制城邦，大致在當今伊拉克版圖內，以巴比倫城為中心。巴比倫意即「神之門」，是兩河流域文明（美索不達米亞文明）的重要組成部分。

我是國王我怕誰
易卜拉欣的流亡

對於宗教，絕無強迫，因為正邪確已分明了。誰不信惡魔而信真主，誰確已把握住堅實的、絕不斷折的把柄。真主是全聰的、是全知的。

當昏君奈姆魯德知道易卜拉欣居然沒有被火燒死的時候，他氣得從王位上跳了起來。他暗想：「一個小小的平民居然敢阻擋百姓對我這個神主的崇拜，如果不加阻止，他非得造反不可，我必須要除掉這個禍害，以免他以後繼續擾亂民心。」於是，他命人把易卜拉欣帶進了宮殿。

奈姆魯德把易卜拉欣上上下下打量個一遍，他發現這個年輕人確實氣度不凡，又想到自己賴以存在的神權很有可能會被這個年輕人摧毀，他的心裡產生了一絲恐懼，隨即一股怒火湧上心頭。

「你為何要搗毀神像？你在火坑裡是不是在玩弄妖術？你那所謂的真主又是誰？你若是說不出這其中的緣由，我一定讓你好看！」國王故作姿態地厲聲責問道。

易卜拉欣一一回答了這些問題，然後他激動地說：「真主是這個世界上獨一無二的，豈能容忍你這種如此蠻橫狂妄的人，他永遠是至高無上的，他能讓死者生，生者死。」

「死者生，生者死？我也能辦到！」國王不耐煩地打斷了易卜拉欣的話，「只要我一聲令下，監獄裡的死囚立刻可以釋放，重新獲得自由；但我

也可以一聲令下，使那些無辜的人認罪伏法，你呢？你的主呢？你可以立刻證明給我看嗎？」

「這恰恰說明了你是一個昏君，沒有任何的能力來管理這個國家，而我的真主支配著日月按規律運行，可以讓太陽從東方升起。你不是說你是神嗎？那麼，請你讓太陽從西邊升起來吧！」憤怒的易卜拉欣高傲地抬著頭，毫不畏懼地直視著昏君的雙眼。

國王奈姆魯德被問得啞口無言，他生平第一次覺得尷尬，而此時的他又是如此的進退兩難，恨不得殺了易卜拉欣。可是易卜拉欣連火都燒不死，到底應該如何去做呢？要留著他，以後肯定是個禍害，他害怕易卜拉欣將來會爭奪他的王位，擾亂他的國家。

這時，在場的一個大臣說：「親愛的國王陛下，您根本沒有必要去聽從一個草民的說法，這樣的無稽之談根本不用去理會。不如把易卜拉欣趕出去，然後告訴全天下的子民，下令他們不許接近易卜拉欣，不許和他說話，孤立他，違者殺無赦。這樣，您擔心的所有問題都迎刃而解了。」

國王覺得很有道理，說道：「嗯，好，就這麼辦！把易卜拉欣趕出宮門，在城門外張貼告示，讓所有的人不准再接近易卜拉欣，不准和他說話，若有違者，殺無赦！」

就這樣，易卜拉欣被粗暴的士兵們不由分說地推搡著逐出了宮門。

從宮裡出來後，易卜拉欣走在路上，凡是看到他的人都遠遠地躲著他，深怕受到牽連，即使曾經是他的朋友的人也是一樣，躲躲閃閃地不敢正面看他。

不僅如此，每當易卜拉欣轉頭看後面的時候，總會發現國王的密探鬼鬼祟祟的蹤跡。他苦苦思索這幾天來發生的所有事情，開始對目前的狀況感到

束手無策。

此時，易卜拉欣的一個好朋友偷偷塞了張紙條給他，紙條上寫著：易卜拉欣，請原諒我這個時候對你的逃避，我們大家都不敢公開違抗國王的命令，你趕緊走吧！國王現在不殺你是顧慮到你不怕火燒，可是，這並不代表他永遠不會殺你，這個昏君遲早都會對你下手的。

易卜拉欣看到這張紙條，既感動又難過，他為有這樣的朋友感到慶幸，而一想到居然連自己的家鄉都容不下他，不禁愁容滿面。

第二天，易卜拉欣滿懷留戀地離開了自己的故土，踏上前往哈蘭的旅途。

小知識

火獄：又稱「煉獄」，是阿拉伯語「哲罕南」的意譯，中國穆斯林多沿用波斯語Duozakh一詞的譯音，稱為「垛子海」，或諧音譯意為「多罪海」。 它是伊斯蘭教信仰的後世懲罰處所，被視為刑罰嚴酷、陰森恐怖的地方，為拒不信奉伊斯蘭教並作惡多端者復生後的永久歸宿。

談談天說說地
易卜拉欣在異域傳教

禁月抵償禁月，凡應當尊敬的事物，都是互相抵償的，誰侵犯你們，你們可以用同樣的方法報復誰，你們當敬畏真主，當知道真主是與敬畏者同在的。

易卜拉欣翻越過千山萬水、經過長途跋涉，終於來到了巴勒斯坦的哈蘭。

住在哈蘭的族人，非常熱情好客，對這位從遠方來的青年人非常喜歡，常常找他一起談天說地，評古論今，相處得非常愉快。

透過交談，易卜拉欣知道這裡的人們雖然並不崇拜偶像，但是他們卻崇拜星宿。汲取上次的教訓，易卜拉欣決定換個方式來勸導人們。他不想和這些好客的朋友們發生正面衝突，因此打算在聊天的過程中曉之以理、動之以情地說服他們。

在一個晴朗的夜晚，易卜拉欣和大家一起在外面賞月，在談話間，他指著天上的一顆明亮的星星說：「你們看，它就是我的養育之主。」

人們抬頭順著易卜拉欣的手望過去，那顆星星在天空中一閃一閃的，讓人感覺非常神祕，大家不約而同地說起關於靈異的故事。

過了一會兒，當大家再次抬頭看那顆星星的時候，這顆星星已經不知道躲到哪裡去了。這個時候，易卜拉欣對大家說道：「看來是我說錯了，這顆星星不應該是我的養育之主，要不然怎麼會時隱時現呢？」

大家好奇地望著易卜拉欣，不知道他到底想說什麼。只見易卜拉欣用手指著月亮說道：「月亮才是我的養育之主，你們看，它比剛才那顆星星明亮多了。」

眾人覺得有道理，紛紛點頭稱是。

到了後半夜，月亮開始移動，逐漸失去了亮度。這時易卜拉欣又說：「看來月亮也不是我的養育之主，不然它怎麼會在這個時候變得暗淡無光呢？」

大家看著這個年輕人，他一會兒說星星是他的養育之主，一會兒又說月亮是他的養育之主，變來變去的有點捉摸不透。

天色已經很晚了，大家都很疲憊，於是各自回家，相約明天再聊。

第二天，易卜拉欣來到昨日聊天的那群夥伴中，手指太陽說道：「大家看，太陽才是我的養育之主，它比星星和月亮都要明亮。」大家一想，覺得很有道理，於是都贊同易卜拉欣的說法。

可是，過了一會兒，太陽升上了半空，易卜拉欣疑惑地問道：「難道太陽也隨時移動嗎？」

大家看易卜拉欣如此疑惑，有些不明白：「太陽一直以來都是這樣運行的，難道他不知道嗎？」

這時，易卜拉欣若有所思地對大家說：「太陽的移動肯定是有一種力量來推動著它，所以我想，這種支配它的力量，才是我真正的養育之主。」

在場的所有人都覺得吃驚，這個年輕人已經連續三次推翻了他自己所說的話，有人開始悄悄議論：「這個年輕人到底是怎麼回事，為什麼總是變來變去的？」

易卜拉欣覺得可以和大家說明白了，便大聲地說：「我親愛的朋友們，其實星宿不值得我們去崇拜的，我們真正應該崇拜的，是創造了世界萬物的真主。」

聽到這句話，大家都勸易卜拉欣要迷途知返，和他說了好多關於星宿的神奇故事。易卜拉欣耐心地聽著他們的議論，還不時地提出一些問題，把人們問得啞口無言，最後他笑著對大家說：「謝謝你們對我的熱情和尊重，我和你們相處得非常愉快，即使信仰和觀點不同，我們也應該保持我們的友誼。所以，你們不用再來勸說我了，偉大的真主已經把我引上了獨一的正道。」

易卜拉欣堅決的態度贏得了一部分人的讚賞和尊重，在他的引導和帶領下，不久之後，這些人拋棄了星宿崇拜，信仰了獨一無二的真主。

小知識

《古蘭經》指出，太陽、月亮及其他天體都各循自己的軌道運行。例如，太陽不得追及月亮，黑夜也不得超越白晝，各在一個軌道上運行著。

別人的妻子不可欺

多情國王的懊惱

「眾人啊！對你們的妻子，你們有你們應盡的義務，你們的妻子對你們也有她們應盡的義務。你們的妻子不得讓外人躺在你們的臥榻上，未經你們的許可，她們不得把你們不喜歡的人帶進你們的居室。她或他不得與人通姦，若犯有姦情，真主則允許你們把她們拘在家中，嚴加管束，不與之同床，也可輕微鞭撻。」

埃及的國王不僅是個昏君，還是個好色之徒。當易卜拉欣和他美麗的妻子薩拉剛踏上埃及國土的時候，國王和他的親信們就注意到了他們。

「你看，這個女人如此美貌，如果把她獻給我們的國王，我們會不會得到賞賜？」國王的一個親信悄悄地和另一個人咬著耳朵。

「嗯，這是個好主意，到時候國王一高興，說不定會給我們好多錢。這樣，我就可以還我的賭債了。」另一個人也興奮地計畫著。

於是，他們一起來到國王的面前，說道：「親愛的陛下，最近我們埃及出現了絕世美女，白嫩的皮膚，靈巧的眼神，天使一般的嗓音，我覺得她和陛下非常般配。」

國王聽到有絕世美女，顯得非常興奮：「是嗎？她在哪裡？趕緊把她帶過來吧！如果真如你所說的那般美麗，重重有賞！」

易卜拉欣對埃及國王的好色也有所耳聞，他預感到一場災禍即將從天而降，於是暗自祈求偉大的真主可以保佑他們平安度過此劫，同時和妻子薩拉

商量和國王周旋的辦法。

一天，易卜拉欣和他的妻子一起被帶到埃及國王的面前，埃及國王一番虛情假意地寒暄之後說道：「易卜拉欣，你旁邊的漂亮女子是誰？」

「尊敬的國王陛下，她是我的妹妹，隨我一起流浪。」易卜拉欣回答道。

「那麼，她是否已經出嫁了？」國王迫不及待地問道。

「還沒有，陛下，她還沒有出嫁。」

聽到這個回答，國王高興極了，他下令好好地款待易卜拉欣夫婦，然後轉身回寢宮去了。

不一會兒，國王的親信來和易卜拉欣提親：「易卜拉欣，很榮幸地國王陛下看中了你妹妹，希望你答應國王將妹妹送到王宮裡，國王日後必定善待你和你妹妹。」

易卜拉欣早已料到國王會來提親，於是一口答應下來。

幾天之後，國王的迎親隊伍來到了易卜拉欣的房門前準備接新娘去宮殿，周圍的鄰居看到這一幕，都在竊竊私語：「這不是明目張膽地搶別人的妻子嗎？」

薩拉被接進了宮殿，國王看到自己娶了一個如此貌美的妻子，欣喜若狂。可是薩拉卻一直坐立不安，離開了自己深愛的丈夫，她開始感到恐懼和慌亂，但一想到丈夫那胸有成竹的樣子，又安定了下來。她相信，真主會保佑她和她的丈夫平安度過這一次災難的。

接下來的幾天，國王每天都會派人把美味的食物、漂亮的衣服及閃亮的首飾送到薩拉面前，薩拉卻看都不看一眼。她討厭首飾的光澤在她眼前閃

爍，討厭將漂亮華麗卻非常沉重的衣服穿在身上，她一天比一天更思念易卜拉欣。

過度的憂愁掩蓋了薩拉美麗的容顏，她一天天地憔悴下去。

這一天，國王來看薩拉，他剛推開房門就發出了一聲撕心裂肺般地驚叫，只見那個原來美豔無比的女人，由於憂愁和抑鬱，已經變成一個面容蒼白、眼窩深陷、雙目無神的女巫。

因為恐懼而昏過去的國王，直到第二天中午才慢慢醒了過來。他醒後的第一句話就是：「神靈托夢告訴我，薩拉是有丈夫的，我差點就成了霸佔良民的壞人了。」於是，他下令立刻把薩拉放出宮去，並贈送一位侍女給她。

經過這次劫難，易卜拉欣帶著妻子和侍女地離開了埃及。

小知識

穆斯林：阿拉伯文Muclim的音譯，意為「順從者」，指順從真主的人，是伊斯蘭教徒的統稱。

當親情遭遇信仰

易卜拉欣拋妻棄子

你們當敬畏你們的主，他從一個人創造出你們，他把那個人的配偶造成與他同類，並且從他們倆中創造許多男人和女人。你們當敬畏真主，當尊重血親。真主確是監視你們的。

易卜拉欣帶著妻子薩拉和一名叫做哈吉爾的侍女一起趕著駱駝，帶著財物前往巴勒斯坦，並且在那裡定居了下來。

隨著歲月的流逝，易卜拉欣夫婦漸漸老去，但最讓易卜拉欣遺憾的是薩拉不能生育，他多麼渴望妻子能為他生一個健康可愛的孩子，可是薩拉卻無法滿足他的願望。

一天，薩拉對易卜拉欣說：「親愛的，我知道我無法生育給你帶來非常大的痛苦，眼看你我都一天天老去，這樣下去也不是辦法。我看哈吉爾是一個不錯的姑娘，你就讓她為你傳宗接代吧！」

「這樣，可以嗎？」易卜拉欣始終覺得這樣做不太好。

「沒關係，親愛的。」薩拉說道。

不久以後，哈吉爾為易卜拉欣生下了一個可愛的男孩子，易卜拉欣為他取名為易司馬儀。

易司馬儀從小就聰明伶俐，乖巧懂事，長得非常俊俏。父親易卜拉欣時常抱著他到外面玩，薩拉也很喜歡這個聰明可愛的孩子，一家人生活得非常

快樂。

隨著年齡的增長，易司馬儀開始顯露出和其他孩子的不同之處，他特別善解人意，也很通達事理，並且知道了哈吉爾是自己的生母。

對此，薩拉非常嫉妒和憎恨，她再也不像以前那樣對易司馬儀說說笑笑了，也不像以前那樣疼愛他，本來非常和睦的家庭，如今再也聽不到歡聲笑語了。

這一天，薩拉對易卜拉欣說：「親愛的，我必須告訴你，我現在每天都非常難受，你把哈吉爾和易司馬儀趕出去吧！我不想再這樣痛苦下去了。」

面對妻子這樣的請求，易卜拉欣左右為難，不知該如何是好。正在這個時候，他得到了真主的啟示：「易卜拉欣，你可以把哈吉爾和易司馬儀送到偏遠的地方去，其中的奧妙你現在如果不能理解，也沒有關係，在以後的日子裡，你會慢慢領悟的。」

既然連真主都同意將他們送走，易卜拉欣決定答應薩拉的請求，帶哈吉爾母子騎上駱駝離開了巴勒斯坦，向南方走去。

經過長途跋涉，他們來到了阿拉伯半島麥加山谷。這裡的不遠處就是一望無際的沙漠，而且人跡罕至。幫哈吉爾母子選好住的地方以後，易卜拉欣決定返回巴勒斯坦。雖然他難以割捨，但這是真主的旨意，必須遵從。

就在易卜拉欣轉身的一剎那，哈吉爾跑了上去，一把抓住易卜拉欣的袖子，淚流滿面地哀求道：「你難道真的忍心拋下我們母子一走了之嗎？你想過沒有，我們在這荒蕪人煙的大沙漠裡該怎麼生活？」

易司馬儀也知道父親要拋棄他，於是在一旁哇哇大哭起來。聽到哈吉爾和易司馬儀的哭聲，易卜拉欣心裡一陣疼痛，他對哈吉爾說：「這是真主的

旨意，我必須絕對服從。」

哈吉爾聽了這句話，毅然擦乾了眼淚，對易卜拉欣說：「既然是真主的旨意，那麼你就放心地走吧！我相信，真主一定不忍心看我們母子在這裡餓死、渴死，他會保佑我們母子的。」

憑藉著對真主的虔誠信仰，哈吉爾坦然地和孩子一起留在了荒涼的麥加山谷。

小知識

伊斯蘭婚姻制度中有一個特例——在某些情況下允許或限制多妻。《古蘭經》明文規定：「如果你們恐怕不能公平對待孤兒，那麼，你們可以擇娶你們愛悅的女人，各娶兩妻、三妻、四妻；如果你們恐怕不能公平地待遇她們，那麼，你們只可以各娶一妻。」

滲滲泉是這樣來的
真主的庇護

通道的人們啊！你們當服從真主，應當服從使者和你們中的主事
人，如果你們為一件事而爭執，你們使那件事歸真主和使者（判
決），如果你們確信真主和末日的話。這對於你們是裨益更多的，
是結果更美的。

哈吉爾母子在荒涼的麥加山谷度日，身邊只有出來時所帶的一袋乾糧和
一罐水，沒過幾天，兩人便把所有的東西都吃完了。「這裡寸草不生，該去
什麼地方尋找食物和水源呢？」哈吉爾一直在發愁，「今後的日子，到底該
怎麼辦？」她只能默默地求真主來保佑他們母子，哪怕只有一點點食物和
水，哈吉爾都會非常感激真主的。

太陽開始下山的時候，哈吉爾把易司馬儀放在沙地上，自己則爬到附近
的一座小山坡上，她希望可以找到水源和果實。可是這裡除了沙子和石頭之
外，再也看不到任何東西了。站在山頂上的哈吉爾無助地眺望著遠方，忽
然，她看到對面的山坡上有一條小河，河邊有很多果樹，上面結滿了果實，
非常誘人。哈吉爾欣喜若狂地順著小河的方向跑去，希望盡快找到水和食
物。然而，當她爬上那座山頂再去尋找果樹，卻怎麼也找不到了，剛才看
到的一切在視線中完全消失了。這讓哈吉爾十分不解，她不明白為什麼會這
樣。這時，果樹和小河又出現在另一個山坡上。哈吉爾滿懷希望地奔跑在兩
座山之間，可是無論怎樣，在另一邊可以看到河流和果樹，一旦走進，就不
見了蹤影。直到她筋疲力盡，再也跑不動了，果樹和水始終沒有找到，這讓
她感到非常失望。

　　此時，哈吉爾聽到遠處易司馬儀的哭聲，她心疼地回到兒子的身邊。她開始絕望，不知道自己應該怎麼辦。正在她六神無主的時候，她看到易司馬儀的兩隻小腳丫子在沙面上一直踹，踹著踹著，忽然在沙地上踹出了一個小小的沙坑，孩子的小腳繼續往下踹，又露出了石頭，再繼續踹，石頭下面湧出了甘泉。哈吉爾喜出望外地看著這些水，她知道真主一直在保佑她和她的孩子。哈吉爾用雙手捧起泉水給易司馬儀喝了下去，易司馬儀終於不再哭鬧了，由於飢渴和乾燥產生的不安也開始消失了。這股沙地裡的清泉，是憑藉真主的力量噴湧出來的，日後被尊稱為「滲滲泉」。

　　一天，阿拉伯血統的吉爾胡木部族人從附近經過，發現有很多鳥兒在天空中盤旋。於是族長說：「這裡有鳥兒在飛，附近肯定有水源，可是這裡到處都是沙漠，水源會在什麼地方呢？」他命令兩個人去找水源，不久後，他們發現了易司馬儀和哈吉爾，於是飛快地回到了族長這裡報告了這個情況：「我們找到了在附近居住的一對母子，其他什麼也沒有。」族長說：「有人，就一定有水源，我們也可以在附近住下，就是不知道那對母子會不會同意。」

　　「這主意太好了！」其他族人都紛紛贊同道。他們走到哈吉爾母子面前說：「你們同意我們在這裡安紮營帳嗎？我們想和你們一起住在這裡。」「當然可以，我非常高興。」哈吉爾高興地回答道，「不過，你不能霸佔這裡的水源。」「當然，這裡的水是屬於你們的。」族長高興地說道。從此，這裡的人丁漸漸興旺起來。

小知識

　　「滲滲泉」為阿拉伯語「比厄爾·宰姆宰姆」的音譯，亦稱「聖泉」，它位於沙烏地阿拉伯麥加聖寺克爾白殿東南側。它是一個天然的古老泉溪，含有較多的礦物質成分，清涼甘甜。

關於宰牲節的傳說

磨刀霍霍向親子

當兒子長到能幫著他操作的時候，他說：「我的小子啊！我確已夢見我宰你為犧牲。你考慮一下！你的意見是什麼？」兒子說：「我的父親啊！請您執行您所奉的命令吧！如果真主意欲，您將發現我是堅忍的。」

易卜拉欣時時刻刻都在掛念著遠方的親人，因此時常去看望哈吉爾母子，麥加和巴基斯坦相隔千里，要跋山涉水，易卜拉欣每次都要行走幾天幾夜，但他始終覺得非常值得。易司馬儀是一個懂事乖巧的孩子，心地善良，忠厚老實，知道體貼人，對母親也很孝順，經常幫著母親放牧、做家事。看到愛子如此乖巧，易卜拉欣的心裡非常高興，每一次和他分別的時候，總會有一絲不捨。隨著時間的流逝，易司馬儀漸漸地長大成人，他從吉爾胡木人那裡學會了阿拉伯語，並能夠熟練地和阿拉伯人交流、溝通。

有一天深夜，易卜拉欣做了一個夢，在睡夢中，真主命令他親手宰殺自己的兒子易司馬儀。夢境是那樣的逼真，讓易卜拉欣沒有理由不去相信這是真的，他知道，這是真主對他的考驗。為了向偉大的真主表示自己絕對的忠誠，他立刻準備好行李，馬不停蹄地趕往麥加。

剛剛抵達麥加的時候，易卜拉欣並沒有向哈吉爾和易司馬儀說明真正的來意，他只是悄悄地準備好繩子和刀，讓易司馬儀和他一起去米那山谷散步。在米那山谷中，易卜拉欣把晚上夢見真主的事情告訴了易司馬儀：「兒子，我在夢中看到自己好像已經把你殺了！我想，這應該是真主的命令，你

對此事有什麼想法和要說的話？」

聽完父親的話，易司馬儀毫不猶豫地向父親表明了自己對真主的忠誠。為了減輕父親的愧疚和痛苦，他還對父親說：「親愛的父親，為了防止我亂動，請您把我捆得緊一點，為了不讓衣服沾上鮮血，請您把我的衣服脫掉，這樣也不容易讓母親看到，否則她會傷心的。最後再請求您把刀磨得鋒利一些，這樣可以順利地完成真主的命令。」

聽到這些話，易卜拉欣再也忍不住心中的悲痛，失聲痛哭起來。易司馬儀看到父親如此難過，安慰父親道：「請您不要哭了，父親，我們父子倆好好配合，履行主命吧！」易卜拉欣擦乾淚水，把兒子緊緊地摟在懷中，他知道這是最後一次擁抱自己的兒子了。

這個時候，魔鬼易卜列斯迎面走上來對易卜拉欣說道：「你知道自己在做什麼嗎？這只是一個夢而已，一個很平常的夢，難道為了一個荒誕的夢你就要殺掉自己的親生兒子嗎？」易卜拉欣認出是魔鬼易卜列斯，冷冷地瞪了他一眼，呵斥道：「你這個人類的仇敵，給我滾開！」站在一旁的易司馬儀感到莫名其妙，便對父親問道：「父親，這是怎麼一回事？」易卜拉欣正要回答，卻被魔鬼易卜列斯打斷了：「你的父親要殺了你，我是來幫助你脫險的。」

易司馬儀是個聰明的孩子，從父親對魔鬼易卜列斯的態度上看出來他不是好人，他確信父親是奉了真主的命令來的，所以便皺著眉頭對魔鬼易卜列斯說：「你走吧！我的父親是奉了真主的命令，我們必須遵從。」說完，又從地上撿了一塊石頭朝魔鬼易卜列斯丟過去，易卜列斯抱頭逃跑了。

魔鬼易卜列斯不甘心就這麼輸了，於是又跑到哈吉爾那裡，告訴她說：「易卜拉欣因為做了一個夢，要殺掉你們的兒子易司馬儀，妳快去阻止他吧！」

哈吉爾堅定地說道：「如果這真的是真主的命令，那麼他應該順從。」魔鬼易卜列斯看到他們全家團結一致、堅定不移的態度，只好無奈地走了。

而另一邊，易卜拉欣把兒子易司馬儀的雙臂捆綁緊了，把自己站立的地方做為履行真主意志之地，然後把兒子放倒，使他的前額著地，然後用右手拿起刀子。可是，易卜拉欣卻遲遲沒有下手，他顫抖的雙手始終無法落下，易司馬儀見父親如此猶豫，說道：「親愛的父親，您就遵從真主的命令行事吧！我嚥氣的時候請您閉上眼睛。當您回到我母親身邊的時候，請您幫我安慰她，讓她一定要堅強。」

此時此刻，易卜拉欣已是淚流滿面，但真主的命令高於一切，他再一次舉起了刀子。看到這裡，眾天使的心靈都在顫抖，他們高聲祈禱：「我們偉大的真主，求您大發慈悲！」

真主也被易卜拉欣的忠誠感動了，山谷裡響起洪鐘般的召喚之聲：「易卜拉欣，你不能傷害這個孩子。你的確已經證實了那場夢，我必定報酬行善之人。我現在知道你對真主是一心一意的虔誠信奉，沒有一點疑問，也沒有一點私心雜念。」

聽到真主的話，易卜拉欣激動地扔下刀子，趕緊給兒子易司馬儀鬆綁，父子兩人緊緊擁抱在一起，為得救而感到慶幸。

小知識

在虔誠的穆斯林看來，如果說易卜拉欣是忠於真主的楷模，那麼易司馬儀則是履行孝道的模範。按照先知要求，做為一個穆斯林，要想在後世永享天園之樂，在現世就要孝敬父母，尤其是母親。

安分守己是最大的美德

易司馬儀的婚嫁

你應當在這部經典裡提及易司馬儀，他確是個忠於許諾的人，他是使者，又是先知。他以拜功和天課命令他的家屬，他在他的主那裡是可喜的。

易司馬儀和一位美麗的朱爾胡姆姑娘結婚不久，他的母親哈吉爾便與世長辭了。此時，易卜拉欣也開始顯得老態龍鍾，但當他想念親人的時候，依然會常常去麥加看望兒子。

這天，易卜拉欣來看望易司馬儀，當他走進兒子的房間時，卻發現有一個年輕的女子在裡面。易卜拉欣知道，這位年輕的女子一定是自己的兒媳婦。但是他沒有對兒媳婦表明自己的身分，而是問她：「你們的生活過得如何？」兒媳婦對易卜拉欣抱怨道：「我們每天吃不飽，穿不暖，易司馬儀還經常在外，沒有時間來照顧這個家，沒有時間照顧我。」

易卜拉欣聽了這些話，非常不高興，讓這位年輕的女子轉告易司馬儀一句話，他說：「請幫我向易司馬儀問好，並轉告他，不要改變門風。」說罷，便轉身離去。

易司馬儀回來後，妻子告訴他：「有一位老人來過家裡，他讓我告訴你，不要改變門風。」易司馬儀似有所悟地告訴妻子：「那位老人是我的父親，他的意思是讓我們分手。妳是不是說了一些不得體的話，讓我父親不高興了？」

此時妻子才意識到，她對生活的抱怨讓老人不滿意，她反思了很久，對易司馬儀說道：「親愛的，對不起，看來我讓你父親不高興了，我想，他下次來的時候，我會讓他滿意而歸的。」

過了些時日，易卜拉欣又來看望易司馬儀，這一次易司馬儀恰好又不在屋子裡，他再一次問自己的兒媳婦：「你們的生活過得如何？」這一次，兒媳婦改變了態度，她對生活不再是抱怨，而是充滿了感恩。

她對易卜拉欣說道：「雖然我們過的日子依舊貧窮，但易司馬儀很努力，他一直在外面打拼，希望有一天過上富足的生活。我們很恩愛，鄰居們對我們也都非常好，我們有什麼困難時大家都盡量幫助我們。」

易卜拉欣聽了非常高興，他說：「替我向易司馬儀問好，並轉告他，安頓好自己的門庭。」易司馬儀回來後，妻子又轉告了父親的話，易司馬儀聽後很高興，他對妻子說：「我的父親是要我們和睦相處，彼此永遠都不要分開。」從這以後，易司馬儀和他的妻子恩恩愛愛，白頭偕老，過著幸福的生活，他們就是後來阿拉伯人的祖先。

易司馬儀是一個忠於自己諾言的人，他總是命令自己的家人和周圍的親戚、朋友要堅持做禮拜，資助那些貧困的人。因此，他深受真主的喜愛和讚賞，並被真主選為先知和使者。

真主告訴易卜拉欣：「你應當在這部經典裡提及易司馬儀，他確是個忠於許諾的人。他是使者，又是先知。他以拜功和天課命令他的家屬，他在他的主那裡是可喜的。」

易卜拉欣的晚年一直和他的結髮妻子相依為命，忽然有一天，天使化成年輕的男子來到易卜拉欣的房門前對他恭喜道：「你很快將會有另一個兒子了。」

易卜拉欣哈哈大笑，懷疑地問道：「我都這麼老了，怎麼可能還會有孩子呢？」

天使說：「難道你對真主的旨意感到吃驚嗎？願主的憐惜和幸福降臨你們，保佑你們。」

過了不久，薩拉果真為易卜拉欣生了兒子，易卜拉欣為這個兒子取名為伊司哈格。再後來，伊司哈格也老來得子，取名為葉爾孤白，別號是以色列，這便是猶太人的祖先。

小知識

伊斯蘭教法典籍明確指示：婚姻是「爾格代」，也就是男女雙方透過「以札布」（原意是「責成」，實際上是求婚）和「改布利」（接受、同意）這樣一個過程達成協議，再徵得雙方「臥利」（主婚人、監護人）的同意，以及有兩個以上的證婚人和交付一定的聘禮，即可舉行結婚儀式。

修建「克爾白」

父子同心，其利斷金

當時，易卜拉欣和易司馬儀樹起天房的基礎，他們倆祈禱說：「我們的主啊！求你接受我們的敬意，你確是全聰的，確是全知的。」

易卜拉欣在麥加逗留期間，曾經對真主說：「最偉大的真主，求您把這裡變成一片安寧之地吧！您可以給他們各種食物，以保證這裡的居民不再挨餓。」不久之後，易卜拉欣就接到了真主對他的啟示：「易卜拉欣，你要和你的兒子易司馬儀一起去修建『克爾白』。」（「克爾白」是指方形建築，是屬於真主的房屋，俗稱「天房」。）

聽到真主的啟示，易卜拉欣非常激動，他下決心一定要和兒子完成真主賜予的使命。在觀察完麥加的地形之後，他用手指著滲滲泉附近的一個高崗對易司馬儀說：「兒子，你看，我覺得天房建造在那裡最合適。」易司馬儀看了看父親指的地方說：「我也覺得此處非常適合建造天房，就按照您說的動工吧！」

他們來到高崗面前虔誠地對著真主叩拜，並禱告說：「我最偉大的真主，求您接受我們的敬意吧！您的確是全聰的、全知的。求您使我們變成您的兩個順民，並讓我們的子孫後代都成為歸順您的民族吧！求您在他們之中派遣一位使者來宣讀您的啟示，教授他們天經和智慧，並且薰陶他們吧！您的確是萬能的、睿智的。」

真主對他們的祈禱做出了回答，他使這個天房成為一個安全的地方，並為那些阿拉伯人派遣了最好的人穆罕默·本·阿卜杜拉做為他的使者——那

是伊斯蘭教使者的象徵，也是整個人類所有好人的象徵。

在確定了建造位置之後，偉大的建造工程開始了。易卜拉欣和他的兒子易司馬儀開始挖土掘溝，很快就把天房的基礎打好了。隨後，易司馬儀從遠處挑來了沙石，又從滲滲泉挑來清水，和好泥土後，易卜拉欣砌石頭，易司馬儀供泥，父子兩人同心協力，雖然很苦很累，但心裡卻一點也不覺得苦。

牆越砌越高，易卜拉欣便讓易司馬儀搬來了一塊又高又大的黑色石塊放在腳下墊著，然後繼續往上砌。最後，在父子兩人的共同努力下，一座方形的建築終於建成了，它便是《古蘭經》中所說的「為世人而創設的最古的清真寺」。真主對易卜拉欣說：「你應當在眾人中宣告朝聖，他們就會從遠道徒步或乘著駱駝到你這裡來。」易卜拉欣回答道：「我的真主，我的聲音這麼微弱，有誰會聽到呢？」真主繼續說：「易卜拉欣，你可以大聲宣告，讓人們去朝聖，我會把你的宣告送到人們耳朵裡的。」

於是，易卜拉欣開始宣告，他大聲地說道：「人們啊！真主註定讓你們要去麥加的天房朝聖，趕快去吧！」真主把易卜拉欣這個偉大的召喚送進了很多人的耳朵裡，並派遣了先知和使者來告訴那些人們怎樣朝聖。在易卜拉欣和易司馬儀兩位先知之後的穆罕默德先知，將真主的這個召喚傳達開來，命令所有人去朝聖，並讓朝聖天房成為伊斯蘭教的五大天命之一。

小知識

克爾白：阿拉伯語意為「方形房屋」，又稱「天房」。它是一座用灰褐色硬石砌成的立方體建築，坐落在沙烏地阿拉伯麥加城內寺中央。根據伊斯蘭教的傳說，克爾白最早是由人祖阿丹依據天上原型所建，後因山洪而被毀。幾千年之後，又由先知易卜拉欣和易司馬儀奉真主的命令重建。

誰說有奶便是娘
穆薩的誕生

我曾啟示穆薩的母親說：「妳應當哺乳他，當妳怕他受害的時候，
妳把他投在河裡，不要畏懼，也不要憂愁，我必定會把他送還妳，
我必定會任命他為使者。」

　　大約在西元前十三世紀左右，以色列人移居到埃及。當時埃及的法老獨
斷專橫，為了鞏固自己的權力、地位，他肆無忌憚地實施暴政，一時間弄得
民不聊生。 不僅如此，法老還對以色列人非常仇視，害怕他們會破壞本地人
以偶像和動物為神靈的宗教信仰，進而威脅和動搖他的統治地位。於是，法
老採取種族歧視和種種殘暴的手段，下令凡以色列人生下的男嬰，都必須溺
死，如果發現轉移或者私自撫養者，滿門抄斬。法老的這一項決定，立刻傳
遍了埃及的全境，使人們陷入極度恐慌之中。

　　自此，以色列所有的孕婦都被監視，每一批男嬰都被法老的爪牙溺死或
摔死。這時候的埃及，處處都是嬰兒的屍體，每一塊土地上都沾滿了鮮血，
空氣中到處都瀰漫著血腥的味道。然而，有一個以色列男嬰卻在真主的保佑
下避開了法老的眼線，在埃及的宮廷中安然長大，他就是先知穆薩。

　　儀姆蘭是大聖葉爾孤白的曾孫，他的妻子尤卡波懷孕了，這讓他們全家
上下都陷入極度的恐慌中。如果生了女兒可倖免於難，但是如果生下的是男
孩，則難逃法老的魔爪，不僅無辜的孩子難逃毒手，大人也會慘遭屠戮。

　　為了避開法老的盯梢，儀姆蘭把妻子藏於內室，準備在妻子分娩的時候
再另做打算。夫妻兩人日夜向真主禱告，希望可以生個女兒以保全家平安，

然而臨盆降世的卻是一個健康的男嬰。這下可把儀姆蘭夫婦嚇壞了，如果讓法老知道他們生了一個男孩，必須得將親生骨肉交出去。

夫婦兩人猶豫了很久，最終決定以全家的性命做賭注，偷偷撫養這個新生命，然後再另想辦法。儀姆蘭給嬰兒取名為穆薩，他在灰暗的地下室裡一天天長大，學會翻身、仰頭，向父母笑，會拍手，每一個動作都讓儀姆蘭夫婦既高興又心酸。

一天夜裡，疲憊不堪的尤卡波在朦朧中進入了一個非常奇怪的夢境：她孤身一人來到了尼羅河旁，望著清澈的河水出神，忽然聽到耳旁有人呼喚她，聲音是那麼親切。她驚訝地轉身掃視了一下四周，卻沒有看到任何人。正當她感到疑惑的時候，那個親切的聲音又在耳旁出現：「尤卡波，妳可以把孩子放在一個箱子裡面，河水會把箱子漂流到岸邊，到時候我的一個敵人會來收養這個孩子的，這個人也將會是孩子的敵人。」

「敵人會收養我的孩子？」尤卡波嚇出了一身的冷汗，她從夢中驚醒了。躺在身邊的儀姆蘭看到妻子驚坐在床上也嚇了一跳，忙問發生了什麼事情，尤卡波緊張地抓著儀姆蘭的雙手，講述了這個奇怪的夢境。聽了妻子的夢境，儀姆蘭恍然大悟的說：「尤卡波，這是真主在啟示我們呢！他讓我們這麼做，是在救我們的孩子呀！尤卡波，我們的孩子有救了，有救了！」可是尤卡波還有些疑惑：「讓我們的敵人來收養我們的孩子，那孩子的安全……」

「我們不照樣生活在敵人的統治之下嗎？」儀姆蘭耐心地和妻子解釋道，「既然真主讓我們這麼做，那麼肯定是可行的，妳不用害怕，有真主的保佑，孩子的安全絕對可以保證。」就這樣，儀姆蘭夫婦將穆薩偷偷放進箱子，然後把木箱投入了尼羅河中，讓它順流而下。就在母子將要分離的時刻，尤卡波再也忍不住內心的悲傷，嚎啕大哭起來。這時候，尤卡波的耳旁

又響起那親切的聲音：「妳不要畏懼，不要憂愁，我必定要把他送還於妳，我必定要任命他為使者。」聽到真主的啟示，尤卡波立刻鎮定下來。

小木箱靜靜地順流而下，一直漂到了法老王宮近處才停下來。岸邊正好有幾位少女在洗衣服，她們發現了小木箱，都特別好奇：「快，打開看看，這個箱子裡是什麼。」少女們急急忙忙地打開了小箱子，發現箱子裡面躺著一個漂亮的嬰兒，一對烏黑的眼珠烏溜溜四處張望。大家頓時都嚇呆了，七嘴八舌的議論著：「妳們看，這麼漂亮孩子，還是個男孩。」

「妳們說，這會不會是以色列人的孩子呢？」

「我看不像，如果是以色列的孩子，怎麼會拋棄掉呢？」

「管他是誰的孩子，把他帶到王宮去，讓國王和王后來處理吧！」

幾位少女原封不動地把小木箱交給她們的主人艾希亞，艾希亞一打開木箱，就看到裡面的穆薩，她望著小男孩的臉蛋，和那雙炯炯有神的眼睛，一下子就喜歡上了他，但是法老並不同意收養他，他擔憂地說：「這肯定是猶太人的孩子，今年生下來的男孩子都要弄死，趕快把他弄死。」

艾希亞心疼地把孩子緊緊地抱在懷裡，同情地說道：「他是我和你的慰藉，你們不要殺害他，也許他對我們是有利的，我們把他收為義子吧！」法老疼愛自己的妻子，他看到艾希亞這麼喜歡這個孩子，只好答應了。就這樣，穆薩在敵人的皇宮裡漸漸長大，並慢慢成了一個健康、壯實的小孩。

小知識

「希伯來」一詞來自希亞蘭文，見於猶太教和基督教的《聖經》。相傳，古代猶太人自幼發拉底河邊移居迦南地區時，被當地人稱為「希伯來人」，意為「來自河邊的人」，這一稱呼後來逐漸成了以色列人的另一名稱。

大難不死
穆薩避禍麥德彥

當他來到麥德彥的泉邊時，他看見有一群人在那裡飲羊，他發現除他們以外還有兩個女子，於是他攔下了她們倆的羊群，說：「妳們倆為什麼這樣呢？」她倆說：「我們要等到牧人們使他們的羊離開泉水，才得飲我們的羊，我們的父親是一位龍鍾的老人。」

隨著年齡的增長，穆薩知道了自己的真實身分是讓法老憎恨的猶太人，強烈的正義感使他離開了法老的王宮。

一天，穆薩在城裡閒逛，看到一個瘦弱的猶太人被一個高大強壯的埃及人欺負。穆薩上去勸架，沒想到失手打死了那個埃及人，他後悔莫及，仰天向真主祈禱饒恕自己的罪過。

第二天，穆薩仍在懺悔，在路上卻遇到了昨天被自己救下來的那個猶太人正在欺負另一個比他更瘦弱的埃及人。那個猶太人看到穆薩，以為他也會像昨天一樣把自己打死，便逃走了，而那個瘦弱的埃及人卻因此知道了面前的這個人就是昨天的行兇者。這時，一個在王宮裡看著穆薩長大的老人氣喘吁吁地跑過來告訴穆薩，他行兇的事情已經被法老知道了，法老準備把他抓住，處以絞刑。

無奈之下，穆薩只得離開了埃及，踏上了逃亡之路。他歷盡艱險，最後來到了一個叫麥德彥的地方。

這個地方的人們以畜牧為生，穆薩在一個泉水旁邊休息的時候就看到了

一群又一群的羊被主人趕過來飲水。他發現有兩個牧羊姑娘趕著一群羊在泉水不遠處徘徊，卻不過來餵羊喝水，於是就問她們為什麼不把羊趕過來飲水。

兩個牧羊姑娘的名字叫蘇福利亞和蘭婭，她們回答道：「我們的羊需要飲水，但是我們弱小無力，爭不過那些男人，只好等他們的羊飲完水我們才能把羊趕過去。」

聽完這話，穆薩就幫著她們把羊群趕到泉水邊。

等羊都喝足了水，兩位姑娘就趕著羊群回家了。

當看到女兒們回家，她們的老父親舒阿卜感到非常吃驚，因為她們回來的時間比往常早得多。當老父親問起的時候，蘇福利亞和蘭婭就把穆薩幫助她們的事情說了出來。

聽了女兒的話，舒阿卜忍不住地讚嘆穆薩是個好人，他讓小女兒蘭婭去把穆薩請回來，打算好好謝謝他。蘭婭回到泉水邊，發現穆薩仍然在樹下休息，於是走到穆薩面前，有些羞澀地說：「這位客人，我們的父親請您到我們家裡去，他想見見您，並為您今天對我們的幫助表示感謝。」雖然穆薩覺得自己並沒有做什麼，但還是愉快地接受了蘭婭的邀請。

來到姑娘家，穆薩把自己在埃及的遭遇原原本本地告訴了老人舒阿卜。聽了穆薩的故事，舒阿卜深表同情，對他說：「來到這裡，你已經沒有生命危險了，因為我們這裡不是法老的管轄之地。」說完舒阿卜老人讓女兒們準備了豐盛的晚餐招待穆薩。

穆薩感覺受之有愧，忙起身道謝：「感謝您的盛情，我只不過做了一點自己應該做的事情。」

舒阿卜連忙說：「你不要覺得不好意思，這是我們麥德彥人待客的習慣。我們麥德彥人熱情好客，喜歡把客人當成自己的親人一樣看待。」聽了老人的話，穆薩不好意思再推辭，便坐下來陪舒阿卜一起共進晚餐。

用餐的時候，舒阿卜見穆薩談吐大方，舉止文雅，忍不住暗暗讚嘆。他對穆薩說：「我越來越老了，家裡的一些事情總要有一個男人來處理，女人拋頭露面也很不方便。小夥子，我看你善良忠厚，有膽有識，不如留下來一起生活吧。」

舒阿卜想了想，繼續說：「如果可以的話，我想把我的小女兒蘭婭嫁給你，她是一個溫柔、善良的姑娘，將來也一定是一個賢慧的妻子。但是你必須為我們牧羊，住上八年。當然，假如你願意繼續住下去，我們也沒有意見，等八年之後，無論去留都是你的自由了，我們絕不干涉。但願你能知道我是一個說話算話的老實人。」

穆薩感受到老人的誠懇，又看到這個家確實需要一個能幹的男人打理，況且自己此時正需要一個棲身之所，他對蘭婭也已經產生了好感。晚上，舒阿卜老人留宿穆薩，他考慮了一夜，決定答應舒阿卜老人的建議。

不久之後，穆薩便和蘭婭成了婚，開始在麥德彥定居，幫舒阿卜放牧羊群、管理家業。

小知識

麥德彥人：一譯「買大嚴人」，《古蘭經》中記載的古代部落之一。相傳為居住在紅海西岸西奈山以南（今埃及境內）的古阿拉伯部落，族人多經商。

肩負使命再啟程
穆薩踏上歸國之路

他說：「這是我的手杖，我拄著它，我用它把樹葉擊落下來給我的
羊吃，我對它還有別的許多需要。」

　　光陰似箭，歲月如梭。一眨眼，穆薩已經在麥德彥生活了八年，在這八
年中，妻子蘭婭為他生下了兩個可愛的男孩，為這個家增添了許多歡樂。約
定的時間終於到了，在徵得岳父舒阿卜的同意後，穆薩帶著妻子和兩個兒子
離開了麥德彥，去開創新的生活。

　　穆薩一家朝著西奈半島的方向走去，走著走著忽然迷失了方向。天越來
越冷，大家感覺到寒氣逼人，於是想照明取暖，可是手中的火石卻怎麼也打
不起火來。穆薩心裡非常著急，卻不知道該如何是好。

　　忽然，他看到了遠處的山頭上冒出點點火花，便高興地站起來對妻兒
說：「我們有希望了，你們在這裡等我一下，我上前面去看看，說不定會找
到火種。」說罷，他便朝著火光的方向走去，待走近時才完全看清楚，那火
光原來是掛在一棵樹上的一團火球發出的。

　　穆薩很疑惑，心想：「烈火為什麼沒有把樹枝和葉子燒著呢？」這時，
從山谷右側的森林中傳出了呼喚自己的聲音：「穆薩！穆薩！」

　　穆薩嚇了一跳，在這樣荒無人煙的山谷中，怎麼會有人知道自己的名字
呢？雖然狐疑滿腹，但他還是壯了壯膽子回答道：「我在這裡，是誰在叫
我？」

來自森林的聲音更加清晰了：「我是真主，養育全世界的真主！脫下你的鞋，因為你的腳下就是神聖的圖哇山谷。」

此時，穆薩才如夢初醒，他知道這是真主的召喚，於是趕緊把鞋脫下，跪倒在地上，祈求真主給予指引。

真主指引穆薩道：「你應該回到埃及，把你的同胞從法老的奴役中解救出來！」

「真主，我一個人的力量實在是微不足道，如何才能拯救我的同胞們呢？」穆薩對自己的無能感到愧疚，請求真主給予幫助。

此時，穆薩的手中忽然出現了一根柺杖，真主問穆薩：「你手裡拿的是什麼？」

「是柺杖。」穆薩惶恐地回答道。

「把你的手杖丟出去吧！」

於是，穆薩用力地把柺杖拋向空中，剎那間，手杖變成了一條大蛇，在山谷中來回爬行，嚇得穆薩癱坐在地上瑟瑟發抖，閉上眼不敢再看。

真主命令穆薩：「你走到前面來，不要害怕，你是安全的，牠不會傷害你的。」

穆薩慢慢地睜開眼，但當他看到大蛇張著血盆大口的樣子，仍然嚇得不敢走上前。

「你不要害怕，可以試試和牠招手。」真主安慰道。

穆薩按照真主的提示向大蛇舉起了右手，手杖忽然回到了自己的手中，再看那條大蛇，早已不見蹤影。穆薩連忙跪倒在地，等待真主的啟示。

「你把手放入懷中，再抽出來，你會發現你的雙手潔白無瑕。」真主對穆薩說道。

穆薩按照真主的吩咐把手放入懷中，然後抽出來一看，原本長滿了老繭的雙手忽然間變得雪白，並釋放出奇異光彩，雙手互相一摸，感覺無比滑嫩。穆薩對眼前所發生的一切感到又驚又喜，嘆服不已。

「回埃及去解救你的同胞吧！」真主命令穆薩，「手杖和你的手可以在法老面前證實你的使者身分。」

穆薩慌忙跪倒在地：「我的真主，我一定遵從您的命令前往埃及解救同胞，可是我曾經打死過一個埃及人，我怕他們會殺了我。我的哥哥哈倫，口才比我好，請您也一同把他派過來做我的助手吧！並證實我的使命。」

真主答應了穆薩的請求，並告訴他：「我將給你們兩人一種力量，讓他們傷害不到你，有了我的協助，勝利將屬於你們和順從你們的人。」

回到妻子和孩子身邊後的穆薩，雖然沒有帶回照明的火把，卻帶回了真主所賦予的重大使命。這時，全家人已經決心返回埃及，他們充滿了勇氣、力量和信心。

小知識

穆薩：《古蘭經》中記載個人事蹟最多的一位先知。相傳，他出生在古代埃及法老統治下的一個以色列的家庭，後成為希伯來人的政治、宗教領袖和猶太教尊奉的先知。

有希望就有力量

使命大於天

法老說：「難道我們沒有在我們的家中把你自幼撫養成人，而且讓你在我們家中逗留過許多年嗎？」

埃及法老統治著科卜特人和以色列人，他橫徵暴斂，竭力搜刮民脂民膏，並把自己塑造成神靈，強迫被統治的人去崇拜他。法老和自己的大臣們百般侮辱以色列人，使他們蒙受苦難，強迫他們長期從事沉重的體力勞動，並企圖毀滅他們心中的希望。就這樣，貪得無厭、不信仰真主的法老，在錯誤的道路上越走越遠。

看到這一切，真主對穆薩說：「你帶著兩個奇蹟去法老那裡吧！那奇蹟將增強你的法力，鞏固你的地位。去吧！把你的同胞從黑暗中拯救出來，帶領他們走向光明，過上安定、幸福的生活。」

穆薩畢恭畢敬地對真主說：「主啊！我曾經在那裡殺過一個埃及人，我害怕他們報復我。」他說這些話，是想讓真主賜予他更高的地位。真主賜給他箴言，為他點燃了希望，使他滿懷信心和喜悅。

得到真主啟示的穆薩帶著使命打算重回埃及，但因為使命重大，他向真主禱告：「主啊！保佑我擔負起這重大的使命吧！我不善言詞，請讓我能言善辯，使我能看透他們的心靈吧！請從我的親人中幫我選一個人輔佐我吧！就找我的兄弟哈倫，讓他成為我的左右手吧！」

真主答應了這位先知的請求，支持他的主張，並給當時在埃及的哈倫默

示，讓他們兄弟倆在山下相遇。

此時，真主已經在穆薩的心裡注入了堅定的信仰，並用奇蹟加強了他的地位，再加上有了哥哥的支持，他完全放心了。想當初由於法老的追捕而被迫離開故土的經歷，穆薩開始越來越思念自己的祖國，他暗想，既然真主已經召喚了他，為他規定了使命，那麼他就要趕緊回到曾被趕出來的地方。

正當穆薩計畫著下一步需要做的事情時，真主又默示了穆薩和他哥哥：「你們去法老那裡，剛開始要畢恭畢敬、心平氣和地跟他講話，不要和他發生衝突。也許良好的態度會減少他的殘忍，降低他的囂張氣焰。」

有誰比真主更文明，有誰比真主更懂禮貌，有誰比真主說話更和氣，有誰比真主更注重言行舉止？為了救贖眾生，真主說：「穆薩，你們兄弟帶著我的跡象到法老及其臣民中，向他們宣傳我的跡象。告訴他們，你是他們的先知，要求法老釋放那些受到虐待的以色列人。」

穆薩和哥哥到了埃及，見到了法老，他們恭恭敬敬地和法老交談，但法老卻根本沒把他們放在眼裡，對他們不加理睬。許久，法老才說：「穆薩，連你也這樣，我可是撫養了你很多年，你就這麼忘恩負義嗎？」

穆薩說：「你是撫養過我，對我有恩，但這能做為你把以色列人當作奴隸的理由嗎？」聽到這番話，法老憤怒地說：「你真是個忘恩負義的傢伙！」說完，便再也不肯聽穆薩的話，並拒絕他的傳道。

看到法老這樣的表現，穆薩說：「即使我做錯了什麼，也畢竟是一個迷失方向的少年。我害怕你們對我施以極刑，所以離開了埃及，而這讓我得到了真主的恩賜和仁慈，他賜予了我豐富的知識和高明的智慧，使我成為一個傳教者。」

法老並不認為信奉真主是正道，他不屑一顧地說：「真主算什麼？」穆

薩說：「如果你相信了世間萬物的真理，瞭解到真理的存在和影響，便會知道真主是天地以及我們的主。」

這句話再一次將法老激怒了，因為他只希望民眾信奉他，以他為中心，為了鞏固自己的統治，他試圖煽動民眾，增加他們對穆薩的怨恨，以阻攔他進行傳道。法老說：「我親愛的臣民們，你們都聽到了吧？我問他主的真實情況，他卻提及他所做的事。」

穆薩說：「我的主就是大家的主，也是你們祖先的主，是這個宇宙的主。假如你們信仰真主，就會體驗到他的存在。」

由於辯論不過穆薩，法老無計可施，便想用自己的權勢來施壓，他對穆薩說：「如果你不選擇我信仰的神，你就會成為我的階下囚。」然而穆薩對法老的警告毫不在乎，依然鎮定自若地宣傳真主的真理，他說：「我將給你一個明證，它是不可反駁和令人信服的神跡，將消除你的一切疑惑……」

法老說：「如果你說的是實話，那就昭示一個明證吧！」

小知識

猶太教是世界各國猶太人信仰的宗教。由於歷史和思想淵源的原因，被天主教稱為「古教」。該教為一神教，信奉「雅赫維」為唯一真神，但禁止直呼其名，讀經時以希伯來文「阿特乃」代之。

魔高一尺，道高一丈

法老王的恐懼

法老說：「奉命來教化你們的這位使者，確是一個瘋子。」

由於穆薩品德高尚，聰明過人，且有顆善良的心，真主決定支持和保佑他，並讓他成為自己的使者。當時，科卜特人擅長魔術，這是一項能夠造成人類錯覺的技藝，很多魔術師技藝高超，變起魔術來變化多端，讓人嘆為觀止。所以真主打算讓穆薩從這方面發揮自己的聰明才智，藉助他的神力，向人們昭示奇蹟，消除他們內心的驚訝和困惑。

真主把自己的奇蹟交給先知穆薩，讓他施展出來。這種奇蹟與埃及人平時見到的魔術有相似之處，但卻比他們平常見到的要神奇得多，能使他們百思不得其解。

當穆薩聽到法老說：「如果你說的是實話，那就昭示一個明證吧！」時，他將真主賜予的手杖拋出去。這根被真主賦予了無窮神力的枴杖，頃刻間變成了一條白蛇，法老驚慌失措，臉色大變，卻又竭力掩飾著自己恐懼的心理。他以為穆薩只有這一項本領，於是裝作無所謂的樣子問道：「還有別的伎倆嗎？」令他感到意外的是，穆薩把手伸進懷裡，隨後又把手從懷裡抽了出來，只見他的手上發出耀眼的光輝，向四方射去，直達天邊。

看到這些，法老無話可說，只能沉默以對。他渴望能保住王權和財富，但是奇蹟卻讓他自慚形穢，忘記了自己是最高貴的國王，是臣民眼裡至高無上的神。

法老雖然被震懾住了，但依舊不甘心失敗，他暗地裡玩弄陰謀，鼓動人們厭惡穆薩，企圖為自己的虛偽和欺詐穿上真理、純真的外衣。

法老煽惑道：「親愛的臣民啊！這個人是招搖撞騙的騙子，大家千萬別上當。他想用獨特的魔術把你們從國土上趕出去，你們打算怎麼辦呢？」

受到法老蠱惑的臣民紛紛說著：「應該把他們關起來，然後派人到各地，將技藝高超的魔術師都帶到這裡來，和他一較高下。」這一主張正合法老的心意，他彷彿看到了一絲保住自己權力和財富的希望。於是，法老命令手下立即開始行動，想盡各種辦法把魔術師們從全國各地召集到王宮裡來。

得知全國所有的魔術師都會齊聚國都，法老覺得信心大增，心想：「我有這麼多技藝高超的魔術師，難道還怕你不成？」於是，他對穆薩說：「我們約定一個日子，讓我的魔術師和你比試一下，看看你的技藝高超，還是我的魔術師更勝一籌。你不要食言，我們也絕不違約。」

穆薩說：「你最好將比試的日期選定在節日裡，那天人們可以穿著色彩豔麗的衣服，高高興興地聚在一起，看我們在這裡比拼技藝。分出勝負的時刻便是真主的真理大白於天下，在人們心中紮根發芽的時刻。」

法老叮囑手下，盡全力接待魔術師，並確保所有的魔術師們在約定的那天能聚齊。對王權的渴求和貪念促使法老想要憑藉魔術師們的力量和穆薩較量一番，以求戰勝穆薩的宣傳。但真主的光輝終究能照耀到他的子民，法老這樣做無異於以卵擊石。

小知識

在人類的歷史上，每個時期的先知所展示的奇蹟不盡相同。在穆薩聖人時期，魔術最為盛行，有許多高明的魔術師能展現常人做不到的魔術。

人外有人，天外有天

魔術大比拼

「我們必定在你面前表演同樣的魔術。你在一個互相商量的地方，
在我們和你之間，訂一個約期，我們和你大家都不爽約。」

約定魔術比拼的日期終於到了，穆薩來到法老的王宮裡，他發現王宮裡
聚集了很多有名的魔術師。於是對他們說：「如果你們對真主有所不敬，便
是自取滅亡。真主賜予的奇蹟並不等同你們的魔術，你們的魔術都是一些騙
人的花招。你們應該向法老宣揚真主的光輝和真實存在的真理，而不是企圖
用你們低劣的魔術使我就範。顛倒是非的人最終會事與願違，也註定會搬起
石頭砸自己的腳。」

穆薩鏗鏘有力的話語震撼了在場的所有魔術師，他們頓時從迷誤中甦醒
過來，然而這些魔術師懾於法老的淫威，無法抗拒他的命令，只好硬著頭皮
開始了比拼。

這時，法老在臣民的簇擁下，催促著魔術師們盡快行動，在宰羊（指宰
牲節的上午）時分舉行盛大的勝利慶典。

一般的民眾大多都被邪惡掩蓋了信仰真主的心，無法正確判斷或者估量
事物，因此都被法老煽動了起來，他們熱切希望魔術師能夠取得最後的勝
利。

魔術師們來到了法老面前說：「如果我們勝利了，會有什麼報酬呢？」

法老說：「你們會得到無數的女人和金銀財寶，你們將會在我的國家享

盡榮華富貴。你們可以在我的身邊吃盡人間美味，享盡世間絕色，因為是你們保護了我的王權。」

聽了法老的許諾，魔術師們漸漸放下心來，舉杯向他祝酒。他們走出王宮對穆薩說：「穆薩，是你先扔，還是我們先扔啊？」

穆薩沒把他們的魔術放在眼裡，對他們不屑一顧，同意讓他們先扔，然後他再顯示真主賜予的威力。

魔術師們走上前，把手中的器物扔了出去，這些東西頃刻間變成讓人害怕的蛇。穆薩看到這種情況，開始惶惑起來，他擔心人們會被這種表象所迷惑，影響他宣傳真主的仁慈和恩惠。

這時，真主對他說：「穆薩，你用不著害怕，你的威力是最大的，不必理會那些雕蟲小技，你手中的手杖威力最大、最厲害，把它扔出去吧！」

聽到真主的啟示，穆薩毫不猶豫地把自己的手杖扔了出去，憑藉真主的神力，他的手杖轉眼間吞下了魔術師們所幻化出來的大蛇。

這讓魔術師們紛紛驚慌失措，但他們卻並不死心，一計不成，又生一計，開始造謠污蔑，用花言巧語迷惑穆薩，只是這些都沒有得逞。

穆薩從容鎮定地不斷扔出手杖，吞掉了魔術師們變化出來的一個又一個的假貨，讓魔術師們和一般民眾看到了奇妙的現實，並最終使他們走出了迷途，懂得了真理。當穆薩收回手杖的時候，魔術師們都跪了下來，表示對過去的行為感到後悔莫及，表示他們會順從真理。

看到這種情況，法老勃然大怒，感覺自己受到了愚弄。他責怪那些魔術師說：「你們難道要服從他的統治嗎？是不是與他私底下訂了協議？是的，他的手段的確比你們更高明。但是，如果你們和他暗地裡勾結，就會超出我

所能忍受的限度，我要砍掉你們的左手和右腳，把你們釘死在棗椰樹上。我要羞辱你們，懲罰你們，因為你們背叛了我，違背了我的命令，破壞了我的法律。我要讓你們為自己的行為付出代價。」

這一次，魔術師們並沒有屈服，他們對法老說：「我們即使滿足您的慾望也得不到報酬，我們現在已經懂得了一切榮耀皆歸於真主的真理，因此我們是不會讓您凌駕於真主耀眼的光輝和真實的真理之上的。您可以恐嚇我們，可以任意威脅我們，不過這只能說明您步入迷途了。我們相信真主，他會保佑我們不遭受您的壓迫，真主是仁慈的、永生的。」

小知識

法老是埃及語的希伯來文音譯，其象形文字寫作，意為大房屋。在古王國時代僅指王宮，並不涉及國王本身。從新王國第十八王朝圖特摩斯三世起，開始用於國王自身，並逐漸演變成對國王的一種尊稱。第二十二王朝以後，成為國王的正式頭銜。

難以逃脫的報應

真主的憤怒

穆薩說：「我們的主啊！你把各種裝飾品和今世生活的各種財產給予法老和他的貴族們——我們的主啊！——以致他們使民眾背離你的大道。我們的主啊！求你毀掉他們的財產，求你封閉他們的心。但願他們不通道，直到看見痛苦的刑罰。」

在和法老的鬥法中，穆薩獲得了最終的勝利，這一結果沉重地打擊了不可一世的法老和他的支持者，而穆薩在人們心中的威望則與日俱增。

不甘心失敗的法老，氣急敗壞地召集臣僚商量對策，以制止穆薩勢力的發展。謀臣們向法老進讒言：「難道您要拋棄您的神靈，去容忍穆薩和他的宗族在您的國土上作惡嗎？」

在這些人的煽動蠱惑下，法老派出手下的爪牙對以色列人展開了新一輪的壓迫和殘害。血腥的屠殺開始了，很多以色列人為此失去了性命，以色列人的種族也時刻處在滅絕的危險中。

無路可走的以色列人找到他們的救星穆薩訴苦，哀求穆薩拯救他們於災難之中。他們哭訴說：「穆薩，在您沒來之前，我們吃盡了苦頭，整日整夜地期盼您早日到來拯救我們。可是，現在屠殺虐待再次開始了，這樣暗無天日的歲月，要熬到什麼時候才能出頭啊？」

穆薩安慰道：「族人們，你們不要氣餒，只要真心祈求真主的幫助，一定能夠克服困難。我相信，最終的勝利一定是屬於我們這些敬畏真主的人。

偉大的真主一定會滅掉你們的仇敵，讓你們成為自由的人，所以，請你們一定要對美好的未來充滿信心，耐心等待。」

光陰似箭，幾年很快就過去了，以色列人的日子越來越難熬。

為了幫助以色列人擺脫痛苦，穆薩祈求真主對暴君法老以及那些追隨者進行嚴懲，他說：「真主，請您為我的族人們做主吧！」真主答應了穆薩的請求，讓埃及出現了歷史上少有的災難。

一開始是連年的乾旱，禾苗枯萎，接著便是洪水氾濫，遍地的青蛙把埃及的大地攪和得雞犬不寧。所有的山泉溪水、江河湖泊、池塘水井，所有的水源均是紅色的，人們根本無法飲用這樣的水。

這樣的境況讓法老和他的那些追隨者實在無法繼續忍受，於是他們便假裝悔過，承諾讓所有的以色列人可以自由離境。

可是，等真主把災難消除掉後，法老立刻把自己的承諾忘在了腦後，又開始橫徵暴斂，無惡不作，甚至把災禍歸咎於穆薩和那些追隨者，說是他們給埃及招來了厄運。

法老的這種出爾反爾的行為，直接導致了新的災禍發生。

當法老再一次向真主求饒的時候，真主再也不相信他的鬼話了，最終，他們遭遇了滅頂之災。

小知識

在社會交往中，守信是穆斯林們必須遵守的道德原則之一。尊貴的《古蘭經》節文和傳自先知（祈主福安之）穆罕默德和伊瑪目（願主喜悅之）的傳述，強調這一人類生活中高尚的屬性和可讚的品德。

驚濤駭浪擋不住前進的腳步

穆薩虎口脫險

我確已啟示穆薩說:「你在夜間率領著我的僕人們去旅行,你為他們在海上開闢一條旱道,你不要怕追兵出擊,也不要怕淹死。」

正當以色列人失去耐心的時候,真主決定懲罰法老和那些追隨者,以使得猶太人能夠真正擺脫他們。真主啟示穆薩,讓他和他的族人們半夜出走,不要讓法老的人察覺。於是,穆薩帶領所有的族人組成十二個支隊,向著東方的約旦河前進。得知以色列人出走後,法老立刻召集群臣說:「他們提供廉價勞動力,我們可以隨意役使。如今他們走了,誰來服侍我們呢?」群臣獻計道:「趁他們還沒有走遠,我們派兵把他們追回來,照舊做我們的奴隸。」

法老聽從了群臣的建議,親自調集大軍,對穆薩緊追不捨,準備一舉把穆薩和他的族人們全部消滅。穆薩和族人們在平安到達約旦河邊的時候,法老和他的追隨者也離他們越來越近了。眼看太陽就要出來,穆薩和族人們非常著急,擔心被法老追上。穆薩安慰族人:「不會的,我的主確實同我在一起,他將會引導我。」他默默地祈求真主:「我的真主,拯救您的歸順者擺脫困境吧!請您保佑您的眾僕們安全渡海。」

真主聽到穆薩的祈求,對穆薩啟示:「你應當用你的手杖擊海。」穆薩聽到真主的啟示,趕緊揮動手杖用力地擊打海水。頓時,海水自動向兩面分開,海面上風平浪靜,海水中露出一條坦蕩的通道直達遠方彼岸。穆薩揚起手杖對族人們說:「族人們,勇敢前進吧,真主庇護著我們。」說罷,便率先踏上通向彼岸的海上通道,大隊人馬緊緊跟著穆薩,浩浩蕩蕩地向遠方走去。

法老和官兵一路追趕，到了約旦海邊，他們看到這條奇怪的道路，感到詫異，手足無措，不知如何是好。法老見大家都停了下來，咆哮道：「還愣著幹什麼，追啊！」一個帶兵的侍衛提醒法老：「陛下，千萬不能輕舉妄動，萬一海水一閉合，可是不得了的，請陛下三思。」

法老指了指海對面的穆薩說道：「難道他們敢過，你們就不敢嗎？你們難道想讓這些叛逆者跑掉？一群廢物，快給我追！」然而，法老和追兵剛剛踏上海面，烏雲忽然多了起來，四周立刻變得伸手不見五指，以色列人的頭頂上卻有明亮的星斗照亮前路，很快，他們順利地到達對岸。

當海的對岸傳來一片歡呼聲的時候，法老的追兵還在奔命於大海中央，他們已經累得氣喘吁吁、叫苦連天了。法老得知以色列人已經全部到達了對岸，氣得火冒三丈，催促士兵們再加快速度。此時，穆薩在岸邊密切觀察敵人的動靜，族人們也嚴陣以待，等候著穆薩的命令。

根據真主的啟示，穆薩再一次揚起手中的枴杖用力擊打海面，只見一度割斷分開的海水，忽然翻騰咆哮起來。法老驚恐萬分，連忙對穆薩說道：「我順從真主了，我確信，除了以色列人歸信者外，絕無應受崇拜的。」

可是，法老的懺悔已經晚了，巨浪向法老和追兵們打去，他們立刻被捲入漩渦之中。當海水重新合攏，海上的通道再也不見了蹤影，海面上浮起數以萬計的屍體。穆薩和他的族人們以全勝而告終，海浪的咆哮聲宣告了暴君法老一夥的徹底滅亡。從此，猶太人結束了他們黑暗的過去，開始了全新的生活。

小知識

伊斯蘭教曆是了太陰（月亮）計算年月的一種曆法，類似中國的農曆，原名「希吉來曆」，「希吉來」為阿拉伯語音譯，意為「遷徙」。

不達真理誓不甘休
西奈山上的苦修

我與穆薩約期三十夜。我又以十夜補足之，故他與他的主的約期共計四十夜。穆薩對他哥哥哈倫說：「請你替我統率我的宗族。你要改善他們的事務，你不要遵循作惡者的道路。」

穆薩帶領著族人們開始穿越西奈大沙漠。白天，烈日將沙漠炙烤的熱浪逼人；夜間，溫度降低，寒風刺骨。在沙漠中行走兩天後，他們攜帶的食物吃光了。看著漫無邊際的沙漠，以色列人不由得心生失望。

有人抱怨說：「這樣下去，不是渴死，就是餓死。」

有人叫嚷道：「還不如待在埃及呢！我們在那裡雖然受人役使，但是有飯吃，有水喝。」

有人埋怨穆薩：「你把我們帶出來，在這個荒蕪人煙的沙漠，想把我們餓死嗎？」

穆薩向真主祈求，希望可以幫助他的族人們。

真主對穆薩啟示道：「你可以用你的手杖打地上的石頭。」

於是穆薩按照真主的啟示，用手杖擊打沙灘上的石頭，立刻，地上湧出一股清涼的泉水。

為了方便大家飲水，穆薩以同樣的方法敲擊石頭，結果從地下湧出十二股奔瀉不停的清泉。

　　在沙漠中也能有水喝，這讓以色列人開始真正領悟到真主對他們的恩賜。而更讓他們驚訝的是，當他們手中的食物已經所剩無幾的時候，成千上萬的鵪鶉雨點般地飛落在地上，讓他們得以輕而易舉地捕捉到。白花花的野果子也從天而降，吃起來就像甘蔗一樣甜，而這一切，都是真主的特殊恩賜。經過這些事情，以色列人更加感謝真主賦予的恩典，也更信賴穆薩。

　　穿越浩瀚的大沙漠之後，以色列人來到了西奈山的附近，這裡水草豐盛，土壤肥沃，特別適合安身定居。於是，穆薩選定了這裡做為休整的營地，號召族人們暫時在這裡定居。當一切都安排妥當後，穆薩決定去履行他和真主之前的約定。

　　他把領導管理的重任交給了他的兄長哈倫，臨行前，他對哈倫囑咐道：「請你替我統率我的宗族，並且時刻監督他們的行徑，不要讓任何人走上作惡的道路。」

　　西奈山高聳入雲，險峻挺拔，勁松翠柏點綴在懸崖峭壁之間，還可以聽到山禽的鳴叫聲和野獸的吼叫聲。穆薩之所以選擇孤身在這裡修行，是為了保持清心寡慾，排除塵世的干擾。當他在西奈山完成了四十天的齋戒之後，他非常渴望能親眼見一見真主，於是他舉起雙手攤開於胸前，對真主祈禱：「我最敬愛的真主，求您告訴我，怎樣才可以讓我看見您？」

　　真主對穆薩說道：「你看那座山吧！如果它永遠屹立在原地不動，那麼你就可以看見我。」

　　於是，穆薩就這樣目不轉睛地望著那座山，希望它可以紋絲不動。忽然，一道閃光掠過，只聽一聲震天撼地的巨響，穆薩暈厥過去，躺倒在岩石邊上。在穆薩逐漸清醒過來之後看到那座山已經粉身碎骨，化成一堆碎石。這個時候穆薩才恍然大悟，慌忙跪伏在地上，對真主請罪道：「仁慈的真主，請您饒恕我的冒失吧！我讚頌您超絕萬物，我向您悔過。從今以後，我

絕對不會再向您提出不合理的要求，我決心遵從您的指引，沿著您給我指出的正道堅定地走下去。」

真主對穆薩說道：「穆薩，我已經選拔你做為勸化你族人的先知，你的地位在萬人之上。你要接受我所賜給你的恩惠，並當感謝我。你看地上的法板，那就是我賜給你的。」真主繼續說道：「法板上記錄著我為你們制訂的各種規約，你一定要堅持它，並讓你的族人遵從它，我將會嚴懲那些狂妄自大的人。」

穆薩欣喜若狂，雖然他沒有親眼看到真主，但是卻有了真主最為珍貴的啟示，他小心翼翼地收藏好法板，懷著喜悅的心情，走下了西奈山。

小知識

法板上的十條戒律：

一、只崇拜真主，不能崇拜別的。

二、嚴禁對真主發偽誓言。

三、保證每個星期五做禮拜。

四、尊敬父母。

五、真主是賜恩者。

六、不害人。

七、不通姦。

八、不偷竊。

九、不做偽證。

十、不用毒眼看人。既不眼紅朋友的妻子或者是侍從的妻子，也不看重她們身上的任何東西。

金牛的誘惑

追隨者的愚蠢

當穆薩憤怒而又悲傷地去見他的宗族的時候，他說：「我不在的時候，你們替我做的事真惡劣！難道你們不能靜候你們主的命令嗎？」他扔了法板，揪住他哥哥的頭髮，把他拉到身邊。他說：「胞弟啊！宗族們確已欺負我，他們幾乎殺害了我，你不要使我的仇敵稱快，不要把我當作不義者。」

當穆薩回到以色列營地的時候，眼前所發生的一切讓他嚇呆了，只見族人們正在把一座製作非常精美的金牛像擺放在供桌上，並如癡如醉地向它頂禮膜拜。

「真是大逆不道，忘恩負義！」穆薩憤憤地跺了跺腳，氣急敗壞地去尋找哥哥哈倫問個明白。

「哈倫，你就這樣眼睜睜看著他們背叛真主走上歪道嗎？你為何不去阻止他們？為何不到我這裡來告知他們的情況？你怎麼可以對這樣荒唐的事情保持沉默？難道你也背叛了我，把我的囑咐當成耳邊風？」

哈倫對穆薩說道：「弟弟，我並沒有背叛你，我曾經也勸告過他們，告訴他們這是對真主極大的褻瀆，可是如果極力反對他們，那一定會發生暴力戰爭的，甚至有可能會發生宗族分裂。弟弟，我們兄弟之間一定不能反目為仇。」

穆薩一聽，更加氣憤，對著前來問候迎接他的族人們說：「我離開才多

久，你們竟然做出了如此惡劣的勾當！」族人中有人簡單地說明了事情的經過，並說了哈倫處事的難處，穆薩的怒氣才平息下來。

原來，當穆薩走了以後，一個撒米里人趁機搗亂。他把以色列人從埃及攜帶出來的首飾都收集在一起，精心打造了一頭別致的金牛，形象栩栩如生，頭尾都能扭動，眼珠能轉，嘴裡還會發出「哞哞」的叫聲。撒米里人對以色列人說：「這就是你們的主，但穆薩忘了告訴你們，而是一個人到山裡享福去了。」

以色列人並不崇拜偶像，但是對真主到底是什麼樣子的，他們並不清楚，穆薩也沒有說過真主的真實面目，所以當撒米里人這樣一說，大家都相信了，並開始拜起了金牛。

哈倫勸阻時，他們先是當作耳邊風，不予理睬，繼而開始惡言相向，他們質問哈倫：「你說金牛不是真主，那麼，就請你把真主請出來讓我們大家見見吧！」哈倫無奈，只好日夜期盼弟弟早日回來。

眼前，穆薩最迫切的問題就是如何有效地制止崇拜金牛的歪風。他想起真主告誡他們不要自相殘殺的啟示，頓時心中一亮，決定和哈倫一起把族人團結起來，再來共同勸阻那些被金牛迷住的人們。

穆薩質問崇拜金牛的人：「那頭牛是能回答你們的問題，還是可以掌握你們的福禍？你們為何不動腦筋想一想，人既然可以用金屬打造它，也可以把它融化，它連自身都保不住，還怎麼來保護你們呢？你們怎麼會認為它是神呢？」

經過以穆薩為首的族人們的勸解，拜金牛的人終於開始明白，逐漸清醒過來，曾活躍一時的撒米里人也遭到了穆薩嚴厲的指責，再也不敢在人群中露面了。

根據真主的命令，穆薩讓人將金牛融化後投入大海。

一場金牛風波終於結束了。

小知識

《古蘭經》中所載古代先知穆薩故事中以邪術惑眾的撒米里人，也被譯為「沙迷賴人」。當先知穆薩和法老抗爭後率領以色列群眾撤離埃及，途中駐紮在西奈山周圍荒野之際，他趁穆薩登山悟道四十天之空檔，蠱惑原已追隨穆薩崇奉真主的大批以色列信眾走向邪路。他煽動群眾交出金銀首飾，鑄成金牛犢，並安裝發聲設備於牛腹內，使金牛犢能發出吼聲，聲稱這就是應該膜拜、能掌握禍福吉凶的主宰。

富貴轉眼成空

戈倫的悲慘結局

你應當對他們宣讀那個人的故事;我曾把我的許多跡象賞賜他,但他鄙棄那些跡象,故惡魔趕上他,而他變成了迷誤者。

有一個叫戈倫的以色列人,與穆薩先知同屬於一個民族。在當時的西奈半島,他是一位絕無僅有的豪門富賈,有幾個腰纏數百把鑰匙的管家幫他看管著裝滿金銀財寶的庫房。

戈倫過著非常奢侈的生活,每次外出的時候,前有車馬開路,後有傭人跟隨,身邊還有一對對金童玉女相伴,好不氣派。然而,就是這樣一個豪門富賈,對待窮人卻冷若冰霜,從來不出手救濟。

有人勸他不要只顧自己貪圖享樂,不顧他人死活,希望他能適當拿出一小部分錢財來救濟窮人。戈倫非但不樂意,還蠻橫無理地說:「我有錢是自己的事,我想怎麼享受就怎麼享受,你們管不著。」

不僅如此,他還時常故意把大批金銀財寶放在馬車上,由眾多的家人驅趕著招搖過市,以炫耀自己的財富。

戈倫的所作所為讓穆薩越來越看不過去,便以真主使者的身分勸說他扶困濟貧,多做善事。他說:「戈倫,你有如此多的財富,捐出十分之一,那些窮苦的人家就可以不用挨餓了。」

對於穆薩的勸說,戈倫總是當面敷衍,背後依舊惡習不改,這讓穆薩十分憤怒,於是採取硬性措施,命令他按照比例繳納天課。

戈倫不敢當面拒絕，可是暗自一算，自己需要拿出一筆龐大的數額，心裡極為不滿：「為何要我白白拿出如此多的錢財，一定是穆薩打著真主的名義搜刮我。他和我一樣，也是一個平凡人，我憑什麼要聽他的？」戈倫想來想去，決定對穆薩進行反擊。

戈倫先是說穆薩讓他繳納天課純屬沽名釣譽，說穆薩早已違背了真主的正道，然後逢人就說穆薩是一個荒謬的術士，喜歡用小恩小惠來收買人心，進而鼓動人們不要再相信和追隨穆薩。

眼見戈倫已經無可救藥了，穆薩祈求真主對他進行嚴懲：「真主，請您懲罰戈倫吧！他實在讓我忍無可忍了。」真主答應了穆薩的請求。

一天，戈倫正在家中密謀著如何進一步詆毀穆薩的名聲之時，忽然聽到一聲巨響，好像天崩地裂一樣。戈倫和他的家人從地上被拋向空中，又從空中墜落，陷入地裡，他的宮殿和金銀財寶也全部被埋葬了。

小知識

在《古蘭經》裡，憐憫是一項重要的主張，它認為至聖穆罕默德常常以憐憫助人，因此穆斯林在社會生活中也應有憐憫之心。這就要求穆斯林能將所愛的財產施濟於親戚、孤兒貧民、旅客、乞丐，以及贖取奴隸，將所得的天課主要用來幫助貧窮者、赤貧者、管理賑務者、無力贖身者、不能還債者、為主道工作者及途中窮困者這七類需要幫助的人。在戰爭中對於俘虜不應屠殺與虐待，而要將其釋放。

鹹魚翻身之地

穆薩拜訪赫迪爾

在你的主那裡的（眾天神），不是不屑於崇拜他的，他們讚頌他超絕一切，他們只為他而叩頭。（此處叩頭！）

穆薩在一片片敬仰的恭維聲中，自我陶醉了，他不時會流露出居功自傲的情緒。有一次在回答族人關於「誰是世界上知識最淵博的人」時，他竟然脫口說出：「當然是我！」

為了教育穆薩要時刻保持清醒的頭腦，戒驕戒躁，真主啟示穆薩外出遠遊，尋找名師，以便開闊眼界、增長知識。與此同時，真主還告訴穆薩，他將在喀士穆附近白尼祿和青尼祿兩支河流的交叉匯合處，遇到一位學識淵博的賢者，並從他身上學到很多東西。

根據真主所給的啟示，穆薩帶著僮僕優仕爾上路了，他們兩人走到兩河交匯處，坐下來休息，因為非常疲倦，穆薩很快就打起盹來。

優仕爾蹲在岸邊洗手的時候，不小心把水撒在隨身攜帶的食物筐裡。讓他感到匪夷所思的是，筐裡的鹹魚一碰到水，便奮力從筐裡躍入清澈見底的河水中。

優仕爾嚇了一跳，心想：「鹹魚怎麼可能會活過來呢？」他定神向河裡望去，魚兒早已不見了蹤影。

穆薩醒來後，兩人繼續往前趕路。

走了一會兒，穆薩感覺有些餓了，便伸手從食物筐裡拿食物吃。他發現少了鹹魚，一問優仕爾才知道，鹹魚早已從水中游走了。

穆薩責怪優仕爾為何不把這件事情告訴他，因為魚游走的地方正是和那位賢者會面之地。

「走，我們趕緊往回走。」穆薩拉著優仕爾，轉身沿著原路返回曾經休息過的地方。

當他們兩人氣喘吁吁地趕回兩河交匯處時，果然看到了一位鶴髮童顏的長者站在那裡，這位正是穆薩來探訪的賢者，名叫赫迪爾。

相傳，赫迪爾是某國的太子，他不願意繼承王位，而喜歡藏身於荒山，雲遊四方。真主曾經把非同一般的智慧和常識賜給了他，有很多拜訪者在他那裡學到了不少的哲理。

穆薩上前向赫迪爾深鞠一躬，以此表示敬意，說道：「我要追隨您，希望您把所有學到的正道傳授給我。」

赫迪爾似乎看出穆薩有些急脾氣的性子，回答道：「我看你耐心不夠，對你未能徹底認識的事情，你能做到耐住性子不去問嗎？」

「您將會發現我是堅韌的，我絕對不會違抗您的任何命令。」穆薩堅定地回答道。

「那好吧！」赫迪爾對穆薩說道：「如果你願意追隨我，不管遇到什麼事情，你都不要問我是什麼道理，等我自己講給你聽。」

穆薩點點頭，表示聽從。

穆薩把僮僕優仕爾打發回家後，便隨著赫迪爾一起遊山玩水，他們同搭一艘小船在尼羅河中航行，水面上一片風平浪靜，船上的人們有的在欣賞風

景，有的閉目養神，好不愜意。

忽然，赫迪爾用鐵器猛敲船底的木板，很快就把船底砸出了洞，河水湧入了船艙。

穆薩急忙上前阻止道：「難道你要把船上的人都淹死嗎？」

赫迪爾望著穆薩不慌不忙地說：「難道你忘記了我對你的叮囑嗎？你還是不能夠耐心地和我在一起。」

穆薩這才明白過來，對赫迪爾說：「剛才我忘了您的囑咐，請您不要責怪我，是我太缺乏涵養。」

穆薩雖然口中這麼說，可是心裡還是對赫迪爾的行為大惑不解。

兩人上岸後，繼續往前走，遇到一個兒童，赫迪爾不由分說把那個孩子帶到僻靜的地方殺害了。

穆薩對眼前的事非常震驚，他抓住赫迪爾的衣袖高聲喊道：「你怎麼可以濫殺無辜呢？」

赫迪爾還是坦然自若地回答道：「怎麼樣，老毛病又犯了吧！我說過，你是沒有耐心和我在一起，果然如此。」

穆薩雖然怒氣難消，但是一想到真主命令訪賢求知的啟示，只好再一次對赫迪爾道歉並保證：「如果再像前面一樣，你就可以把我趕走了。」

「反正你我遲早要分手的，我看你是改不掉自己的毛病，就再容忍你一次吧！」赫迪爾說道。

傍晚的時候，兩人來到一座小城鎮，又餓又累，想找點吃的，卻屢屢被人拒絕。這時，他們看到一面牆即將要倒塌，赫迪爾二話不說，便上前翻修

重砌,累得筋疲力盡。

穆薩感到不可理解,說道:「我們進城後遭到了多少冷遇啊!討口吃的都沒人給我們,你怎麼替別人修牆呢?」

赫迪爾已經不像前兩次那樣坦然了,流露出不耐煩的樣子,對穆薩說道:「事不過三,我看今天我們就分手吧!你所不能忍受的事情,我現在就告訴你其中的道理。那艘船是他們窮苦人家用來謀生的命根子,前面有個渡口,官兵們正在哪裡強徵船隻,我故意把船砸漏,是為了幫窮人逃避徵收,來保住他們的命根子;而那個孩子,他的父母都是虔誠信主的人,我不忍心看到他的父母將來遭到他的虐待,殺了他,會有比他更純潔的孩子恩賜給他父母;那面牆呢,則屬於城裡兩位孤兒的,牆下是他們的父母留給他們的財產,給兩個孤兒長大以後使用的,這也是真主賜給善良人的後代的,我有責任保護他。」

赫迪爾的這些話,讓穆薩羞愧得無地自容,他對自己的主觀無知且遇事不冷靜的行為悔恨不已。正在他深思的時候,赫迪爾早已不知去向。

小知識

伊斯蘭教十分重視教育,這是因為《古蘭經》以真主的名義要求穆斯林們尊重知識、尊重教師、鼓勵求知。它將求知與信仰結合在一起,賦予了教與學的行為具有神聖的宗教意義,並以此推動了伊斯蘭教育的迅速發展。伊斯蘭社會的文化、知識和科技的大發展,正是建立在《古蘭經》尊師重教的基礎之上。

真主賜予的孩子

孤兒麥爾彥

當時，天神說：「麥爾彥啊！真主確已挑選妳，使妳純潔，使妳超越全世界的婦女。」

在巴勒斯坦耶路撒冷的清真寺裡，居住著一批信士，他們的生活和外面人的生活截然不同。這些人一直生活在信仰裡，而外面人的生活裡則充滿了太多的邪惡。

有一個帶領人們祈禱的好人，名叫儀姆蘭。他的妻子每天到寺院裡做禮拜，祈求真主恩賜給自己一個兒子。並許願如果真主實現了自己的願望，她願意把自己的兒子送入寺院終身服役。可是，儀姆蘭的妻子十月懷胎後，卻生下了一個女孩，儀姆蘭為女孩取名為麥爾彥。在麥爾彥出生前不久，儀姆蘭就去世了，可憐的麥爾彥生下來就是一個失去父愛的孩子。儀姆蘭的妻子默默祈禱真主，請他保佑她的女兒免遭受邪惡魔鬼的騷擾。

沒有如願生下兒子，儀姆蘭的妻子心裡多少有一些遺憾，但是看到女兒麥爾彥乖巧可愛，她還是感到很高興。不管怎樣，女兒也是真主的恩賜，為了還願和感恩，她把女兒用布包好送到寺院裡，交給管理人員，以履行對真主的承諾。離開寺院前，她一再叮囑寺院的管理人員一定要找一個合適的人照顧和撫養她的女兒。

寺廟裡的管理人員被她的誠摯精神感動了，表示無論多難，他們都會承擔起撫養麥爾彥的責任。這時候，一位和藹可親的長者走進了寺院，他對大家說自己叫宰凱里雅，是麥爾彥的姨丈，撫養麥爾彥是他義不容辭的責任，

說完就要把麥爾彥抱走。

寺廟的管理者出面阻攔宰凱里雅抱走孩子，對他說：「不管你是孩子的什麼人，我們在真主面前都是平等的。」在大家為爭奪小麥爾彥撫養權的時候，麥爾彥轉動著美麗的大眼睛看著大家，不哭也不鬧，特別討人喜愛。這時，有人提出採用抽籤的辦法決定撫養權的歸屬。於是大家來到河邊，把寫著自己名字的竹片投入河中，讓其順水漂流，不一會兒，人們投入的竹片都不見了蹤影，唯獨寫有宰凱里雅名字的竹片漂浮在水面上。

就這樣，按照真主的安排，撫養麥爾彥的責任落到了宰凱里雅肩上。許多年過去了，麥爾彥在宰凱里雅的精心照顧下，長成亭亭玉立的美麗少女，嫻靜又文雅、端莊而善良。她一直住在閣樓裡，每日按時侍奉為她提供食物和富裕生活的真主。她忠心耿耿地為真主服務，守候在聖堂，成為了令人敬佩的楷模。

麥爾彥每天清晨起來第一件事就是清掃寺院，而宰凱里雅也每天都到寺院裡來看她，從不間斷。一天，宰凱里雅像往常一樣給麥爾彥送吃的，一進門，看到閣樓裡的桌上擺滿了豐盛的食品，不禁大為驚訝。他曾經告訴過麥爾彥，她的閣樓是不許任何人進入的。宰凱里雅急忙問麥爾彥：「這是怎麼回事？這些東西是誰給妳的？」麥爾彥告訴宰凱里雅：「這些食品都是偉大的真主賜給我的。」宰凱里雅聽了之後恍然大悟，他高興地對麥爾彥說：「真主確實已經選擇了妳，使妳純潔，並超越全世界的婦女。」

小知識

麥爾彥：出身於儀姆蘭家族的貞潔處女。《古蘭經》讚美她是「通道人的模範」，並以其名做為第十九章的章名。即基督教《聖經》中的「瑪利亞」。

剛出生就會說話的嬰兒

爾薩的誕生

當時，天神說：「麥爾彥啊！真主的確把從他發出的一句話向妳報喜。他的名子是麥爾彥之子麥西哈・爾薩，在今世和後世他都是有面子的，是真主所親近的。他在搖籃裡和在壯年時都要對人說話，他將來是一個善人。」

麥爾彥在寺院裡過著非常平靜的日子，她每天除了清掃寺院，就是到大殿內去敬拜真主，完成每天必修的宗教功課。

有一天，麥爾彥正在清掃寺院，有一個青年男子忽然朝她走過來，她羞澀地迅速轉身要回閣樓。

那名年輕男子叫住麥爾彥說道：「妳不用害怕，我是妳的養育之主派來的天使，我是來向妳報喜的。」

麥爾彥停下腳步，轉頭狐疑地望著這名陌生人，她有些害怕，默默求真主保佑她，並對這位年輕的男子說：「如果你真的是敬畏真主的天使，那麼請你趕緊離開這裡，不要靠近我。」

年輕的男子微微一笑，說道：「妳不要害怕，也不要胡思亂想，我真的是真主派遣下來的天使，我奉真主的命令前來送妳一個純潔的兒子。」

麥爾彥聽了之後，羞紅著臉說：「我從來沒與任何一個男人接觸過，我也不是一個不檢點的人，我怎麼會有兒子呢？」

114

　　年輕男子說道：「真主是萬能的，當他決定做一件事的時候，只要說一聲『有』，就有了，所以妳不需要害怕。妳的兒子姓名叫麥西哈·爾薩，他在今後兩世都是體面的人，是真主所親近的人，他在搖籃裡就會與人說話，他將來是一個善人。」

　　麥爾彥聽了以後，既驚恐又疑惑，她正想和那位年輕男子再說話的時候，忽然發現這位年輕男子已經不見了蹤影。

　　此刻，麥爾彥才明白過來，這個忽現忽隱的人真的是真主派來的天使。可是一想到自己即將有兒子的事情，麥爾彥害羞、恐懼的情緒一齊湧上了心頭。做為未婚女孩，如果真的有了孩子，要怎麼向大家解釋清楚呢？

　　此後的很長時間裡，麥爾彥一直糾結於這個問題，卻一直沒有想出一個解決的辦法。轉眼，她的身子變得越來越重，她沒有辦法繼續住在寺廟裡了，於是悄悄收拾了行李回到了自己的故鄉納綏拉。然後把自己鎖在屋子裡，不和任何人接觸。

　　在臨近分娩的時候，陣痛迫使麥爾彥走出家門，來到野外一棵棗樹下，麥爾彥痛苦地祈求真主：「萬能的真主，但願我已經死了，成為一個被遺棄的人。」

　　這個時候，棗樹下有一個聲音響起：「妳不要憂傷，妳的真主在妳的身旁造化了一灣溪水，妳向懷裡搖晃棗樹，新鮮的棗樹就會落到妳的面前，妳盡情享用吧！如果有人來，妳就說妳奉著齋，今天不和任何人說話。」

　　麥爾彥知道這是真主的啟示，決定聽從真主的安排。

　　一個嬰兒在棗樹下誕生，這便是爾薩。麥爾彥喝了溪水，吃了棗子，頓時感覺神清氣爽，但是她依然憂愁：該如何和家人及親戚解釋呢？

忽然，嬰兒開口說話了：「媽媽，不要傷心，事情的真相就由我來和大家解釋吧！」

麥爾彥嚇了一跳，暗想：「這真的是印證了那位天使說的話。」於是，她放下所有的顧慮，帶著孩子，回到了家中。

麥爾彥帶著孩子回來的消息，很快傳遍了全村，面對眾人的疑問，麥爾彥說：「這究竟是怎麼回事，就由我的孩子來告訴你們吧！」

此時，搖籃裡的嬰兒開口說話了：「我是真主的僕人，他把經典賞賜給我，要使我成為先知。無論我在哪裡，真主都會使我成為幸福的人，真主還囑咐我，只要活著就要拜功，完納天課，孝敬我的母親，他不會讓我成為霸道和不幸的人。我無論是在出生日還是被派為使者期間，無論是死亡還是將來被復活之日，我都享有安寧。」

在場的人都被嬰兒說的話嚇呆了，有的人甚至嚇跑了。在一片寂靜之後，人們終於從迷惑不解的驚訝中清醒了過來，領悟到了真主的萬能。

小知識

爾薩：《古蘭經》中記載的先知，一譯「爾薩」，又一譯「伊薩」。他與阿丹、努哈、易卜拉欣、穆薩和穆罕默德並稱為真主的六大使者。據載，他是純貞的處女麥爾彥之子，被稱為麥西哈・爾薩，真主曾賜予他《引支勒》經典，以印證在此之前曾賞賜先知穆薩的《討拉特》經典，並奉命傳播基督教，「教化以色列的後裔」。

並非每個小天才都是方仲永

少年時代的爾薩

通道的人們啊！有許多博士和僧侶，的確藉詐術而侵吞別人的財產，並且阻止別人走真主的大道。窖藏金銀，而不用於主道者，你應當以痛苦的刑罰向他們報喜。

當爾薩逐漸成長為一名年輕英俊的少年時，他超出眾人的才華與品德開始顯露出來。

於此同時，爾薩還擁有了令眾人驚訝的預言能力。當爾薩和同齡的少年一起玩耍時，他總能猜得出其他小夥伴家裡的東西或者是他們在家裡吃了什麼食物。爾薩到村子裡的學校上學時，總是如飢似渴的聆聽著老師所講的每一個字，並能夠料到老師即將要問的問題，儘管老師並沒有說出口。

少年時的爾薩跟其他人一樣，對占卜也十分感興趣，但是跟其他人不一樣的是，爾薩對占卜者所說的內容並不怎麼相信。他發現不少人對占卜者所說的話極為迷信，當占卜者開始說話的時候，這些人便會聚精會神的去聽，不僅一動也不動的盯著占卜者，有時甚至精神集中到連呼吸都忘記的程度。

這個時候，爾薩總會向占卜者提出各式各樣的問題，雖然他的行為過於魯莽，但是他所提出的問題猶如真理之劍一般銳利，經常將那些占卜者、學者問的啞口無言。

那些占卜者由於經常被爾薩搞得窘態百出，所以對他十分忌恨，總想千方百計的刁難他，但是他們的刁難總是被爾薩一一駁回。

　　幾年之後，長大成人的爾薩跟隨母親回到了他出生的地方——拿撒勒。在爾薩三十歲的這一年，他正式擔負起真主的使命，從此成為真主的使者，他懷著對真主無限的虔誠向人們宣傳真主所默示的預言。不久之後，爾薩又從真主那裡得到了一本《穆薩五經》，從此之後，他更加努力地在人間向眾人傳播真主的教誨，號召信徒們跟隨他一起信仰真主。

　　這個時期，很多猶太人已經偏離了對真主信仰的道路，他們歪曲了穆薩所留下來的法典。猶太教的長老們一味追求金錢，儘管窮人們早已是衣不蔽體、食不果腹，孩子們得不到足夠的食物，老人們生病了也沒有錢去醫治，但是猶太長老們依舊無休止的鼓動人們將自己的錢捐獻給教會，這些錢最終全都流入了他們的腰包。

　　在猶太人日益墮落，迷戀淫蕩糜爛的生活，卻不知悔改的時候，爾薩就如同黑夜裡的星辰一樣出現了。他是真主派遣到人間的使者，幫助人們棄暗投明，重新走向信仰真主的正道上來。

　　猶太教的長老們發現爾薩在譴責他們貪財、好色、淫亂的同時已經威脅到了他們的地位，因為爾薩揭穿了猶太長老們的謊言，向人們披露他們的可恥行徑。這些正義的作為最終導致了猶太教對爾薩的厭惡與憎恨，他們勾結在一起，處處與爾薩為敵。

　　但是什麼都阻擋不了爾薩前進的步伐，他走遍拿撒勒的每一個村莊、每一城鎮，揭露猶太教長老們的謊言，批駁他們的謬論，傳播真主真正的教義。當人們對爾薩的言論表示懷疑，要求他顯現真主的神力時，他便用泥做一隻鳥，然後向鳥吹一口氣，在真主的幫助下，那隻鳥便真的活了。在真主賦予的力量下，他讓盲人重見光明，讓死去的人起死回生。

　　真主對爾薩的寵愛是毋庸置疑的，如果不是真主賦予了他力量，這些事情爾薩絕對是辦不到的。但是猶太長老們讓仍然宣稱爾薩不過是在耍一些障

眼法來矇蔽百姓。

　　爾薩所宣傳的教義最終在那些尚未被世俗的、虛假的理論所矇蔽的人們中引發了共鳴，他們開始追隨爾薩。出於自己對真主的虔誠信仰，爾薩決定要一舉揭露猶太教長老們的謊言，他前往聖堂，選擇人們聚會的日子，向那些來自於四面八方的人們宣傳自己的主張。那一天，人們的心扉被他的話語所敲開，被矇蔽的人們一下子見到了真正的光明，從此之後爾薩的追隨者越來越多。

　　猶太教的長老們為此大為惱怒，他們意圖加害爾薩，但是在真主的護佑之下，這些都沒能傷到爾薩半根毫毛。

小知識

有人認為爾薩即《聖經》中的耶穌（Jesus），穆斯林經學家一致認為：爾薩絕不是主，更非真主之子，他並未被殺死，也沒有被釘死在十字架上。他像歷代的先知一樣，是真主的僕人和使者，任何人都不能和獨一的至高無上的真主並列。

天上也會掉餡餅

真主賜予爾薩聖餐

我只對他們說過你所命我說的話，即：你們當崇拜真主——我的主，和你們的主。我和他們相處期間，我是他們的見證。你使我死去之後，盟護他們的是你，你是萬物的見證。

爾薩傳道的腳步遍及城鎮和鄉村，他向人們宣揚真主的啟示，把自己的使命告訴人們，並毀掉那些多神論者的城堡，重新建立起對獨一真神真主的信仰。此時爾薩的身邊已經聚集了許多的追隨者，他們互相分享歡樂，共同承擔憂愁與困難。

爾薩的追隨者們保護著他，使他不受敵人的傷害，他們總是在一個村子裡住幾天後，再搬往另一個村子裡，就這樣四處流浪。每到一個地方便向當地的人們傳教，最後他們來到了一片荒漠之中。

這是個寸草不生的地方，既沒有水源，也沒有食物，人們又累又睏、又飢又渴，於是聚在一起商量對策，希望能夠順利走出這片荒漠。這時候爾薩鼓勵大家，使得他們心中充滿了希望，同時還向他們闡明一些難以解答的問題，以及一些深奧的哲理。

雖然信徒們對爾薩的使命無比支持，並且願意為之奮鬥，但是他們的信仰仍然需要進一步的鞏固，尤其是當他們身陷絕境的時候，這種信念願望就更加迫切了。他們對爾薩說：「爾薩，你能不能向主祈求，為我們降下一桌美食來？」

他們這樣問爾薩，並非是他們懷疑真主的力量，也不是他們不相信爾薩的預言。他們對爾薩懇求道：「爾薩，請你相信我們，我們都是信主之人，我們已經將一切都託付給了你。」

這些人向爾薩的請求，如同當初易卜拉欣祈求真主時的情形一樣，當初易卜拉欣對真主說：「主啊！讓我看看如何使人起死回生！」真主對他說：「你難道不相信嗎？」易卜拉欣回答說：「不，我為了使自己更堅定。」

即便如此，聽了追隨者的要求，爾薩還是感到十分的震驚，他擔心這種要求會帶來惡果。於是他對追隨者們說：「你們都是真主虔誠的信徒，你們應當小心謹慎，不要向主隨意提出各種要求，當心災禍會降臨在你們的頭上。你們既然已經親眼見到了真主在我身上顯示的奇蹟，親眼見到瞎子重見光明、死人復活，難道還對真主心生疑慮嗎？如果你們真的是虔誠的信徒，就請拋棄心中的猜忌吧！」

追隨者們勸爾薩不要激動，他們說：「我們是真主虔誠的信徒，對真主的信仰堅定不移，我們相信在你身上出現的一切奇蹟，我們相信你所預言的一切，對你的使命也從不懷疑。我們之所以做出這種建議，是因為這大有好處，我們可以飽餐一頓。你難道沒看到我們已經是飢腸轆轆了嗎？」他們繼續說道：「當然，我們已經看到了許多能夠證明真主能力的奇蹟，因此我們信仰他，但是如果你能夠再創造一個奇蹟，豈不是會令我們的信仰更加的堅定嗎？」

當追隨者們一再堅持自己的要求，同時又一再表明，他們並非因為懷疑真主才提出要求，於是爾薩開始向真主祈禱：「萬能的真主啊！您是世間萬物的主宰，請求您從天上降下一桌聖餐給您虔誠的信徒吧！我們將會把這一奇蹟發生的日子做為一個節日進行紀念，以歌頌您的恩德。」

真主聽到了爾薩的祈禱，對爾薩說：「我給你們送去聖餐，以增強他們

心中的信仰。但是你們一定要知道，在接受這個奇蹟的時候，你們一定要朝拜，如果有人敢違背，我必將給你們降下最嚴厲的懲罰。」

接著，真主從天上給他們降下了一桌美食。爾薩對追隨者們說道：「這就是真主給你們的聖餐，隨意吃吧！你們應感謝真主，這是他的恩典。」

看到了奇蹟的發生，所有人都向真主進行了虔誠的朝拜，然後享用真主賜予的美食，從此信仰更加堅定起來。

小知識

在《古蘭經》中，關於爾薩的事蹟被提到四十多次，包括他的出生，承領真主的啟示和傳播正道，以及他的言行「聖諭」。

真主的掉包計
叛徒葉胡札自食惡果

我求庇於曙光的主，免遭他所創造者的毒害，免遭黑夜籠罩時的毒
害，免遭吹破堅決的主意者的毒害，免遭嫉妒時的毒害。

　　爾薩一直忠心耿耿地履行著自己的職責，從來不敢有絲毫的怠慢。他對
猶太人那種腐敗糜爛的生活極為反對，同時猶太人對穆薩法典的虛假崇拜也
令爾薩覺得十分可笑。他指責猶太人已經背離宗教的信條，同時告知猶太
人，他們的做法已經違背了真主的旨意。

　　由於越來越多的人成為了爾薩的追隨者，猶太人對此十分恐懼。他們想
削弱爾薩的影響力，但是爾薩身為真主的使者，就如同天上的明星一般，無
論走到哪裡，都會有大量的人追隨他。猶太人看到爾薩的號召力如此巨大，
便將爾薩描述成一個四處蠱惑人心、意圖奪取王位的不法之徒。

　　因為真主的庇護，猶太人對爾薩的人身攻擊並沒有產生什麼作用，相反
的爾薩所宣傳的教義卻日益成為一股強大的、不可抗拒的潮流。雖然猶太人
到處派遣密探，四處散布流言，攻擊爾薩是玩弄詭計的男巫，在他身上所顯
露的神跡是魔鬼的妖術，但是這些流言都沒能動搖爾薩的意志，也未能削弱
他的號召力。他繼續堅持不懈地宣傳著，執行著自己的使命，

　　最終猶太人改變了自己的方法，他們準備害死爾薩，以徹底根除爾薩對
他們權力的威脅。雖然猶太人很想殺死爾薩，但是爾薩一直到處傳教，他們
並不知道爾薩人在哪裡。即使有時候找到了爾薩，派出去的人大多也已經累
得筋疲力盡，無法戰勝爾薩。後來猶太人又向接觸過爾薩的人們散布流言，

並用甜言蜜語與金銀珠寶來收買人心。

一些猶太教的長老在聖堂內集體研究如何除掉爾薩，他們希望能夠親自動手，以解心頭之恨，但是研究了半天他們依舊無計可施。正在他們眉頭不展、憂心忡忡的時候，爾薩的一個門徒大搖大擺的走進聖堂，故弄玄虛地對門衛們說：「我有一件要事想要跟你們這裡領頭的人說。」

他進入聖堂後，長老們熱情的接待了他，他對長老們說：「我知道你們正在為爾薩的事情煩心，我願意幫你們除掉這個眼中釘。」長老們把這個門徒帶到了國王面前，他將爾薩的情形告訴了國王。於是，國王急忙調兵遣將去捉拿爾薩，但此時爾薩已經知道了敵人的行動。

這一天，爾薩和他的門徒們來到一個果園，計畫在那裡過夜。但是夜幕剛剛降臨，敵人便包圍了爾薩和他的眾多門徒。門徒們一看大難將至，紛紛丟下爾薩逃之夭夭了，當然爾薩並沒有被捉住。因為他一直努力的傳播真主的教義，所以深受真主的寵愛，在關鍵時刻，真主讓爾薩在眾目睽睽之下消失了。

這時候，追捕者前面出現了一個身形類似於爾薩的人，士兵們以為這是爾薩，於是紛紛撲了過去，將他捉起來。這個人在驚恐之下，竟然嚇得說不出話來。其實被捉的人就是向猶太國王告密的叛徒葉胡札，真主施展法力，讓他自食惡果，以懲罰他的背叛罪行。隨後，瘋狂的士兵們把葉胡札帶到一個廣場上，殘忍地將他釘死在了十字架上。

小知識

《古蘭經》中明確指出，爾薩沒有死，他在真主的保佑下，已經升入了天國。在世界末日到來之時，他還會重返人間，聲張正義，剷除暴虐。

真主的最後一個使者

穆罕默德降臨人世

你應當奉你的創造主的名義來誦讀，他曾用血塊創造了人。你應當誦讀，你的主是最尊嚴的，他曾經叫人用筆寫字，他曾經教人知道自己所不知道的東西。

　　穆罕默德出生在麥加一個沒落的貴族家庭，他的母親是瓦哈布的女兒阿米娜。阿米娜剛懷穆罕默德兩個月的時候，丈夫便不幸去世了。孩子出生的消息傳到爺爺阿卜杜‧穆塔里布的耳朵裡，他高興極了，立刻決定為孩子取名為穆罕默德。這樣的名字在麥加非常少見，有很多人問阿卜杜‧穆塔里布：「為什麼你要給他取和我們不太一樣的名字呢？我們的名字都是要加上祖父名或者父名的。」阿卜杜‧穆塔里布說：「我給他取名叫做穆罕默德，是為了讓天上的真主保佑他，也讓地上的人們來保佑他。」

　　那個時候，阿拉伯人都習慣把自己的孩子送到人煙稀少的地方去撫養，比如把孩子送到居住在沙漠裡的人家去撫養。這樣，孩子可以在一個空氣新鮮、環境安寧的氛圍中成長，並且可以學到純正的阿拉伯語言。因為地區貧窮，當時很多居住在沙漠中的奶媽們，都喜歡撫養富人家的孩子。

　　雖然穆罕默德的爺爺是古萊氏族人的長老，是個大人物，但由於家境貧窮，沒有人願意接受和撫養他。最後，一位名叫哈里瑪‧賽阿迪婭的奶媽向他敞開了仁慈、慷慨的胸懷，收養了穆罕默德。

　　穆罕穆德從小就是一個溫順聽話的孩子，平常不哭不鬧，除非把他的衣服脫光。一晃眼，兩年過去了。斷了奶的穆罕默德，已經不需要哈里瑪的撫

養了，因此哈里瑪只好把穆罕默德送還給他的母親阿米娜。

阿米娜看到穆罕默德，有一種說不出的高興，兩年裡，她無時無刻不在想念自己的兒子。如今兒子終於又回到自己的懷抱，她再也不用半夜因為想念孩子而偷偷哭泣了。可是，哈里瑪卻非常難受，這兩年裡，她把穆罕默德當成自己的孩子一樣撫養，她對穆罕默德，比對自己的親生孩子的感情都要深厚，她實在捨不得穆罕默德離開她。

於是，她對阿米娜說：「麥加這個地方的天氣實在有些炎熱，疾病到處傳播，穆罕默德還太小，抵抗力不足，很容易生病。不如讓穆罕默德在這個空氣清淨的地方再待上一段時間，等身體健壯了再回來。」聽了這些話，阿米娜原本喜悅的心情一下子低落下來，她剛剛見到孩子，難道又要分開嗎？哈里瑪看出阿米娜正在猶豫，她說：「這也是為了孩子好，再捨不得，也忍忍吧！」

在哈里瑪的不斷要求下，阿米娜終於同意把孩子給她撫養一段時間。就這樣，穆罕默德又回到了哈里瑪的身邊。這一次，他直到五歲才離開奶媽，回到親生母親的身邊。穆罕默德和其他先知一樣，反對偶像崇拜，嚮往先知所宣傳的真主的宗教。他年輕的時候，經常遠離城市到附近的希拉山洞思考，並利用冥想來尋求真理，冥思造物之無窮的奧妙。

在穆罕默德四十歲那年，他又一次來到了希拉山洞，祈禱真主為自己指出一條真理。

就在穆罕默德冥思苦想的時候，忽然聽到了一個聲音：「你讀！」

「我不會讀。」

「你讀！」又是這個聲音。

「我不會讀。」

這聲音第三次命令他：「你讀！」

「我讀什麼？」

「你以你的養主的名義誦讀吧！ 他曾自肉塊上造化了人類。你誦讀吧！你的養主是至高至大的，他教人用筆，教人所不知道的。」

之後，穆罕默德默默等待著，山洞卻寂然無聲了。原來，這聲音是真主派遣天使吉卜利勒給穆罕默德的第一次啟示。

自從穆罕默德受到真主第一次的啟示之後，他便以更虔誠的態度和刻苦的精神繼續在山洞裡冥思參悟。

一天晚上，他依舊在山洞裡冥想，忽然聽到一個洪亮的聲音：「披大衣的人啊！起來去警告世人吧！」

這樣的聲音在山洞裡久久迴盪，穆罕默德知道，這是真主在命令他承擔起宣傳伊斯蘭教的使命，他不能再繼續等待了，也不能再猶豫了。

第二天，他走出山洞，以真主使者的身分開始傳播伊斯蘭教。

小知識

穆罕默德：伊斯蘭教的復興者，也是伊斯蘭教徒（穆斯林）公認的伊斯蘭教先知。中國的穆斯林普遍尊稱之為「穆聖」，也被稱為「馬聖人」。按傳統的穆斯林傳記他約於西元570年出生於麥加，西元632年6月8日逝世於麥迪那。他的全名是穆罕默德·本·阿卜杜拉·本·阿卜杜勒—穆塔利卜·本·哈希姆。穆斯林認為穆罕默德是亞伯拉罕諸教的最後一位先知。此外，他統一了阿拉伯的各部落，並以此奠定了後來阿拉伯帝國的基礎。

神奇的蜜棗

穆罕默德和異教徒和解

如果他們退避你們，而不進攻你們，並且投降你們，那麼，真主絕不許你們進攻他們。

有一次，穆罕默德和異教徒發生了衝突，廝殺起來。異教徒頭領手持一把鋼刀來追殺穆罕默德。見到有人要來刺殺自己，而自己的力量又如此單薄，穆罕默德擔心自己寡不敵眾，便左轉右轉地甩掉了追殺他的人。

為了躲避追蹤，穆罕默德把身上的青色長袍脫了，偽裝成在路邊用石片扒拉泥土的人。過了一會兒，異教徒頭領跑過來，看見穆罕默德，上接不接下氣地問他：「你有沒有看到一個高個子從這裡經過？」

穆罕默德望著那個異教徒頭領，沉著地回答道：「我剛才看到有一個人跑進前面的樹林裡去了。」異教徒頭領聽了之後對穆罕默德說道：「你趕快帶我去追，我正在找他。」

可是穆罕默德卻悠哉悠哉地說：「我肚子餓了，等我吃飽了就帶你去。」說完，穆罕默德便把一個棗核丟在剛挖的小坑裡，然後用土蓋上。

異教徒頭領感到非常奇怪，他問穆罕默德：「你這是在做什麼呀？」穆罕默德答道：「我種下了一個棗核，可以收穫很多棗，不就可以吃飽肚子了嗎？」異教徒頭領焦急地說：「你的種子才剛剛種下去，要到什麼時候才能吃上？」

「很快就可以吃到的。」 穆罕默德說道。

異教徒頭領不相信：「要是我現在能吃到你種的棗子，我便拜你為師！」穆罕默德說道：「那好吧！你就看著吧！」

話音剛落，土裡長出一株又綠又嫩的棗樹苗，一眨眼的工夫，棗樹苗就長到一人多的高度，還開出了一些小花。過了一會兒，花上竟然結出了棗子。見此情景，異教徒頭領張大嘴巴怎麼都不敢相信自己看到的一切。穆罕默德嘴裡默默唸「台斯米」，然後伸手就把紅彤彤的棗子給摘了下來，遞給異教徒頭領一些，然後自己便吃了起來。

異教徒頭領拿起棗子往嘴裡放，棗子又香又甜，味道非常好，真是世界上罕見的棗子。異教徒頭領驚訝地望著穆罕默德，心想：「這個人到底是誰，怎麼會有這麼大本事呢？」穆罕默德看到異教徒頭領疑惑不解的樣子，抬頭告訴他：「我就是穆罕默德，要殺，你就殺吧！」

異教徒頭領扔下了鋼刀，上前緊緊握住穆罕默德的手說：「我們以後再也不做冤家了，要和睦相處。」從此以後，雙方果真和解了。

這棵穆罕默德種的棗樹，也越長越茂盛，使所有人都吃上了又甜又香的棗子。後來，穆罕默德把蜜棗看做是非常珍貴的東西，還把棗核做成串珠，供禮拜時用。

小知識

穆罕默德四十歲之前目不識丁，過得十分平凡的生活。到了四十歲，他開始傳道，全阿拉伯的人都大感愕然和詫異，同時對他能言善辯的表現深感折服。他所帶來的資訊，確是前無古人，後無來者，整個阿拉伯最負盛名的詩人、傳道者和演說家都瞠乎其後。最令人驚奇的是他帶來的《古蘭經》，這裡面所提倡的符合科學根據的真理，在那個年代，常人是根本無法辦到的。

乞討不如自食其力

穆罕默德對年輕人的教誨

你們應當在大地的各方行走，應當吃他的給養。

很久很久以前，有一個叫木沙的年輕人，離開家鄉，到外面漂泊。他是一個遊手好閒的人，雖然身體健康，卻害怕吃苦，每天靠乞討為生。

一天，他和往常一樣到各家去乞討。他在一個院內長滿鮮花的院落門前停住腳步。

「多麼漂亮的鮮花啊！」他心想，「這戶人家心地一定非常善良。」

木沙準備上前敲門，卻看到屋裡的主人走了出來，他上下打量著木沙，笑著問：「年輕人，你現在有家業嗎？」

木沙不好意思地說：「老先生，您看我現在哪有家業，我只有一條勉強將就睡覺的毯子，一個用來喝水的碗和一根麻繩。」

主人笑呵呵地望著木沙說道：「沒有關係，年輕人，你去把這三樣東西拿來吧！」

木沙疑惑地望了望主人，他不明白，這三樣東西有什麼用，可是他還是把這三樣東西拿來了。之後，主人帶著木沙一起到市集上把這三樣東西跟人換了一把斧子，交給木沙，帶著他一起回到家。

主人把木沙帶回家後，吩咐自己的妻子做飯，讓木沙吃得飽飽的，並給了他一包乾糧，還在他腰中纏上了一條長繩子。然後對木沙說：「你去山上

砍柴，以此為生，半個月後，你再來見我。」木沙點了點頭，走出了主人的房子。

按照主人的指點，木沙在山裡砍了許多的木柴，然後背到市集上去賣。一段時間後，他不但吃飽了肚子，還增添了新衣服，口袋裡也有了積蓄。這個時候，木沙才恍然大悟，原來那人是在教他如何獨立生存。

半個月的約定很快就到了，木沙如約到主人家裡。主人看到木沙和從前的確不一樣了，非常高興，於是盛情款待了木沙。木沙對主人講述了自己感激的心情：「謝謝您教會了我如何自力更生，之後的日子，我過得非常快樂，非常踏實，再也不會像從前一樣依靠乞討度日了。」

主人邊聽邊點點頭道：「與其乞討度日，不如自食其力。」

木沙連連點頭：「是的，應該自食其力。」

臨走的時候，木沙問主人姓名，主人微微一笑，溫和地對木沙說：「我叫穆罕默德。」

小知識

伊斯蘭鼓勵人們自食其力，透過自己的勞動去爭取財富，而不應成為家庭或社會的負擔。養家糊口在伊斯蘭教看來也是「法利度」。伊斯蘭教思想家和神哲學家穆罕默德・舍班尼就曾提出：討生活不但是受到允許的，更是穆斯林的義務。因為人的根本責任是服侍真主，而要適當地做到這一點，必須在衣食起居方面都有足夠的飽暖，也只能靠工作和賺錢才能做到這樣。 真主說：「人啊！你必定勤勉工作，直到會見你的主，你將看見自己的勞績。」

第三章

眾先知的醒世記

歪風邪氣不可長

魯特訓斥惡棍

我確已派遣魯特，當時他對他的宗族說：「你們怎麼做那種醜事呢？在你們之前，全世界的人沒有一個做過這種事的。」

易卜拉欣的姪子魯特從外地遷移過來，定居在塞杜姆城。魯特的父親在他很小的時候就去世了，他一直和叔叔易卜拉欣生活在一起，兩人相依為命。

隨著時間的流逝，他們的生活條件逐漸好轉，家族日益興旺：肥壯的牛羊和駱駝活躍在山野之間，帳篷和畜圈分布在鄉鎮的四周，並不斷地向外延伸擴展。這一片繁榮景象，使魯特由衷地感謝真主的恩賜。

然而，物質財富的增加，生活條件的優越，逐漸讓魯特的家族和親屬變得忘乎所以，他們開始成群結隊地酗酒、鬥毆，甚至殺人、攔路搶劫的事也屢屢發生。有些富家子弟縱慾淫亂，肆無忌憚，做著傷風敗俗之事，他們花樣翻新，公然追逐男色，把青少年男子做為發洩獸欲的手段。他們靈魂之腐敗、道德之敗壞、行為之惡劣，到了無以復加的地步，勸阻、警告及干預對他們都起不了任何的作用。

名門望族中居然出現了這樣的不肖子孫，讓魯特非常痛心，種種下流的惡行，也常常讓魯特寢不安息、食不知味。

為了拯救塞杜姆城中的百姓和家族，制止這邪淫潰爛之風在塞杜姆城繼續蔓延，真主決定派遣魯特做為使者，讓他在族人中公開宣布自己整治邪惡

的使命。

有一次，魯特看到一群惡棍正在對一名少婦無禮，他上前一把揪住惡棍，十分嚴厲地質問道：「你們怎麼明目張膽地做出如此傷風敗俗之事呢？難道你們一定要捨棄真主為你們造化的妻子而以別人妻子來滿足你們的性慾嗎？在此之前，可沒有人像你們這樣，做過如此的醜事來。」

惡棍們聽了魯特的訓斥後，哈哈大笑，他們對魯特說道：「魯特，你以為你是誰？敢來教訓我們？」

魯特嚴肅地對惡棍們說：「我是真主的使者，你們應當敬畏主，應當服從我。」

其中一個惡棍聽了魯特的話，問道：「魯特，你是來騙錢的吧？」

魯特義正詞嚴地說：「我不會為了傳達使命而向你們索取任何報酬，我的報酬，只歸真主所有。」他頓了頓，加重語氣對這些惡棍們警告道：「難道你們一定要攔路作惡，當眾造謠嗎？你們如果不立刻改邪歸正，必然遭受到真主最為嚴厲的懲罰！」

「什麼，真主的懲罰？哈哈……」那些惡棍們再次狂笑，「如果你說的是真的，那麼魯特，你就讓真主來懲罰我們吧！我們正想領教一下，什麼才是最嚴厲的懲罰。」

面對這些冥頑不化的惡棍，魯特深感痛心，他知道，再費口舌也是枉然，便對這些惡棍們怒斥道：「你們都走開，離我遠一點，如果你們現在悔悟還來得及，否則，你們絕對沒有好下場的！」

說罷，魯特憤然離去。

這一幕，被一些正直善良的塞杜姆城居民看到了，他們對這些惡棍們傷

風敗俗的醜行早已深惡痛絕。當他們看到魯特的正氣浩然，決定和這位先知一同整治邪惡、淫亂之風。

惡棍們見到許多人都開始擁戴魯特，非常痛恨魯特和那些追隨魯特的人，於是揚言：「如果魯特再不停地說教，就把他驅逐出城。」

為了讓威脅更有效果，惡棍們到處嚇唬老百姓：「如果有誰敢站在魯特這一邊的，有誰趕插手我們的任何事情，我們就把那些人趕走！」

惡棍們如此猖狂的行為，讓魯特感到說服工作的艱難，他不停得向真主祈禱：「我的真主，求您幫助我吧！求您嚴懲那些傷風敗俗的惡棍吧！讓他們惡有惡報！」

小知識

魯特是真主派遣治理社會風尚的一位先知，是伊斯蘭教所尊崇的聖祖易卜拉欣之姪。他在族人中整治邪惡，使惡貫滿盈的歹徒遭受到了真主最為嚴厲的懲罰。這個故事成為了後世的「前車之鑑」，也是《古蘭經》中用以警告麥加多神教徒以及世人的幾項重大鑑戒之一。

歷史總是在不斷地重複

魯特對族人的勸誡

我的宗族啊！你們絕不要因為反對我而使你們遭受努哈的宗族，或呼德的宗族，或薩立哈的宗族所遭受的懲罰。魯特的宗族（滅亡的時代）離你們是不遠的。

有一天，易卜拉欣家中忽然來了十幾位不速之客，他們個個風流倜儻、英俊瀟灑，易卜拉欣熱情款待了這些遠道而來的客人。

他為客人準備了一桌以肥嫩的牛肉為主的豐盛宴席，可是，客人們卻連餐具都沒有動過。這讓易卜拉欣覺得非常奇怪，心裡有些嘀咕：「是我準備得不夠豐盛，還是這些菜不合客人的胃口呢？」

他一邊想，一邊上前詢問客人：「各位為何不用餐呢？是我做的不合各位口味嗎？」客人們看到易卜拉欣的臉上充滿了疑慮和擔憂，便和顏悅色地解釋道：「我們是真主派遣到魯特家族的使者，我們的任務是去懲治一群犯罪的民眾。」

易卜拉欣聽了大吃一驚，對各位使者說道：「我的姪子魯特敬畏真主，止惡揚善從來沒有懈怠過。各位使者是否可以寬限幾日，容我祈求真主，再給族人們一次改邪歸正的機會。」

一位使者說：「易卜拉欣，你不要再和我們爭論了，你的主已經下達了命令，我們必須立刻執行。歹徒們已經惡貫滿盈，必須嚴懲他們。真主降下的飛沙走石將毀滅整個城鎮。」

聽到這裡，易卜拉欣急忙打斷使者的話：「可是魯特還在城裡啊！」

那位主事者對易卜拉欣解釋道：「請你放心，我們一定會把魯特的家族全部救出，但他的妻子除外。我們已預定她將和其餘的人一同受真主的懲罰。」

說完，來客們向易卜拉欣告辭，說還有任務在身，不便久留。易卜拉欣正要挽留，來客們已經不見了蹤影。

這些不速之客告別了易卜拉欣後，向塞杜姆城前進。傍晚時分，他們來到了城外的一個村落，看到一位姑娘正在井邊打水，便走過去詢問姑娘：「請問，這地方哪裡可以借宿？」

姑娘抬頭一看，見眼前是十幾位眉清目秀的小夥子，便立刻聯想到城裡的那些惡棍，心裡不由地一驚。她對天使們說道：「請各位在這稍候片刻，我去去就回。」

這位姑娘就是先知魯特的女兒，她提著水回到家中，把所見的情況和父親說了一遍，並表達了自己的擔心。魯特聽了女兒的敘述之後也非常擔心，生怕城裡的惡棍知道，因為一旦他們知道了，後果將會不堪設想。

如果留宿這些客人，萬一走漏了消息，惡棍們趕來該怎麼辦？可是如果拒絕客人們的借宿，未免也有些不通情理。再說，萬一客人們落入虎口怎麼辦？魯特雙眉緊鎖，反覆思量，最後決定把客人請到自己家中暫時避一避，然後再設法幫他們離開這個是非之地。夜幕降臨，魯特悄悄把客人們接到家中，在確定那些惡棍沒有發現後，魯特總算放下心來。他現在唯一的希望就是幫客人擺脫劫難，逃離這裡，不要讓惡棍們發現。

然而，魯特所擔心的事還是發生了，他祕密留客的事情讓惡棍們知道了，報信的不是別人，正是魯特的妻子——一個心狠手辣的老太婆。這個老

婦人早已和惡棍們同流合污，她在暗中看到這群小夥子後，認為這是一個邀功請賞的好機會，便立刻向惡棍們告了密。

那些惡棍正在黑暗中幹著骯髒下流的勾當，忽然聽說有外人來到此地，立刻獸性大發地狂喊著向魯特家中奔去。他們來到魯特門前，破門而入，一雙雙賊眼死死地盯住年輕的客人。魯特搶先一步攔住那些惡徒呵斥道：「你們想幹什麼？他們都是我請來的貴賓，有我在這，你們別想動他們一下。」

惡徒們惡狠狠地對魯特說：「我們想幹什麼，不用你管，你最好站一邊去，別干涉我們。」說完，便推開魯特朝客人們衝過去。魯特隨即迅速用自己的身體再次擋住惡棍，高聲訓斥道：「我絕對不允許你們胡作非為，侮辱我的客人。你們應該敬畏真主，不能做這樣骯髒的事情！」

一個惡棍手拿木棍，威脅魯特說：「早就警告過你不要和別人隨便來往，難道我們說過的話你忘記了嗎？今天的事情和你無關，你不要亂管閒事。」說罷，惡棍們便拉著魯特的衣袖，想把他趕出門外。

這時，一位英俊的客人說話了：「住手，不許你們對先知如此無禮。」

其中一個惡棍聽後，像一隻餓狼一樣撲向客人，只見客人用手輕輕一揮，惡棍便仰面朝天倒了下去。

小知識

懲惡揚善是伊斯蘭教倫理道德的核心，根據這一根本原則，伊斯蘭教嚴禁一切邪惡行為。在《古蘭經》中，除了以物配主，信奉多神和叛教被定為不可饒恕的重大罪行以外，忤逆父母、殺害生靈、玩弄邪術等均屬大罪。

殺雞焉用宰牛刀

眾天使進城除害

> 我拯救了他和他的信徒，沒有拯救他的女人，她是應該和其餘的人同受刑罰的。

惡棍們看到自己的同伴被打倒在地上，一擁而上撲向客人們，卻一個一個都被打得鼻青臉腫，有的牙齒脫落了，有的下巴脫臼了。

一個自不量力的傢伙趁著客人不注意，用盡全身力氣朝客人猛踢了一腳，誰知客人順勢抓住了飛來的腳，將那個傢伙倒掛著，用他的身體做為武器橫掃群魔，把一個個惡棍打倒在地上，再也無法爬起來。

魯特被眼前的情景嚇呆了，當客人們說明自己的身分和來意後，魯特才恍然大悟。癱倒在地上的惡棍們聽說這些是真主派來懲罰他們的天使後，嚇得魂飛魄散，顧不得遍體鱗傷，連滾帶爬地逃出了魯特的家門。

當惡棍們狼狽逃走之後，眾天使吩咐魯特帶領親屬和追隨者撤離塞杜姆城。

他們對魯特說：「我們已經把真主的旨意帶給你了，我們確是誠實的。你應當帶著你的家族在深夜出行，你跟在他們的後面。你們中的任何人都不要回頭看，一直往前走，走到你們奉命到達的地方。」接著，天使又補充道：「但是你的妻子除外，她將一同和惡棍們毀滅，凌晨到來之時，便是惡棍們毀滅的時候。」

魯特聽了之後，重重地嘆了一口氣，正要和天使們繼續談話，眾天使早

已不見蹤影了。魯特立刻派遣自己的女兒轉告家族中每一位忠實信仰真主的人，讓他們準備好一切，在天使預定的時間內撤離塞杜姆城。

夜深了，魯特率領族人，在月光下開始行動。他們越過草原和牧場，在凌晨時分，登上了一座山頂。在山頂上，人們摒住呼吸，等待著即將發生的事情。他們真想回頭看一看自己曾經生活過的家鄉，可是天使有言在先，不能回頭。

這個時候，天空忽然變得更加黑暗。剎那間，巨雷轟鳴，山崩地裂似的響聲接連不斷，龍捲風掃著大大小小的石頭，從遠處飛過山頂，就如滂沱大雨一般灑落在塞杜姆城中的每一個角落。

在山頂上的人們雖然不敢回頭看，卻依然能感覺到整個城鎮像是被一種無名的力量掀到了高空，又從高空向下墜落，那慘烈的疼痛，讓山頂上的人們都心驚肉跳。他們完全可以想像出，留在那裡的人們的慘狀。

狂風終於過去了，天空中露出了微弱的晨光，小鳥開始在樹枝上高興地鳴叫，一切顯得安詳寧靜，就好像什麼都沒有發生過一樣。這時，站在山頂的人們才敢回頭眺望遠方的塞杜姆城，只見原來的城鎮早已成為一片廢墟，山下到處橫陳著被狂風捲落的屍體。那些無惡不作的惡棍們終於自取滅亡，受到了應有的懲罰。

小知識

關於講述先知魯特的經文均頒降於先知穆罕默德在麥加傳教時期，當初這些經文的意義在於警告那些反對先知穆罕默德並為非作惡的古萊什多神教徒，要他們引以為戒，及早改邪歸正。

親兄弟也不能太過分

葉爾孤白遠走他鄉

易卜拉欣和葉爾孤白都曾以此囑咐自己的兒子說：「我的兒子們啊！真主確已為你們挑選了這個宗教，你們應該堅定信仰。」

葉爾孤白和爾蘇是一對孿生兄弟，他們兩人出生時，父親伊斯哈格先知早已鬚髮斑白，母親也年近花甲。

兩兄弟出生時間相隔不長，可是品行卻大不相同。哥哥爾蘇野蠻霸道、任性自私，而弟弟葉爾孤白則謙虛豁達、正直善良。

哥哥常常擺出老大的姿態欺負弟弟，佔弟弟的便宜，凡事都要比弟弟搶先得到。因此，從孩童時代起，哥哥便養成了處處強勢的習慣，而弟弟則始終禮讓吃虧，隨著他們的長大成人，兄弟兩人的差距越來越大。

面對這樣的狀況，年邁的父親伊斯哈格常常感到悲傷和無奈。爾蘇總是嫌父親的話太多、嘮叨，不願意耐心聆聽父親的教導，而葉爾孤白能夠耐心傾聽父親的意見和教導。因此，從感情上，伊斯哈格更喜歡葉爾孤白的性格及為人，他認為這個孩子不愧是聖祖易卜拉欣的子孫，他將來一定會非常有出息。

爾蘇從小就喜歡貪圖弟弟的便宜，欺負弟弟，他結婚較早，並且已經養育了幾個兒女。因此他以子女眾多為藉口，佔據了家裡大多數的家產，包括住宅及牧場等，卻任意的揮霍，不用在正途上，並經常斥責弟弟。

葉爾孤白對哥哥的無理要求，常常採取息事寧人的態度，他非常體諒哥

哥，認為自己沒有娶妻生子，開銷並不大，相對負擔也輕，所以常常對哥哥事事遷就、處處讓步。久而久之，他的品德在親朋好友中得到好評，父親伊斯哈格也為有這樣的兒子感到高興，並當著父老鄉親的面誇獎葉爾孤白，祈求真主賜福給他。

這樣一來，爾蘇不高興了，他埋怨父親偏袒弟弟，並且對弟弟葉爾孤白的態度也更加惡劣，總是處處找碴，辱罵挖苦。隨著爾蘇越來越過分，葉爾孤白實在忍無可忍，就把一肚子的委屈都告訴了自己的父親伊斯哈格。

聽完葉爾孤白訴說後，伊斯哈格雙眉緊鎖，他深思熟慮之後，對葉爾孤白說道：「孩子，你所說的一切我都瞭解，只是沒有想到會發展到如此惡劣的地步。看來，對於你的哥哥，已經不能再有任何期望了，而我也即將步入耄耋之年，在不久的將來，我就要與世長辭了。以後，堅定地走真主指引的正道，保持祖輩遺德的重任就要交給你了。葉爾孤白，我去世之後，你哥哥肯定會處處刁難你，他的性格如此粗暴，你一定會受到欺辱，我很不放心。你不如去伊拉克找你舅舅，他叫拉巴尼‧本‧白‧圖宜洛，在當地是一戶很有聲望的人家。我想，他肯定會歡迎你的。如果你能適應那裡的環境和條件，願意在那裡紮根，就可以在那娶妻生子，安家立業。這樣，你們兄弟之間的衝突就可以避免。」

聽到父親的這番話，葉爾孤白對父親非常敬佩，他感覺雖然父親的年紀很大，但他對事情的看法和分析卻依然清晰周密，沉著冷靜。

去找舅舅的確是一個避免和哥哥起衝突的好辦法，但葉爾孤白卻擔心自己這一走，生離變為死別，不能在二老身邊盡孝道，因此對父親的建議不知道該如何是好，躊躇了半天，一句話也說不出來。

伊斯哈格看出兒子的心事，他非常欣慰，笑著對葉爾孤白說：「孩子，你放心地去吧！不用惦記我和你母親。我們有真主的保佑，這裡親族眾多，

許多善良、好心腸的人都會來照顧我們的。倒是你，千里迢迢、跋山涉水到伊拉克去，要多多保重，時刻記住自己身上的使命，我們也就放心了。孩子，你快去收拾行李吧！做好動身的準備，在舅舅身邊，就和在父母身邊一樣，要記得聽舅舅的話……」

葉爾孤白哽咽得一個字也說不出口，兩行淚水順腮而下。就這樣，他踏上了前往伊拉克的路途。

小知識

葉爾孤白：《古蘭經》中記載的古代先知之一。阿拉伯語音譯，一譯「雅庫布」。先知易卜拉欣之孫，伊斯哈格之子，被尊為以色列人的第一代祖先。相傳他是孿生子之一，其母蕊芙格‧賓特‧奈胡爾雙生貴子，他與其兄伊素同日誕生。他生性溫和、堅忍，有涵養，受其兄排擠，於是長途跋涉，越過沙漠，到斐丹阿拉目投奔舅舅拉巴尼族長，先後和其女拉婭、拉西麗結婚。拉婭共生十子，拉西麗生二子，二子之一即先知優素福。

有緣千里來相會
葉爾孤白和表妹拉西麗初次相見

在他們的故事裡，對於有理智的人們，確有一種教訓。這不是偽造的訓詞，卻是證實前經，詳解萬事，嚮導信士，並施以慈恩的。

葉爾孤白經過長途跋涉的旅途，來到了荒蕪人煙的大沙漠中，他必須走到沙漠的盡頭才能和舅舅相見。他凝望著與天相連的大沙漠，感受烈日當空的酷暑，風一吹，沙粒便撲打在臉上、身上，猶如針扎似的疼痛，說不出是被燙傷的還是刺傷的。

葉爾孤白咬咬牙，邁開步伐，向前進發。也不知過了多少個白天、黑夜，他終於走到了沙漠的盡頭，來到了伊拉克巴旦亞的阿拉姆。當他看到天空中群鳥齊飛的情景時，不僅欣喜若狂，完全忘掉了疲憊，繼續往前趕路。果然，他在不遠處找到了牧人和房屋。當村裡人知道他千里迢迢來到這探訪親人的時候，熱情款待了他，請他吃乳酪和手抓餅，並讓他洗澡換衣服，還騰出床鋪，讓他留宿，指點他到舅舅家最近的路程，這讓葉爾孤白非常感動。

第二天清早，他向熱情善良的主人告別之後，沿著他們指點的小路，翻過兩座山去找舅舅。在村邊的草地上，他看到一位中年人，便上前詢問道：「請問，這是先知易卜拉欣當年經過的場地嗎？一位名叫拉巴尼・本・白・圖宜洛的老人住在什麼地方？」

「不錯！這就是易卜拉欣當年經過的場地，拉巴尼是我們這裡的族長。」中年人一邊回答一邊上下打量著這個陌生的來客，他說：「小夥子，看你的樣子不是本地人吧！你是要到族長家去嗎？你看，那裡趕著羊群的姑

娘就是我們族長的女兒拉西麗小姐，你讓她給你帶路去見族長吧！」

葉爾孤白聽到了中年人的指點後，十分的高興，向中年男人道謝後，他像個孩子一樣蹦蹦跳跳地走到姑娘面前，說：「我叫葉爾孤白，是妳姑姑瑞芙嘉的兒子，我從遠方趕來拜望舅舅。剛剛到這，恰巧在村外遇見了妳。」「原來你就是葉爾孤白表哥？雖然我從來都沒見過你，但是我經常聽爸爸跟我們提起你，他對你讚不絕口，也非常想念姑媽和姑父。他要是知道你來了，肯定會非常高興的。」

這個時候，葉爾孤白注意到，他的表妹竟然長得如此秀美，那彎彎的濃眉，閃閃發亮的眼睛，潔白的牙齒，笑盈盈的面孔都顯露出安祥聖潔的神態。她的頭髮是捲曲的，披散在她的肩膀上，而且身材修長，亭亭玉立，落落大方，真是楚楚動人。拉西麗看到表哥不說話，只是呆呆地望著自己，有些不好意思，臉龐泛起了紅暈。她對表哥嫣然一笑，說道：「表哥，走吧，早點回去休息。」葉爾孤白看到表妹那白裡透紅的臉上露出兩個迷人的酒窩，他的心忽然加快了跳動，這樣的感覺，從來沒有出現過。葉爾孤白和表妹夾在羊群中間，朝舅舅家走去，畢竟兩個人從未見過面，彼此之間有些拘束，除了簡單又矜持的一答一問，很少交談。

對機敏的拉西麗來說，她和葉爾孤白的初次相見讓她對這個遠道而來的表哥有了良好的第一印象。表哥有著英俊的相貌、魁梧的身材，他的風度脫俗出眾，而他的憨厚靦腆和拘謹自重，讓拉西麗覺得，有這樣的一位表哥光臨，給她增添了不少的自豪感。

小知識

《古蘭經》中反覆指出：穆斯林之間應該精誠團結、互相幫助，並從不同角度發出召喚。例如強調在共同信仰基礎上的緊密團結，首先以真主之道為根本依據，不可四分五裂。

愛情要經得起考驗

葉爾孤白與表妹的七年之約

我將躲開你們，因為你們祈禱的時候對真主不真誠。我將祈禱我的主，我覺得不在祈禱我的主的時候對他不真誠而變為薄命的人。

　　當葉爾孤白見到舅舅的時候，立刻與舅舅抱頭痛哭，宛如失散多年的父子。看到了葉爾孤白，拉巴尼想起了離別多年的姐姐和姐夫，他仔細端詳起葉爾孤白，發現他的面容、輪廓非常像姐夫伊斯哈格，而眼睛和眉毛卻特別像自己的姐姐。拉巴尼在族人中有很高的聲望，他的生活安定富裕，但身邊只有兩個女兒，沒有男孩。自己身邊缺少了得力助手，百年之後，這家業由誰來繼承，這讓拉巴尼毫無頭緒。他一直在留意可靠的繼承人，也是在暗自為兩個女兒挑選佳婿。

　　現在，拉巴尼看著自己的外甥，心想：「莫非這是真主的默默相助？」他決定利用真主賜予的機緣，促成自己實現理想。葉爾孤白對舅舅拉巴尼訴說了他的經歷，並轉達了自己父親叮囑的話，葉爾孤白對舅舅說：「我願意留在您身邊為您效勞。」

　　聽到葉爾孤白這麼說，拉巴尼非常高興，他拍拍外甥的肩膀，說：「非常好，小夥子，你不愧是伊斯哈格的好兒子。這一路上，你也辛苦了，不過它鍛鍊了你的才幹和膽識。住下來吧！你會慢慢熟悉這裡的，以後這裡就是你的家。我現在非常需要一個得力、可靠的助手，能夠裡外周旋的人才，我想讓你鍛鍊鍛鍊，逐步承擔重任，這樣也不辜負父母對你的期望。你哥哥那邊，將來是一定容不下你的，孩子，你就在這裡安心立業吧！將來，舅舅一

定為你做主，幫你說一門好的親事，娶一個賢慧端莊的妻子。從現在開始，你不再是客人，不需要客套拘束了。」葉爾孤白說：「謝謝舅舅對我的信任，在這裡有舅舅的關照，我一定安心地住下來。我非常願意為舅舅效勞，但我現在只能做點瑣碎的家事。我今天剛到，舅舅您還沒有提起這件事情的時候，我的腦袋裡就有這個想法，或許我會在這裡長住，如果我能夠……」

「能夠什麼？」拉巴尼聽到外甥的話忽然停頓下來，便饒有興趣地追問。「能夠和我在這裡遇到的第一個姑娘結為夫妻，這裡就是我的家鄉。」

「你指的是誰？」拉巴尼問，葉爾孤白答道：「她叫拉西麗！」

「哈哈，葉爾孤白，舅舅本來還想當你的媒人呢！沒想到倒成了你的岳父了。」 拉巴尼風趣地說，「不過，我這裡有個條件，婚禮必須七年以後才能舉行，如果你願意等待，那麼這門親事就訂下了。」葉爾孤白欣然同意了舅舅的要求。喜訊傳到了拉西麗的耳朵中，她暗自高興，她對這位英俊帥氣的表哥同樣也是一見鍾情。剛開始見面，她也曾有過和表哥結婚的念頭，只是覺得不太現實，卻想不到這個願望會實現，而且會決定得這麼快。只要七年一滿，便可如願以償地和表哥在一起了。

從此，葉爾孤白勤奮地負擔起舅舅所委託的一切事情，每一件事情他都一絲不苟地完成，他的謙虛好學博得了全村男女老少的稱讚。

小知識

《古蘭經》中多次提及葉爾孤白，把他排入接受真主啟示和引導的先知之列，說他被賜福，有能力，有眼光，有純潔的德性。葉爾孤白在臨終之際叮囑其後裔應遵從祖先的正道，崇拜和歸順獨一的真主。有人認為葉爾孤白即《舊約全書·創世紀》中提到的雅各，穆斯林經注學家認為不宜把兩者完全等同。

好事總是留給善良的人
葉爾孤白成就美好姻緣

我賞賜他易司哈格，又贈賜他葉爾孤白，我使他們都變成善人。

光陰流逝，日月如梭，七年很快就過去了。離約定的日期越來越近，葉爾孤白心花怒放，專候佳期，拉西麗也春風滿面地期待這一天的到來。

照理說，拉巴尼也應該非常高興，因為總算了卻自己的一樁心事，可是，誰知道拉巴尼不僅沒有提起完婚的議程，甚至非常忌諱別人提起。

葉爾孤白好幾次鼓起勇氣想問個究竟，可是每當看到舅舅面容憔悴，就不敢開口了。拉西麗看到這一切，也不好意思再向父親提起自己的婚姻大事。

這到底是為什麼呢？是拉巴尼毀約嗎？不可能，他向來是一個說到做到的長輩。是因為嫌棄葉爾孤白嗎？也不可能，他對這個外甥是真心的疼愛，視為自己的兒子一樣。

所有的人都感到大惑不解，自從葉爾孤白來到這個村莊以後，拉巴尼始終面帶微笑，他把外甥介紹給眾人，為什麼在面臨佳期時，他反而沉默寡言，一反常態呢？

似乎有一種悲傷的陰影籠罩著這個家，取代了平日裡的歡聲笑語。數日前還滿臉喜色的葉爾孤白和拉西麗，也受到了這層陰影的影響，變得愁眉不展。

　　拉巴尼看到自己的女兒和外甥如此憔悴，心裡非常難受，常常晚上徹夜難眠。終於，他決定和葉爾孤白單獨談一談。他叫來外甥，憂心忡忡地說：「孩子，這兩天，你臉色不太好，也瘦了，我知道你在擔心什麼。也許你會埋怨、誤會我，以為我對你們的婚事反悔了，想收回成命。可是，你知道嗎？我最近比你們還焦急，這幾天晚上我都沒有睡好，我是真心想成全你和拉西麗的婚事，甚至應該提早幾年辦理的。可是七年過去了，我所預期的時機並沒有成熟，這也是我近來煩惱的原因。」拉巴尼誠懇地對葉爾孤白說道。

　　聽完舅舅的話，葉爾孤白當即對舅舅表示：「我願意替您分憂。」

　　拉巴尼重重嘆了一口氣道：「我們這裡有一個風俗，你可能不清楚，比如在婚嫁方面，有長幼之分，先後有序，不可破例。我身為一族之長，更應該帶頭示範，才能讓族人對我信服。這七年來，我是在等待拉西麗的姐姐先成親，之後讓你們完婚。可是，七年過去了，拉西麗的姐姐至今未嫁，像我們這樣的名門望族，擇婿選偶不可能遷就降格，而平民之家又不敢高攀，所以在這樣的情況下你和拉西麗的婚事才拖延至今。為此，我感到非常不安。」

　　葉爾孤白聽了舅舅的話，疑團盡釋，便安慰舅舅道：「請舅舅不要為難，我和拉西麗可以耐心等候，遵守族規，絕不讓舅舅為難。」

　　「不，孩子，不能這麼拖下去了，不然要到何時才能夠解決呢？葉爾孤白，我這裡有個想法，也算是兩全其美之策，不知你意下如何？」拉巴尼說道。

　　「請舅舅指教！」

　　「是這樣的，孩子，你為人正直，品行端正，在這七年裡，深受大家喜

愛。為了你和拉西麗能夠早日完婚，如果你不嫌棄，我可以把長女許配給你，爾後再續娶小女。這樣既可以完成你們的婚禮，又不會破壞族規。這件事，我已經考慮再三，只是還沒有徵求你的意見，你不妨三思。」

這些話，完全出乎葉爾孤白的意外，他毫無準備，震驚之餘，陷入沉思，半晌無言以對。他一直像對待自己的姐姐一樣尊重拉西麗的姐姐，向來都是親切但並不親近，舅舅忽然出了這個難題，自己應該怎麼辦？如果拒絕，有傷舅舅的善意和尊嚴，於情於理，都有點欠妥；但如果接受，自己與拉西麗有約在先，而且自己的感情全部交給了她，彼此愛慕已長達七年，究竟該如何是好呢？

葉爾孤白實在不知道該如何回答舅舅的問題，只好說：「我會慎重考慮一下，而且，我也想聽聽拉西麗的意見。」

「葉爾孤白，如果你想說的是這件事，我上午已經跟她談過，她願意遵從父命，顧念胞姐，共同歸屬於你。所以，我才找你提這件事。」

這個時候葉爾孤白沒有任何託詞了，他凝望著舅舅，知道舅舅的決心已下，想到這七年來舅舅對自己的疼愛和照顧，他終於點頭答應了下來。

老族長在全村族人的熱烈祝賀中，主持大女兒拉婭和外甥葉爾孤白的婚禮。又過了七年，在規模相當，氣氛更熱烈的禮儀中，葉爾孤白和拉西麗這一對相戀了近十四年的有情人終成眷屬。

小知識

葉爾孤白一共有十二個兒子，其中一個便是赫赫有名的先知優素福。在葉爾孤白臨終前，不忘囑咐兒孫堅定對真主的信仰，他說：「真主確已為你們挑選了這個宗教，所以你們在臨死之前必須成為歸順的人。」

真主的夢境

幼年時期的優素福

當時優素福對他父親說：「我的父親啊！我確已夢見十一顆星和太陽、月亮，我夢見它們向我鞠躬。」

葉爾孤白一共有十二個兒子，常言道，多子多福，可是他卻沒有這樣的感受。已經長大成人的十個兒子非常不爭氣，他們行為放蕩、心胸狹窄、自私自利，常常在外面惹事生非，讓葉爾孤白憂心忡忡，唯恐他們在外面挑起事端。只有第十一個兒子優素福讓他感到欣慰。

優素福天資聰慧，長得一表人才，他的求知慾望非常強烈，常常圍繞在父親身邊，聆聽他的教誨，還不時提出各式各樣的問題。

看著優素福可愛的臉龐，聽著他稚氣而又透露著智慧的提問，葉爾孤白喜在心頭，他無時無刻不在感謝真主賜給年邁的他這樣一個乖巧可愛的孩子。

葉爾孤白常常向兒子們講述自己的祖父易卜拉欣的高尚品德，叮囑他們要堅定的信仰對真主，要求他們在言行舉止和各個方面都不能有辱聖門的光輝。

然而，對於老人的教誨，十個哥哥根本聽不進去，唯獨優素福和年幼的弟弟專心致志地聆聽父親的教誨，並牢記於心。尤其是優素福，對於父親所有的教導，他都能做到心神領會，而且不時提出自己對問題的見解。

對於優素福的表現，葉爾孤白感到非常欣慰，也更加喜歡這個兒子，並

對他提出的各式各樣的問題，耐心解答，不斷的用知識來啟發他。

老人把所有的厚望都寄託在這個值得信賴的兒子身上，期望他健康的成長，深盼他能夠成為真主所可以選擇和協助的人，成為先知世家最優秀、最可靠的接班人。

勤奮好學的優素福非常善於思考，他遇到不懂的問題總會先動腦筋想一想，實在想不出答案才去問自己的父親，甚至在睡夢中他也會繼續探索知識，發現問題。每次夢中遇到無法解答的問題，他都會告訴自己的老父親葉爾孤白聽，讓他幫忙一起分析，共同探討夢境中的奧祕。

有一天，優素福忽然從夢中驚醒，原來他做了一個非常奇特的夢，讓他大惑不解。

他向父親求教道：「親愛的父親，我夢見了十一顆星星向我鞠躬，還有太陽和月亮，它們也向我鞠躬，這到底是怎麼一回事呢？我感到太奇怪了。」

兒子對夢境的敘述讓老父親喜出望外，這正是真主選定他做先知的吉祥徵兆。可是，葉爾孤白老人心中也擔憂，如果這個夢境被他的哥哥們知道了，恐怕會在魔鬼的教唆下，謀害自己的弟弟。

想到這裡，葉爾孤白嚴肅地對優素福說：「孩子，你不要把你的夢境告訴你的哥哥們，以免他們因為嫉妒之心而來謀害你。惡魔是人類公開的仇敵，什麼壞事情都做得出來，如果你把夢中發生的事情洩漏了出去，只怕會災難臨頭。」

葉爾孤白看到優素福不解的表情，繼續說道：「你所做的夢是一個喜訊，它說明真主已經選擇了你，正像他曾經對你的父親、祖父、曾祖父賜予恩惠一樣，他也要賜予你恩惠。你將成為易卜拉欣後裔中有出息、有作

為的接班人。為了以防不測，孩子，你切記，千萬不要把你的夢境告訴任何人。」

優素福雖然不是特別明白父親對他說的這番話，但從父親嚴肅的表情中，也意識到了這奇特的夢境關係重大，他保證自己一定不會說出去。

從此，葉爾孤白處處小心翼翼，非常謹慎地把心愛的兒子留在自己的身邊，不輕易讓他單獨行動，更不准他和任何人外出旅遊。

小知識

關於夢，穆罕默德先知做出如下解釋：「夢有三種 ：好夢來自真主的喜訊；令人傷心的夢是來自魔鬼；還有一種夢是來自人的自述。」

本是同根生，相煎何太急

十兄弟的嫉妒

當時，他們說：「優素福和他弟弟，在我們的父親看來，是比我們還可愛的，而我們是一個（強壯的）團體，我們的父親確是在明顯的迷誤之中。」

葉爾孤白疼愛優素福的行為引起了十位哥哥們的不滿，他們看在眼裡，恨在心中。

尤其是近期，看到父親寸步不離地守在優素福身邊，他們更是憤憤不平：「我們的父親真是一個老糊塗，在他心中，優素福和他的弟弟才是他的兒子。」

「最可恨的還是優素福，要是沒有他，我們也不會讓父親如此忽視。」

就在大家七嘴八舌議論的時候，其中一位哥哥說：「應該把這個小東西殺掉才解恨。」另一個立刻呼應：「對，找個機會哄他出去玩，把他引誘到荒蕪人煙的地方，讓狼吃掉他。」

「不能做的太絕，畢竟優素福是我們的親弟弟，我們不能直接殺死他，最好把他騙出去，扔在井裡。如果過路的行人把他撈上來，也會變賣成奴隸。」

……

經過一番密謀，十兄弟最後決定把優素福騙出去扔進井中。

第二天，他們來到葉爾孤白面前，請求父親讓他們帶優素福出遊：「父親，優素福雖然年紀小，但也不應該長年關在屋子裡，應該到外面見見世面，讓他盡情地玩一玩。」

葉爾孤白環視一下十個兒子，鎮定地說：「你們把他帶走，我實在不放心，萬一你們一個疏忽，狼把他吃了怎麼辦？」

大兒子說：「父親，你怎麼不信任我們呢？我們這有十個人，可以照顧好弟弟的。如果弟弟真給狼吃了，我們就該死了。」

葉爾孤白依舊不太放心：「話雖這麼說，但是優素福畢竟年紀太小，你們只顧保護他，自己也玩不盡興。我看，還是等他長大點再說吧！」

這個時候，其中一個兒子裝作心平氣和的樣子跟葉爾孤白說道：「父親，我非常理解您的心情，我們也和您一樣，特別疼愛這個弟弟，但是疼愛並不等於嬌生慣養。優素福是一個男孩子，他該出去看看、闖闖，到外面多增加一些見識，不該這麼每天關在家裡。」

葉爾孤白陷入深思中，兒子們的話不是沒有道理，可是，他還是有些不放心。

十位兄弟似乎看出父親的心思，父親捨不得讓優素福外出，離開自己身邊，但又一下子找不出拒絕的理由。

一位善於辭令的兒子站了起來對葉爾孤白說：「我知道，頭一次帶弟弟出門，父親您總是不放心的。這樣行不行，我們出遊也不會太遠，時間也不長，以免您老惦念。兄弟們，你們說好不好？」

「好極了，就這樣辦吧！」大家都附和道。

葉爾孤白心煩意亂，不知道該如何是好，無意中問了一句：「你們準備

幾時出發？」

「哦！父親終於同意了。」兄弟幾個歡呼起來。「既然父親同意了，那麼我們明天就出發吧！」其他人趕快接上話。

無奈，葉爾孤白只好再三叮囑，路上要當心，千萬不可疏忽大意，老人的聲音中含著顫抖。

「請您放一百個心，父親！」十兄弟得意地表態，並且保證道，「我們一步也不會離開弟弟的。」

「要早點回來，越早越好！」葉爾孤白老淚縱橫，他似乎有很多話沒有說出口，但哽咽得再也說不出了。

十兄弟帶著優素福上路了。一路上，嬌嫩的優素福受盡了哥哥們的虐待，他們動不動就是呵斥、責罵他：「小東西，你在家嬌生慣養，是該嚐一嚐苦頭了。」

優素福忍受著一切，憑藉著克制忍讓的態度，有時候反而讓處處挑剔的哥哥們找不到任何施暴的理由。

小知識

伊斯蘭教把嫉妒視為導致罪惡的根源之一予以譴責，勸穆斯林嚴防這一卑劣心理的滋生。穆罕默德先知說：「你們切勿相互嫉妒、憎恨、離棄。做為真主的僕民，你們應當成為兄弟。」「嫉妒和憎恨就如剃刀，並非它能剃髮，而是它會削掉教門。」

莫讓嫉妒矇蔽了眼睛
優素福的悲慘遭遇

當他們把他帶走，並且一致決定把他投入井底的時候，我啟示他說：「將來你必定要把他們這件事，在他們不知不覺的時候，告訴他們。」

優素福英俊的外表和文雅的舉止，一路上引起了很多人的注意，而那些過路人都覺得非常奇怪，這個英俊的小夥子和身邊那些五大三粗的人到底是什麼關係呢？各式各樣的議論傳到了優素福哥哥們的耳中，當他們聽到「瞧，那幫傢伙滿臉的兇相，肯定不是什麼好人」之類的話時，開始火冒三丈。但看到對方人多，又不敢肆意發作，只能壓抑著自己的不滿情緒。

很快，他們來到了僻靜之地，再也忍不住心中怒火的哥哥們，把優素福暴打了一頓。「就是這個傢伙的衣服太惹人注目了，快把它扒下來。」一個哥哥怒氣難平地說道。其他人一擁而上，把優素福的新衣服裡裡外外剝個乾淨，給他披上了又破又爛的麻片。

兄弟們繼續往前走，他們看到在不遠處有一口水井，頓時眼睛一亮：弄死優素福的機會終於到了！他們強行拉著腳上早已經起泡的優素福向水井走去。他們走到水井邊，哥哥們要求優素福用繩子拴住水筒去打水，優素福一桶一桶地往上打水讓他們飲用和嬉戲，而自己早已口乾舌燥了。他多麼想喝口水啊！可是沒有哥哥們的同意，他哪敢喝呢！

「你也打點水過來喝吧！」一位哥哥對優素福說。聽了哥哥的話，優素福喜出望外，趕快到水井邊打水，可是他突然發現了一件奇怪的事情：剛才

還很長的繩子，為什麼現在把水桶放下去接觸不到水面了呢？

優素福索性把上半身往水井靠了靠，他踮著腳尖向下放繩子，就在這個時候，緊盯著優素福身後的一個哥哥忽然怪叫道：「不好了，狼來了，快逃命啊！」受了驚嚇的優素福手一鬆，水桶落入了井中，他剛想起身追隨哥哥們一起逃跑，突然覺得身後有一隻大手用力把他往下推。「撲通」一聲，優素福被推落到了井中。「哥哥，哥哥！」優素福大聲呼救，沒有想到的是，耳邊傳來的竟然是哥哥們的狂笑聲。

優素福萬萬也沒有想到，哥哥們竟然如此殘忍，他想起父親囑咐要他提防自己的哥哥的話，才真正明白了父親的苦心。

雖然沒有生命危險，但是身上的傷痕浸泡在水裡，實在疼痛難忍。他不敢出聲，害怕哥哥們知道他還沒有死，再往井中扔石頭。井邊喧鬧的聲音傳入優素福耳中，哥哥們高興地在地面上亂嚷亂叫，他聽到其中一位哥哥說把優素福貼身的衣服拿來沾點羊血，以血衣為證，告訴老父親，就說優素福被狼吃了。

聽了哥哥的話，優素福差一點氣昏過去，哀嘆道：「萬能的真主，世界上怎麼會有如此歹毒的人和事情呢？惡魔，你為什麼要千方百計來毀滅我們兄弟間的手足之情？我那善良可憐的老父親啊！您可不要輕易相信他們編造的謊言啊！」

不久之後，井下的優素福又悲又氣，逐漸失去了知覺。

小知識

優素福是真主派遣的古代著名先知之一，是伊斯蘭教所尊崇的聖祖易卜拉欣之曾孫，大聖葉爾孤白之子，享有「英俊先知」的美稱。

才出狼窩又入虎口
優素福在艱難坎坷中成長

他們用假血染了優素福的襯衣，拿來給他們的父親看。他說：「不然！你們的私慾慫恿你們做了這件事；我只有不斷忍耐，對你們所敘述的事，我只能求助於真主！」

黑夜消逝，冉冉旭日照亮井口。優素福的下半身浸泡在水裡，昏迷了整整一夜，日上三竿的時候，他終於醒了過來。正在這時，優素福聽到從遠處傳來客商的說笑聲，他曾想大聲呼救，卻因為害怕哥哥們就在這些客商中而不敢出聲。這個時候，一隊客商走累了，飢渴交加，當他們發現路旁有水井時，便準備在附近歇息用餐。

一位身強力壯的客商來到井邊，把水桶放到井底，優素福趁機閃到一旁，雙手抓住了繩子。客商一圈一圈地往井口拉桶，卻發現水桶變得很重，他抱怨：「這桶水怎麼拉起來那麼費勁啊！真是太重了。」

「你或許撈到黃金了吧！」一個同伴跟他開玩笑。這時，水桶被拉上來了，大家上前一看，驚訝地發現，這不是什麼黃金，而是一個身穿破爛衣衫、渾身濕透的兒童。「孩子，你怎麼會掉在這水井裡？」優素福默不出聲。「你是哪裡人？你叫什麼名字？」優素福依舊沉默著不肯回答。「那你記得你家在哪嗎？」仍不見優素福有絲毫反應。

於是，這些商人圍在優素福的周圍做著各式各樣的揣測：有人認為他是來自異國他鄉，對這裡的語言一竅不通；有人懷疑他是被歹徒誘騙到此地，但因為怕遇見官兵，就把他推入了井中。

　　經過商議，這些準備去埃及的客商一致決定把這個孩子藏起來，將他帶到了通都大邑，然後找了個買主，賣了他。從此，優素福淪為了奴隸。

　　買下優素福的人是埃及王室的親信，主管倉庫的大臣，在當地赫赫有名的權貴人士葛圖斐爾。他一見到優素福，便產生了不同尋常的好印象，雖然他的家裡有許多的金子和銀子，還有年輕貌美的妻子，可是至今他未曾生兒育女，他時常感到孤獨和空虛。他最大的願望就是想生一個聰明伶俐、英俊漂亮的兒子，然而，他越是焦急盼望，越不能如願以償。因此，當他第一眼見到優素福的時候，便觸動了心事，喜歡上了優素福。

　　葛圖斐爾把優素福帶到他自己的深宅大院，穿過花園客廳，一直走到了臥室，去見年輕貌美的妻子栽麗哈。他興奮地向妻子介紹道：「夫人，我帶回來一個小寶貝。妳看，這孩子長得多英俊啊！這樣一個討人喜愛的美少年，配得上做我們的兒子吧！」

　　栽麗哈雖然對孩子並不感興趣，她畢竟還很年輕，不太能理解逐漸年老的丈夫對孩子的渴望和需求，可是當她看到這個孩子如此俊秀，情感上立刻發生了巨大的變化：「這個孩子非常漂亮，您真是獨具慧眼，能夠物色到和您的身世、威望如此相配的孩子，我和您一樣高興。」

　　葛圖斐爾看到優素福能博得夫人的歡心和讚賞，感到無比欣慰。就這樣，優素福總算是找到了一個可以暫時安身的好歸宿。

小知識

　　通都大邑，指四通八達的大都會、大城市，這裡指權貴人士葛圖斐爾管轄的城市。

美色當前不為所動
真英雄要經得起誘惑

（又說）：「優素福，你避開此事吧！（我的妻子，）妳為妳的罪過而求饒吧！妳原是錯誤的！」

光陰荏苒，轉眼間，優素福已經長大成人，比剛來到埃及時顯得更英俊、更威武，並充滿了青春的活力。感謝真主，在賦予他英俊相貌的同時，還賜給了他聰明和才幹。優素福在短短數年間不斷成熟，擁有了淵博的知識和純潔美好的心靈。所有人都對他有著良好而深刻的印象，但對他最具有特殊好感的人就是葛圖斐爾的妻子栽麗哈。

這個終日休閒享樂的權貴夫人，整天無所事事，丈夫終日忙於公事，很少有空陪伴她，即便回到家裡，也因日漸衰老而無法照顧妻子。所以，栽麗哈時常感到寂寞和孤獨，沒事的時候總是對著鏡子黯然淚下。

平時，她和一些達官貴族的交往宴飲，無非就是爭豔比美，庸俗地誇讚自己穿戴的首飾，以求片刻的虛榮快感，可是沒過多久，她便感到索然無味。百無聊賴之中，當她看到已經發育成熟的優素福時，便如癡如醉地傾倒了。從那之後，栽麗哈常常向優素福獻殷勤，暗送秋波，挖空心思勾引他。但是，純潔正派的優素福對栽麗哈的挑逗根本不為所動。

本來，栽麗哈企圖挑逗優素福，慫恿他向自己求愛，來維護她的尊嚴，沒有想到優素福竟然無動於衷。終於有一天，栽麗哈再也忍不住自己的情慾，她準備不顧一切地採取行動，讓優素福注意到她。

這一天，栽麗哈讓優素福到她房間去幫忙，優素福站在門外，猶豫著是否要進去。栽麗哈在房裡催促道：「優素福，快點，來幫幫忙！」優素福只好推門進入了臥室，可是裡面的情景讓他大吃一驚。

女主人栽麗哈身穿性感上衣，袒胸裸臂，那衣服像一層薄紗，肌膚若隱若現，陣陣香味撲面而來。優素福臉色一紅，準備轉身離開，栽麗哈立刻以柔媚的語氣叫住他：「你怎麼剛進來就要走了呢？優素福，我又不會吃了你，別那麼緊張。」

「您有什麼吩咐，夫人！」優素福嚴肅地問道，就像葛圖斐爾老爺在場一樣。栽麗哈看到優素福一本正經的樣子，又羞又怒地說：「如此聰明機靈的你，怎麼會遲鈍到這種地步？」

接著，話鋒一轉，嬌滴滴地對優素福說：「迷人的傻瓜，快來啊！勇敢點，別當個膽小鬼！」她攤開雙臂，陶醉地閉上眼睛等待著對方的熱烈回應。她是如此柔媚動人，而正處在情竇初開的優素福，似乎也有點恍惚迷離了。

最終，還是理智佔了上風，優素福對栽麗哈說：「祈求真主保佑我，我的主人對我一向優厚，我絕對不會背著他做苟且之事。做人一定要光明磊落，忘恩負義的人是絕對沒有好下場的！」

栽麗哈聽到優素福的嚴詞拒絕，猶如晴天霹靂，這不僅有失她的體面，還傷透了她的心。她萬萬沒有想到優素福竟然拒絕她，如果是別人，栽麗哈很可能立即大發雷霆，但對於她愛慕的美男子優素福，她只想一心一意軟化他、征服他。

栽麗哈笑吟吟地逼近優素福，做出一副張臂的姿勢，優素福見勢不妙，立刻轉身奪門而逃。但是愛火如焚的栽麗哈，怎麼可能放過這次時機呢？她

用力去攔優素福，以求片刻之歡。優素福好不容易打開了門，卻見自己的衣服已被撕破，正在這個時候，葛圖斐爾走到臥室的門口，正巧看到了這一幕。

尷尬萬分的栽麗哈靈機一動，搥胸頓足地大哭大嚷起來：「這個從外面買來的野孩子，我們誰也沒虧待他，他竟然恩將仇報，想趁您不在家的時候，闖入內室來調戲我！」

優素福見她反咬一口，氣得臉色發紫，他辯白道：「是夫人騙我進屋，死死糾纏我，不肯放我走，卻編出謊話來污蔑我，我希望老爺明查！」

葛圖斐爾一向喜歡優素福，對於他的人品也有所瞭解，所以對夫人的指控他半信半疑，只是擔心家醜外揚，有辱門風，於是便先讓優素福退下，聽候處理。

不知如何處理的葛圖斐爾決定詢問他的一個足智多謀的親屬，這位親屬聽完來龍去脈後說：「要判斷誰是誰非，得看衣服被扯破的情況而定：衣服如果從前面撕破，表明是男人施暴，女人抗拒；如果從後面撕破，結論恰恰相反，是女人勾引誘惑，男人卻急於擺脫困境。」

葛圖斐爾這才恍然大悟，他明白這次是妻子的過錯。為了給妻子一次改過的機會，他決定竭力掩飾，只是希望優素福不要為這事耿耿於懷，能夠嚴守祕密。

小知識

伊斯蘭教譴責捏造謊言的行為。穆罕默德先知說：「傷哉，為引人發笑而編造謊言者！真可悲！真可悲！」你對自己的弟兄說謊，而他卻信以為真，這是最大的詐欺。

欲加之罪何患無詞

陷入大獄的優素福

他的主就答應了他，並且為他排除了她們的詭計。他確是全聰的，
確是全知的。

俗話說：「好事不出門，壞事傳千里。」栽麗哈夫人勾引優素福未能得
逞的消息不脛而走。最初，人們只是交頭接耳，到了後來便公開評論，尤其
是貴族眷屬、豪門婦女更是對此津津樂道。

「一個堂堂的貴族夫人，竟然去勾引下人，真是不要臉！」、「這個女
人實在是太下賤了，虧她還是貴族夫人呢！」、「聽說那個男青年是個世間
少見的美男子，所以她才會降低身分去引誘他。」

這樣形形色色的傳聞，在街頭巷尾中到處傳播，有時也會傳進栽麗哈的
耳裡。她從人們那擠眉弄眼的神態中感覺到是在貶責自己，於是想出了一個
讓自己不再受挖苦諷刺的計畫。這一天，栽麗哈設宴款待城內有身分、地位
的婦女們，這是她在醜聞洩密之後第一次公開的社交活動。所以，當她發出
邀請時，所有被請者都幸災樂禍地趕來了。

可是當人們看到栽麗哈夫人接待賓客時侃侃而談、落落大方的表現時，
都感到非常驚訝，猜不透她葫蘆裡到底賣的是什麼藥。

正當客人們削水果的時候，栽麗哈宣布：讓優素福出來接待賓客。所有
的客人都暗暗高興，因為她們早就想見識一下這個深得女主人青睞卻不肯賞
臉的美男子了。

「他就是優素福！」大廳裡的客人都抬起了頭，注視著這個英俊無比、舉止瀟灑的年輕人。「啊！這世界上怎麼會有如此完美的男人呢？」賓客們個個都目瞪口呆地打量著優素福，內心發出讚嘆和仰慕。

優素福大大方方地走到每個餐桌前，向客人們彬彬有禮地略微欠身，伸出右手，笑對客人們說道：「請！」他那俊秀的面容、紳士的風度和充滿磁性的聲音，使每位客人都目不轉睛地看著他。當優素福巡禮一周退出客廳時，所有的目光還在貪婪地追逐著他的身影。

客廳一時間變得寂靜無聲，只聽見賓客們沉重而急促的呼吸聲。突然，栽麗哈用得意快慰的笑聲打破了沉寂，把人們的注意力一下子都拉了回來。她說：「夫人們！太太小姐們！姐妹們！請看看妳們自己的手！」經過她的提醒，這些貴族們才發現自己的左手手指、手掌都被自己右手裡的小刀割破了，剛削了幾刀的水果也沾染上了血跡。羞怯靦腆的小姐們立刻扔掉手裡的水果刀，難堪地捂住自己的臉，久經世故的太太們卻不以為然，她們深切領悟到栽麗哈此次設宴的用心良苦。原來她是想告訴所有人，在美男子優素福面前，即使是最矜持的處女，都會按耐不住自己的芳心。

宴會之後，栽麗哈更是變本加厲地勾引優素福，然而一身正氣的優素福依然毫不理會，這讓她陷入了絕望的深淵。最後，栽麗哈對丈夫大吹枕邊風，極盡造謠誹謗之能事，迫使葛圖斐爾以「強姦未遂」的罪名將優素福關進了監獄。

小知識

穆安津：阿拉伯文音譯，意為「宣禮員」，是伊斯蘭教清真寺內按時召喚信徒做禮拜的專職人員，主要負責召集教徒、約請伊瑪目和宣布禮拜儀式開始。一般清真寺有兩名穆安津，有時世襲。

自由最可貴

優素福的牢獄生活

有兩個青年和他一同入獄，這個說：「我確已夢見我榨葡萄汁（釀酒）。」那個說：「我確已夢見我的頭上頂著一個大餅，眾鳥飛來啄食。請你替我們圓夢，我們的確認為你是行善的。」

誰都知道，坐牢的滋味並不好受，但對優素福來說卻是一種解脫。他暗自慶幸：「還好，在這裡可以擺脫妖豔貴婦的騷擾，難得如此的清靜。」

在優素福眼裡，鐵窗牢獄並不可怕，可怕的是邪魔勢力的誘惑。他之所以坐牢是因為自己拒絕了淫蕩女人的勾引而被陷害，不料造化弄人，竟然被扣上了「強姦未遂」的罪名，這真是奇恥大辱。但倔強的優素福堅信，自己的冤情總有一天會大白於天下。

憑藉真主恩賜的智慧，以及父親往日的教誨，優素福從生活中認識了很多的哲理，歸納出不少系統的知識，他也像父親一樣能圓夢、釋夢。

在牢房中，優素福和兩名青年難友相處得很好，他們都喜歡聽優素福講述各種充滿哲理的故事。這兩名青年原來都在宮廷為王室服務，一個負責為國王斟酒，另一個則在御廚房為國王做飯。在一場企圖謀害國王的宮廷政變中，兩人都被主謀者用金錢買通。可是在緊要關頭，斟酒人沒敢在酒中下毒，而做飯人卻按預謀投放了毒物，配合失當導致了計畫失敗，兩人因此受牽連並一起被捕下獄。

一天夜裡，兩人都不約而同地做了夢。第二天，兩人把各自的夢境告訴

了優素福，希望他能為自己圓夢。斟酒人夢見自己在釀製葡萄酒，做飯人夢見自己頭上頂著麵包，群鳥在上面爭相啄食。

優素福解釋道：「夢境，是真主的預示。從每個人所做的夢中，可以領會真主的旨意。恕我坦誠直言，夢見釀酒的人不久將被釋出獄，並且可以恢復原來的職務；至於夢見頭頂麵包的人，可是凶多吉少，他將被釘死在十字架上，群鳥將爭食他的屍體。」

沒有多久，優素福圓的夢果然被證實了。斟酒人被釋放，做飯人被判死刑。斟酒人臨出獄時，優素福叮囑他說：「恭喜你擺脫牢獄之災，並且回到宮廷為國王服務。我是被人陷害才被送進監獄的，希望你見到國王陛下時，把我的冤情稟告國王，請他秉公裁決。」

令人遺憾的是，斟酒人出獄後將獄中難友的重託放在了腦後，即便有機會接近國王也沒有提起優素福的事，這讓優素福無辜地繼續在獄中受折磨。

這樣又過了好幾年，優素福終於有機會面見國王了。事情的經過是這樣的：一天夜裡，國王夢見自己坐在河邊，看見七頭肥壯的黃牛從河裡跑出，緊接著又跑出七頭孱弱的黃牛，將那七頭肥牛吞食了。又夢見七穗飽滿的麥粒以及七穗乾枯的麥粒⋯⋯醒來後，國王感到十分驚訝，於是召集群臣，讓他們圓夢。臣僚們覺得夢境紛繁複雜，無法說清，便建議國王請教更高明的賢能之士。

此時，那個給國王斟酒的人猛然記起優素福，便把自己經歷的一切，包括自己和做飯人的夢都被優素福說得正確靈驗之事，向國王如實彙報。聽說有這樣靈驗的圓夢者，國王十分高興，立即下令讓斟酒人到監獄中向優素福問個究竟。

「實在是對不起你啊！優素福！魔鬼使我忘掉了你的囑咐，使你又受了

幾年牢獄之苦。」斟酒人說，「今天國王請人解夢，我才突然想起你的囑託，於是特意向國王推薦了你。」

優素福聽他轉述了國王所做的夢，當即回答道：「請你轉告國王，七頭肥壯黃牛和七穗飽滿麥粒預示著國家將連續七年是豐收年，五穀豐登，六畜興旺；七頭瘦牛和七穗乾粒象徵著接踵而來的七年是大旱之年，穀粒歉收，災荒遍地。因此，在豐收之年，要注意糧食儲備，以度災荒，切不可浪費揮霍。瘦牛吞食肥牛，暗指荒年內將依靠豐年的積蓄生活。度過這七年災荒之後，又將出現風調雨順、普降甘霖的好年頭……」

國王聽了回報，感覺複雜的夢有了清晰的解釋，特別滿意，於是決定親自召見圓夢人優素福。

當使者將國王的命令轉達給優素福時，優素福卻說：「我一是個蒙冤的『罪人』，請國王還我一個清白。他可以先問問那些在宴會上割破自己手指的太太小姐們，優素福究竟犯了什麼罪才吃官司、進牢房的？還要問問宴會的女主人栽麗哈，她憑什麼誣陷我，使我長期身陷囹圄，失去人身自由，名聲受到損害？這些陰謀詭計，真主是明察洞悉的。」

國王進行了調查審理，割破手指的太太小姐們都如出一轍地證實：「美色根本打動不了優素福，我們也找不出他有絲毫作奸犯科的可能。」

最後，栽麗哈也理屈詞窮地供認：「我一時情慾衝動，鬼迷心竅地想勾引優素福，可是他回絕了我，我惱羞成怒便誣陷了他。他的確是誠實純潔、一塵不染的。」

案情終於真相大白，優素福的「罪名」被取消了。做為一個完全無辜的受害者，優素福離開了監禁他多年的牢房，被國王召見。

經過交談，國王對優素福的知識、能力、才幹特別賞識，對他的忠厚、

可靠更是深信不疑，決定委以重任。最後，優素福選擇了管理糧食的官職，掌握了與國計民生息息相關的重要部門的實權。這樣，他便可以在豐年積蓄，貯糧備荒，歉年開倉，賑濟災民；也可以與鄰國之間進行交易活動，友好往來。

小知識

從伊斯蘭教的教規看，伊斯蘭教崇拜獨一無二的、無形無像的最高主宰安拉，與此同時，它禁止一切形式的偶像崇拜。先知穆罕默德認為，安拉的啟示是透過天使哲卜賴伊勒傳達給他的。天使的到來是有條件的，條件之一就是不進有畫像的房子。所以在清真寺內，尤其是大殿內，絕對不信奉偶像，也絕不用人與動物圖形做為裝飾。

骨肉不可分
優素福與哥哥們的初遇

他們說：「我們要懇求他父親允許我們帶他來見你，我們必定這樣做。」

　　國王所做的夢最終得以應驗，埃及在連續七年豐收之後，遭遇了七年的乾旱。由於優素福事先有所準備，使國庫充實，糧食充足，這不僅讓埃及人民順利度過了飢荒年月，甚至還可以救濟鄰國。

　　有一天，優素福正在接待鄰國前來借貸糧食的人們，忽然，他聽到了熟悉的鄉音。優素福心頭一熱，當即順著聲音望去，經過仔細的端詳後，他驚訝地發現這些操著鄉音的人不是別人，正是當年把自己推下井中的哥哥們。

　　「是不是家鄉也在鬧飢荒？不知父母和弟弟現在怎麼樣了？」在優素福正陷入沉思的時候，哥哥們擠過人群來到他的面前。

　　雖然優素福已經認出了哥哥們，但是他們卻沒有認出自己的弟弟，他們作夢也不會想到，面前這相貌堂堂的達官貴人，就是曾經被他們推落到井中的優素福。畢竟，兒時的優素福和現在的優素福相差實在太大了。

　　「你們從哪裡來的？來到這裡做什麼？」優素福充滿厭惡地問道。

　　「老爺，我們是從舒利亞來，那裡的災情非常嚴重，我們來到這裡是為了換取糧食的。」哥哥們低著頭，小心翼翼地回答道。

　　「你們家裡都有些什麼人？」優素福問道。

「我們兄弟一共十一人，家裡還有一位老父親。」其中一位哥哥回答道。「為什麼只來了十個人呢？」優素福再問。「父親非常疼愛弟弟，不願意讓他遠離自己身邊。」哥哥回答。

優素福從哥哥們的口中得知了老父親依然健在的消息，感到無比欣慰。他心裡清楚，自從自己被哥哥們騙出家門殘害後，父親是不可能再讓他們把小弟弟帶出家門的。

優素福非常想念自己的弟弟，他想，弟弟一定也長成一個小夥子了。想到這裡，優素福再也忍不住了，故意板起臉對哥哥們說道：「你們兄弟十一個，卻唯獨不把弟弟帶來，還把責任推給你們的父親，這到底是怎麼回事？」

「老爺，我們不敢撒謊，的確是我們的父親不讓弟弟離開他身邊的。」優素福說：「你們必須帶著你們的弟弟來見我。否則，你們休想從我這裡拿到一粒糧食。」

哥哥們本想再解釋，但是看到優素福嚴肅的面容便不敢再分辯了。他們慌忙說：「我們現在立刻回去懇求我們的父親，讓他允許我們帶小弟來見你。」

小知識

使者：伊斯蘭教認為，使者是真主的「欽差」，是真主差遣到人間來治世安民的偉大先知，中國穆斯林稱之為「聖人」。自人祖阿丹以來，真主曾派了許多使者或先知向人類傳布正道，而上承列使正統的穆罕默德則是「最後的使者」，或者叫「封印的聖人」。中國穆斯林稱其為「至聖」即在他之後再無「使者」，任何人也不能稱「使者」。否認或以任何其他方式反對穆罕默德「最後使者」的地位，就不能算是穆斯林。

妙計捉「賊」

優素福智留胞弟

他說：「我的孩子們，不要從一道城門進城，應當分散開，從幾道
城門進去。我對於真主的『判決』，毫無裨益於你們；一切判決只
歸真主，我只信賴他，讓一切信賴者都只信賴他吧！」

眾兄弟風塵僕僕地趕回老家，把事情的經過一五一十地告訴了老父親葉
爾孤白。葉爾孤白雖然年紀大了，但神智依然很清楚，對周圍事物的感覺也
非常敏銳。他聽到兒子們所說的情況後，第一反應就是懷疑他們又在編造謊
言。葉爾孤白害怕再次上當受騙，死也不同意讓小兒子離他而去。

「不行，絕對不行，難道你們忍心讓你們的弟弟也像優素福一樣一去不
復返嗎？你們是不是想把弟弟帶出去，讓他像優素福一樣被狼吃掉？」葉爾
孤白老人故意把「被狼吃掉」這四個字說得沉重有力。他從來都不相信優素
福真的被狼吃掉了。當初，兒子們帶回來的血衣完整無缺，上面還沾滿了羊
毛，這恰恰暴露了這些不肖之子的謊言。一個被狼吞食者的貼身衣服被血跡
浸染，居然找不到一點撕破的痕跡，更何況，衣服上所沾染的毛不是狼毛，
而是羊毛。這些，只要是聰明人，一看便能看清楚這裡面有不可告人的祕密。

當兒子們聽到父親說出「被狼吃掉」這句意味深長的話時，神色尷尬地
低下頭，不敢再正視自己的父親。好半天，他們才恢復平靜，紛紛向老父親
發誓，他們這一次所說的話是千真萬確，讓最小的弟弟一同前往只是為了能
夠換回一些糧食。他們還向父親發誓，如果弟弟遇到不測，他們將誓死保衛。

十個兒子苦苦哀求父親，希望得到父親的信任。而葉爾孤白一直在觀察

他們的神情，心裡仔細琢磨著他們的話。他見兒子們態度誠懇，覺得這一次他們說所的都是實情，不像是在搗鬼。

最終，葉爾孤白答應了兒子們的請求，但是條件非常嚴格：「你們必須安全地把你們的弟弟帶回來，除非你們全體都遇難了，那就一個都不要回來。」兒子們長長地舒了一口氣，他們小心翼翼地把弟弟護送到埃及，到官府門前求見糧倉大臣。優素福看到可愛的弟弟，非常高興，熱情周到地招待了他的各位弟兄，不僅順利地辦理了換糧手續，還在價格上給了不少優惠。兄弟十一人心滿意足地收拾好自己的行李，載運著糧食踏上了歸途。

他們剛剛出城不久，正趕著駱駝快速前進的時候，忽然有一批衛兵疾馳追來。這些衛兵指控他們偷竊了王宮裡的財物，命令他們立刻返回城裡接受檢查。

十一位兄弟都很坦然，因為他們根本沒有做過偷竊行為，於是他們紛紛發誓賭咒。可是衛兵們根本不相信他們，不容分說地強行把他們拉回到優素福的面前。並在眾目睽睽之下，搜查他們的行李和貨物。每搜查完一個人無所發現的時候，兄弟幾個就感到非常慶幸，理直氣壯地質問：「哪有什麼贓物，你們也太小看我們了。」

可是在搜查小弟的行李時，衛兵們卻搜出了王宮御用的酒器。這讓十位哥哥慌了手腳，他們根本不相信自己的弟弟會偷東西。弟弟本人也是又氣又急，坐在地上大哭起來。

既然是當眾查獲贓物，士兵們必須把小弟扣押，聽候處理。十位哥哥對於這個決定，比自己被扣押還要著急。如果他們的弟弟被扣押了，他們還有什麼臉去面對自己的老父親呢？

哥哥們當即表示，願意留下來代替弟弟受懲罰，希望不要扣押弟弟。

「不可以，這是法律，誰犯錯了，就必須嚴懲誰！」優素福毫不留情地說道。

十位兄弟見沒有任何迴旋的餘地，只好讓弟弟留下來，同時還決定讓大哥也留下，聽候判決結果，以便照料，其他九個兄弟硬著頭皮去見父親。

弟弟的判決很快就下來了，因為人「贓」俱獲，被貶為奴隸，去大臣的家中服役。

其實，弟弟行李中被搜出的酒器，是優素福故意派人放進去的。他是為了能讓弟弟留下來，向他打聽家中的情況和父親的現狀。

當弟弟知道這位嚴格執法的權貴人物就是自己的親哥哥時，不禁又驚又喜，他以為自己再也見不到這位和善可親的哥哥了，想不到今天見到的這位大人物就是自己一直想念的優素福哥哥。兄弟兩個人興奮地談論著分開後各自的生活。說起父親，優素福和小弟都非常難過，尤其是優素福，這麼多年沒有見到自己的父親了，他恨不得長上翅膀，飛回去看望他老人家。多少個日日夜夜，他都靠思念著父親支撐過來的。

萬能的真主！優素福此時正在期待著，也在謀劃著父子重逢、家人團聚的那一天。

小知識

穆罕默德在麥加接受安拉的啟示建立了伊斯蘭教，將麥加城內原多神教徒敬神獻祭的中心克爾白神殿（中國穆斯林也稱為天房）改為清真寺。《古蘭經》規定，穆斯林禮拜時一定要朝向麥加天房。由於麥加在中國西方，所以，中國建造的清真寺禮拜大殿一律坐西向東，這樣才能保證穆斯林做禮拜時面向西方的麥加。

寬容才是最大的美德

眾兄弟盡釋前嫌

他說：「不然！你們的私慾慫恿了你們做這件事，我只有很好的忍耐，但願真主把他們統統帶來給我。他確是全知的，確是至睿的。」

葉爾孤白每天都在計算著兒子們返程的日期，他整日提心吊膽、坐立不安。十個兒子終於回來了，當聽完他們的敘述之後，葉爾孤白氣得渾身發抖，他根本不相信自己的小兒子居然會是一個竊賊，這對他來說簡直就是一個奇恥大辱。

到底是自己的兒子們撒了謊，還是那個大臣太昏庸？葉爾孤白感到非常困惑。他嘆了口氣說道：「事到如今，我們只有忍耐了，真主一定會把我從苦海中拯救出來的。你們趕緊返回埃及，無論用什麼方法，都要把你們的弟弟救回來，我已經失去了一個兒子了，不想再失去另一個了。我老了，這樣的打擊我受不起了。」

弟兄們遵照父親的囑咐，又返回了埃及。葉爾孤白卻因為思念過度，終日以淚洗面，最終眼睛失明了。

弟兄們和大哥會合之後，一起來面見糧食大臣優素福。

十位兄弟苦苦哀求他釋放他們最小的弟弟：「請老爺您開恩，我們的小弟是父親的心頭肉，失去了小弟，家父的身體一天不如一天。如今，他老人家的眼睛都已經失明了。」

優素福聽到自己的父親兩眼失明，非常痛心，他強忍著內心的酸楚問道：「難道你們的父親只有小弟一個心肝寶貝嗎？」

十位兄弟聽到優素福的話，感到非常奇怪。

「還要我來說嗎？你們是不是還有一個弟弟，被你們推進了井中？他也是你們父親的心肝寶貝啊！」說到這裡，優素福掃視了一下面前緊張失色的臉繼續地說道：「如果我沒說錯的話，那個被你們推入井中的弟弟，名叫優素福。」

十位兄弟聽到這裡，頓時大驚失色，一個個嚇得不知該如何回答，他們心裡泛起了嘀咕：「難道優素福還活著？他向這位老爺告了狀？」

「你們為何還低著頭不說話，都抬起頭來，睜大眼睛看一看，我是誰！」優素福大聲命令道。

十位兄弟只好硬著頭皮抬起頭來，這時他們才發現，站在眼前的這位老爺，他的臉型、眼睛、嘴巴，和幼時的優素福十分相像。

「原來他還活著，可是他怎麼成了赫赫有名的老爺了呢？」面對身分顯赫的優素福，十位兄弟想上前相認，卻沒有那份勇氣。

優素福看著哥哥們欲言又止的表情，語氣變平緩了，說道：「你們發現了什麼？為什麼不說話？」

一位哥哥壯著膽子問道：「你，真的是優素福？」

優素福笑著把小弟弟帶出來，對哥哥們說道：「是，我就是優素福。」

小弟弟穿著嶄新的衣服，看著十位哥哥說道：「哥哥們，你們還不快相認，這就是離散多年的優素福哥哥。」

這個時候，十位哥哥慚愧得無地自容，恨不得找個地縫鑽進去。大哥眼裡含著眼淚對優素福說道：「弟弟，你還活著，這太好了。是我們這些哥哥對不起你，我們是罪人，罪該萬死！」

「一切都過去了，願真主寬恕你們。」心胸寬容的優素福短短幾句話，讓兄弟們如釋重負。

「我們趕快回去吧！把優素福還活著的消息告訴父親，他一定會非常高興的。」一個哥哥說道。

「對，我們趕緊回去，向父親報喜。」

第二天一早，十位哥哥就告別了優素福和最小的弟弟，日夜兼程，趕赴家鄉。

小知識

《古蘭經》是伊斯蘭教的主要經典，伊斯蘭教認為它是「安拉的語言」，是降自安拉的「真經」，是最完善的一部「天經」。它的內容主要有以下幾個方面：一是伊斯蘭教的信仰及其制度；二是有關當時社會問題的各項主張；三是《古蘭經》本身的一些說法和穆罕默德為傳教需要而引述的各種先賢故事和傳說；四是關於和多神教、猶太教信徒的辯論和抗爭；五是有關穆罕默德私人生活和軼事的記述等。

親情的力量是偉大的
葉爾孤白重見天日

他說：「我將要為你們向我的主求饒。他確是至赦的，確是至慈的。」

自從兒子們重返埃及之後，葉爾孤白每日在家都憂心忡忡，他不知道最後等待他的將會是怎樣的命運。就在兒子們決定返鄉的前兩天，家裡發生了一件特別奇怪的事情，葉爾孤白似乎已經預感到了一些什麼，心情忽然平靜了很多。

他對家裡人說：「你們說，我是不是老糊塗了，為什麼我總是覺得優素福還活著，有時候我甚至能聞到他身上散發出來的味道。」

聽了葉爾孤白的這些話，家人們對他解釋道：「這一定是因為您每天太思念優素福的緣故。」可是葉爾孤白並不這麼認為，他覺得自己即將要見到優素福了。

這一天，葉爾孤白像往常一樣在屋子裡坐著，忽然聽到外面傳來一陣嘈雜的聲音。他感到非常奇怪，自從兒子們走了以後，家裡非常安靜，從來沒有這麼喧鬧過。

管家高聲地對葉爾孤白喊道：「老爺，大喜事啊！是少爺他們回來了。」葉爾孤白聽到這個消息非常高興。

「尊敬的父親，我們回來了。」十位兄弟急忙走近屋裡，對父親說道：「父親，有件喜事要告訴您，優素福弟弟我們已經找到了。他現在是埃及掌管糧倉的大臣，非常高的職位。而小弟弟他沒有受苦，整日和優素福在一

起，生活得很好。」

「真的嗎？」葉爾孤白聽了兒子們的話，簡直不敢相信自己的耳朵。

「是真的，是真的，父親，您聞聞看，這是優素福經常穿的衣服。」兒子們把優素福的襯衣遞到父親的手裡讓他聞。

葉爾孤白雙手顫抖著接過優素福的衣服用鼻子聞一聞，忽然高興得跳起來，他大聲說道：「是真的，是真的，我聞到了優素福的味道了！」他長舒一口氣，張開雙手，對著天空喊道：「感謝萬能的真主！」全家人簇擁在葉爾孤白的周圍，分享著老人的喜悅和幸福。

十位兄弟忽然想起來，在臨走的時候，優素福特意交代了他們，讓他們把自己的衣服矇在父親的臉上，說這樣就可以恢復父親的視力。大哥趕緊把優素福的衣服矇在了父親的臉上。當葉爾孤白再一次睜開眼睛的時候，他眼睛竟然能看見東西了。一家人看到葉爾孤白恢復了視力，紛紛喜極而泣。

十位兄弟把優素福想接全家人去埃及的願望告訴了葉爾孤白，葉爾孤白非常高興，他太思念自己的兒子了，恨不得立刻見到他。經過了一番準備後，全家七十二口人，風塵僕僕地趕往埃及。

小知識

伊斯蘭教的信條中也有生前和死後的「兩世」之說，認為穆斯林有「兩世吉慶」，即今世和後世都是吉慶的。今世和後世的吉慶是指以勤奮誠實的勞動創造美好的、幸福的現實生活，對社會做出貢獻，穆斯林若行「善功」在後世經過審判，可復活進天堂樂園。伊斯蘭教還宣傳「今世暫短，後世長久」，要勤於齋拜，否則死後就下「火獄」。

和家人在一起是最美好的事

優素福家族的團聚

他們說：「我們將崇拜你所崇拜的，和你的祖先易卜拉欣、易司馬儀、易司哈格所崇拜的——獨一的主宰——我們只歸順他。」

葉爾孤白和他的兒子們剛走到城門口，便看到了站在城外的優素福，他是來迎接葉爾孤白和眾位親人們的。親人團聚，悲喜交加，有著說不盡的思念，訴不完的離別情。相互交流了一陣之後，優素福把父母和他的兄弟們接進了自己的府第裡，恭請二老坐在高座上，請哥哥們分別坐在二老的兩側。

對於優素福的寬容和既往不咎的行為，哥哥們深感內疚，他們紛紛起坐，向優素福俯身鞠躬，並對他們的父親葉爾孤白說：「親愛的父親，請您原諒我們，我們的確是有罪的。」

看著真心懺悔的兒子們，葉爾孤白說道：「你們是真心懺悔就好。我將會為你們向真主求饒的，他的確是至善的，的確是至慈的。」

優素福對他的哥哥們笑一笑，揮手讓他們都坐下：「事情都去了，以後我們一家人快樂幸福就是了。」

哥哥們紛紛點點頭，葉爾孤白也含笑看著他的兒子們。這一天的到來，他可是盼望很久了。此情此景，讓優素福不由得想起了小時候做的那個奇特的夢境：天上的十一顆星星，以及太陽、月亮，一起向自己鞠躬致敬。

優素福知道，這的確是真主對自己未來的預兆，有遠見的父親曾經叮囑過自己，不要把這個夢境告訴任何人，要嚴守祕密。

　　如今，這一切都得到了證實。想到這裡，優素福起身走到葉爾孤白面前，說道：「尊敬的父親，您還記得嗎？我小時候做過的那個奇特的夢？」

　　「怎麼會不記得，我正在思考這個問題呢！我想，也只有真主才能預知這一切。」葉爾孤白老人掃視了一下在場的所有人，大家都會意地頻頻點頭。「只有全能的真主才能使我兒時的夢境成為現實。」優素福走到廳堂中央，激動地說道：「是我們最敬愛的真主把我從監獄裡釋放出來的，是真主在惡魔離間我和哥哥們之後，把你們大家從沙漠裡帶到我身邊的。我的真主，的確是慈愛的，的確是全知的。」

　　說到這裡，優素福張開雙臂，向真主祈禱道：「我的主啊！您的確把一部分權利賞賜給了我，並教會了我圓夢的知識。您是天地的創造者，在今生和後世，您都是我的主宰，求您使我列入善人的行列。」此時此刻，大廳裡的氣氛格外莊重，大家都摒住呼吸，聚精會神地聽著優素福的祈禱。最後，優素福滿懷激動地為自己的故事畫上了圓滿的句號。

　　他說：「尊敬的父母，親愛的兄弟嫂子們，今天，我們一家人在真主的幫助下，終於相聚在了一起。這個日子，我們期盼了多少個日日夜夜，所以我們要感謝真主對我們的仁慈和寬厚，讓我們一家人可以相聚，並且永遠生活在一起，相親相愛，永不分離。」

　　此後，聖祖易卜拉欣後裔中的葉爾孤白這一支系，在埃及正式定居下來了。

小知識

　　伊斯蘭教基本的信條是「萬物非主，唯有真主，穆罕默德是主的使者」這樣一段清真言。在穆罕默德傳教過程中，這一信條逐漸發展為穆斯林的六大信仰：即篤信安拉、天使、使者、經典、後世和前定。

愚昧與真理的對抗
呼德勸導族人放棄偶像崇拜

（我確已派遣）阿德人的弟兄呼德去教化他們，他說：「我的宗族啊！你們要崇拜真主，除他之外，絕無應受你們崇拜的。難道你們還不敬畏嗎？」

在先知努哈的後裔中，有一個名叫阿德·伊拉姆的人，他原來生活在古巴比倫，後來舉家遷居到阿拉伯半島南部，定居在哈達拉莫和阿曼之間的一個名叫艾哈夫的地方。

阿德·伊拉姆居住的地方風光秀麗，依山傍水，他的子子孫孫都在那裡生存，繁衍生息，同時建造了許許多多華麗的樓閣。這些人過著豐衣足食的生活，逐漸形成了一個古老的種族——阿德人。

阿德人製作了精美的木雕泥塑做為偶像，相信它們會帶來幸福，並日夜向偶像跪拜，認為只要虔誠地崇拜這些偶像，他們想要什麼，就能得到什麼。慢慢地，他們的夢想越來越多，貪念也越來越大，開始欺負弱小、爾虞我詐、無惡不作。這些行為引起了真主的擔憂和震怒。

在阿德人中，有一名叫呼德的人，他為人正直、寬厚善良，經常勸告族人抑惡揚善，在族人中有一定的威望。為了讓阿德人擺脫愚昧和邪惡，真主讓呼德承擔起教化阿德人的責任。在接受了真主的命令後，呼德時時刻刻引導族人拋棄偶像崇拜，走到信仰真主的正道上來。

有一次，呼德走到阿德人供奉偶像的廟裡，對眾人說：「我的親人們，

這些石像是你們親手雕刻出來的，它們能為你們消災，還是能賜福給你們？要知道，在真主的保佑下，你們才會平安，才會有子嗣，才會獲得豐收，除了真主，沒有什麼值得崇拜的。」那些善男信女驚訝地望著呼德，不明白他怎麼會說出這樣莫名其妙的話來。

「別聽這個人胡言亂語，他這是對神靈的大不敬。」一個惡狠狠的聲音打破了暫時的靜默。

「我沒有胡言亂語，我是真主派遣的使者，我的使命便是勸誡你們改邪歸正，免遭真主的懲罰。」呼德說道。

「呼德，你沒有任何證據證明你所說的一切是真實的，我們憑什麼相信你呢？」

「你讓我們只崇拜真主，卻拋棄祖先所崇拜的神靈，你這是在褻瀆神靈。」

「你不是說真主要降下嚴厲的懲罰嗎？那就讓我們看一看吧！」

「大家都別說了，他一定是以傳教為名來向我們騙錢的。」

大家七嘴八舌地圍著呼德叫嚷道。

呼德氣憤地看著這些冥頑不靈的人們，大聲說道：「你們就等著吧！真主的責罰必定會降臨於你們。我把我的使命傳達給你們，至於責罰何時會降臨，只有真主做決定。我可以明確告訴你們，我不會為了傳達使命而向你們索取任何報酬，我的報酬，是由真主來承擔的。」

「族人們，你們不要聽呼德胡說八道了。」一個頭領站了出來對人群說道，「呼德和我們吃一樣的食物，喝一樣的水，就是一個平凡的人，我們可不願受他的愚弄。我們走吧！讓他一個人面對著空殿去說教吧！不用理

他！」神廟裡的人們聽後一哄而散。

　　阿德人不聽呼德的規勸，依舊執迷不悟，我行我素，甚至變本加厲，為所欲為。呼德對此十分痛心，他明白自己的責任非常重大，並繼續四處奔波，耐心勸導著那些族人。經過不懈的努力，終於有一些人透過他的引導，從迷茫中清醒了過來，站到了正義的一邊。

小知識

　　阿德人是《古蘭經》中記載的古代部落之一，一譯「阿代」，阿拉伯語音譯。因先知呼德出身並曾勸教於該部落，故亦稱「呼德的宗族」。相傳是居住在葉門與阿曼之間艾哈夌夫地區的古阿拉伯部落，一說居住在阿拉伯半島西部希賈茲高地。因其酋長名阿德，故名。

天邊那片奇特的彩雲

阿德人的消失

他說：「我的主啊！求你援助我，因為他們已經否認我了。」

望著身邊寥寥無幾的追隨者，呼德內心既焦急又痛心：「什麼時候才能把眾多族人引導到正道上來呢？」他感到非常無助和茫然，向真主祈求道：「我親愛的真主，族人都否認我，不相信我，您能否幫助我？」

真主聽到呼德的祈求，對呼德說道：「不久之後，他們必然會後悔今天所做的一切，我一定會嚴懲這些犯罪的民眾，絕不輕饒。」

過了一段時間，天空中忽然飄來了一片彩雲，一直向山谷靠近。阿德人從來沒有見過如此漂亮的彩雲，他們感到非常新奇，於是奔相走告，歡呼雀躍。牧場上，到處都站滿了圍觀的族人。很多人看著這片奇特的彩雲議論道：「這一定是祥雲，會帶給我們好運的，它會降神雨給我們的。」他們都認為這是每天拜祭那些偶像的結果，於是都開始忙碌起來，有人跑到田裡挖溝渠，有的人去準備盛水的器皿，打算在降雨的時候儲存一些雨水。

就在大家忙得不可開交的時候，只有呼德一個人望著這片彩雲緊鎖雙眉，他意識到，這根本不是祥雲，而是真主的懲罰即將要降臨的預兆。他猶豫著是否要再一次地勸說族人走上正途，因為他知道這是最後一次機會了，他不忍心這些和他朝夕相伴的族人遭遇真主的懲罰。

眼看著彩雲離山谷越來越近，呼德再也忍不住了，他對正在忙著迎接祥雲的族人們喊道：「我的父老鄉親們，這片彩雲根本不是祥雲，而是一股可

怕的狂風，這是真主準備降臨的懲罰，你們趕快聽從我的勸告，改邪歸正吧！立刻向真主祈求饒恕，不然等狂風驟起的時候，後悔就來不及了。」

呼德的話引起族人們一片噓聲，他們依然固執己見，聽不進任何勸告，繼續忙碌著。

剎那間，烏雲布滿了天空，只聽見一陣震耳欲聾的響雷，狂風四起，飛沙走石，整個天空陷入了一片灰暗之中。此時此刻，阿德人終於明白呼德的話所言不假，可是他們明白得太晚了。說時遲，那時快，只見大樹在狂風中連根拔起，房屋被颳得東倒西歪，甚至坍塌，緊接著暴雨傾盆而下。

這樣的狂風暴雨一直持續了八天七夜，舉凡狂風經過的地方，牆傾屋塌，統統成為一片廢墟。

終於，在八天七夜之後，狂風暴雨漸漸退去，此刻阿德人的村莊已經不見了蹤影。風雨過後留下一片瓦礫，人畜、樓閣和牧場蕩然無存。唯有先知呼德和那些追隨者在這場狂風暴雨中奇蹟般地免遭浩劫，他們所居住的房屋和周圍附近的牧場依然是一派生機，炊煙繚繞，綠草如茵。

小知識

呼德是真主派往阿德部族的一位傳教使者，是古代著名的先知之一。關於呼德傳教及阿德人毀滅的故事，對於穆罕默德先知在麥加傳播伊斯蘭教具有現實指導的意義。

瘦死的駱駝比馬大

薩立哈呼籲民眾信仰真主

我確已派遣賽莫德人的弟兄薩立哈去教化他們，他說：「我的宗族啊！你們應當崇拜真主，除了他外，絕無應受你們崇拜的。真主用地上的土創造你們，並使你們在大地上居住，故你們應當向他求饒，然後歸依他。我的主確是臨近的，確是有求必應的。」

在阿拉伯半島的南部，曾經居住著古老的阿德部族。在這個部落中，有一個名叫賽莫德的人，他的後裔來到了那裡，鑿山造屋，過著安居樂業的生活。

賽莫德人在勞動之餘，也喜歡和阿德人一樣如癡如狂地崇拜他們親手塑造的偶像，並對那些偶像跪拜，以祈求消災解難。與此同時，由於生活的日漸好轉，他們的貪念越來越多，並開始胡作非為。

為了讓莫塞德人擺脫愚昧，走上正途，真主挑選賽莫德人中正直善良的薩立哈做為自己的使者，去開導和教化愚昧的人群。

薩立哈來到族人中，號召大家走上正途，信仰獨一萬能的真主，拋棄偶像崇拜。他對族人們說道：「我的族人們，你們應當崇拜真主，除了他以外，你們不應該再崇拜其他。他用地上的土創造了你們，讓你們在大地上居住，你們應該向真主求饒，真主一定會寬恕你們，因為他的確是仁慈的。」

族人們聽了薩立哈的話之後，都用驚訝的目光看著他，他們想不明白薩立哈怎麼會說出這樣一番話來：「難道你要禁止我們崇拜這些偶像嗎？這些

偶像是我們的祖先崇拜的，難道也不可以嗎？我們實在不明白，你怎麼會說這樣的話。」

「你們應該知道，真主在阿德人滅亡之後，讓你們做為大地的管理者，讓你們在平地上建造房屋。你們不應該繼續作惡，應該敬畏真主，應該服從我，應該銘記真主賦予你們的種種恩惠。」薩立哈非常耐心地解釋給他的族人們聽。

「你別胡說八道了，大家不要聽他胡言亂語。」一位貴族聽到薩立哈的話氣憤地對族人說道，「他只不過是我們同族中的一個凡人，和我們一樣，我們如果順從他，一定是瘋了。大家想一想，他和我們生活在一起，怎麼會獨自收到真主的啟示呢？」

「你們不要執迷不悟。」薩立哈加重語氣道，「我確實是真主派遣來的使者，我的使命就是把你們從歧途引入正道。」

「你肯定是來騙錢的，要錢的話，我們可以給你，但要我們改變信仰，是絕對不可能的。你就放棄吧！趕快回到我們祖先信仰的正途上來吧！」

薩立哈極力控制著內心的憤怒，耐心地說道：「任何污衊之詞都改變不了事情的本來面目，我不會為了向你們傳達使命而索取錢財。我的報酬，是由真主給我的。」說到這裡，薩立哈提高了聲調，繼續對族人們說：「我是根據真主給我的旨意來奉勸你們的，如果我違抗了真主的命令，那我也會遭受懲罰。」

這個時候，人群中出現了一片騷動，眾人七嘴八舌地議論道：「薩立哈是不是中邪了？」

「他既不是富貴人家，也沒有功績可言，他怎麼會是真主的使者呢？」

「算了，讓他一個人在這裡胡說八道吧！我們不理睬他就是了。」於是人們三三兩兩地散去了。

面對族人們的頑固和狂妄，薩立哈並沒有失去信心，他決定利用各種場合來進行勸教。

皇天不負苦心人，隨著薩立哈苦口婆心地勸誡，有一部分人開始接受他的勸教，放棄了偶像崇拜，轉而信仰獨一萬能的真主。

這些人大多是貧窮的人家，而那些貴族看到自己的僕人們紛紛向薩立哈靠近，感到非常氣憤，便糾集了一幫烏合之眾把薩立哈包圍了起來。

貴族們指著薩立哈的鼻子問道：「薩立哈，你如果真的是真主的使者，那麼你應當拿出證據來，證明你所說的話是屬實的。」

「對，拿出證據來，不然，就說明你完全是胡說八道。」

薩立哈鎮定自若地指著一群正向人群走來的母駝說道：「你們看，這就是證據。」

「這算什麼證據？」薩立哈的回答引起一陣冷笑和嘲諷，他對此並不介意，繼續對族人們說道：「牠會依次一天飲水，另一天讓你們汲水。你們讓牠在真主的土地上覓食吧！」 這些人過去從未見過那一頭母駝會在某一天把水源佔為己有，而在第二天把水源讓給別人。薩立哈看出他們不相信，知道他們一定執迷不悟，即使在證據面前，他們也會行兇作惡，因此擔心母駝會被他們殺掉。

於是，他警告說：「你們不可傷害母駝，否則，痛苦的懲罰必定會降臨到你們頭上。」

這時候人群中有人高喊道：「不要拿懲罰來嚇唬我們，我們還真想領會

一下懲罰到底是什麼樣的呢！」

　　看到族人冥頑不化的樣子，薩立哈憂心忡忡：「我的族人，你們為什麼膽敢領受懲罰呢？你們應當向真主求饒，以便蒙受真主的憐憫。」

　　「我們走吧！不要和他費口舌了。」族人們不願意再聽薩立哈的胡言亂語，紛紛離去。望著離去的族人，薩立哈思緒萬千，他對真主祈求道：「真主，幫助我吧！否則我何時才能把這些冥頑之徒引導到正途上來呢？」

小知識

　　賽莫德人：《古蘭經》中記載的古代部落之一，亦稱「薩立哈的宗族」，阿拉伯語音譯。又譯「賽母待」、「賽母德」。

一匹駱駝的悲劇

慘遭謀殺的母駝

> 他們宰了那隻母駝，違抗他們主的命令，他們並說：「薩立哈啊！
> 如果你是使者的話！就把你用來警告我們的刑罰拿來給我們看看
> 吧！」

薩立哈指認的那頭母駝的確與眾不同，牠的生活十分有規律，第一天到水源地飲水，第二天到牧場吃草，如此循環，從來不會出現任何錯亂。更令人驚奇的是，其他的駱駝見到牠走過來，都自覺的匍匐在母駝的腳下。不僅如此，牛群見到牠立刻停下腳步，羊群見到牠立刻停止叫喚。

許多族人看到這樣的情景，開始領悟到其中的奧妙，便深信薩立哈確實是真主派遣來的使者，於是紛紛放棄偶像崇拜，信仰獨一萬能的真主。而那些頑固的拒信者對母駝的這些行為不以為然，認為這不過是巧合而已。

然而，隨著時間的流逝，拒信者的心中漸漸滋生出一種莫名其妙的恐懼，他們想把這頭奇異的母駝殺掉，但是又不敢貿然下手。阿德人滅絕的下場，到現在依舊讓他們心有餘悸。

經過反覆的商量和謀劃，最後，他們決定不親自動手，而是使用美人計去引誘流氓上鉤，透過他們的幫助來實現自己的陰謀。

在賽莫德人中，有一個叫沙都格的女子，雖然年過五十，但是經過打扮，還是妖豔十足。有一天，遊手好閒的米斯代爾被這個女人邀請到家中做客，在晚宴上，兩人相互勾搭、眉目傳情，當夜便鬼混在一起。

俗話說，有其母必有其女，沙都格有一個女兒也喜歡賣弄風騷，她將女兒做為誘餌，將窮得娶不了媳婦的古達爾勾引到家中，然後親自出面，表示可以分文不收，將女兒許配給他，但條件是他必須凡事聽從岳母的安排。古達爾喜出望外，他想也沒想就一口答應了，畢竟像他這麼窮的人家，要娶到這樣的女子，沒有重金是不可能的。這無疑是天上掉餡餅的好事，他怎麼會錯過如此好的機會呢？

沙都格含情脈脈地向古達爾一笑，故意溫柔地低聲說道：「如果你真的愛我，那就把那頭母駝殺掉吧！牠倘若不死，我便會坐立不安。」

這個時候，兩個愚蠢的傢伙已經被美色迷得神魂顛倒了，完全陷入了迷魂陣中，他們一口答應，一定會殺死母駝。

兩個人糾集了七個亡命之徒，開始密謀如何殺害母駝。他們不時地觀察母駝的行蹤，準備伺機動手。

一天傍晚，母駝在水邊悠閒地喝水，飲足後正要向前面的樹林走去，突然被隱藏在暗處的米斯代爾用利箭射中了後腿。母駝趴在地上奮力地想要爬起來，這個時候，古達爾立刻從叢林深處跳出來，用手上的利劍刺了母駝一刀，母駝再也沒有力氣掙扎了。

隨後，眾歹徒一擁而上，可憐的母駝就這樣慘死在了亂劍之下。

小知識

薩立哈是古代先知之一，他出生於賽莫德部族，他的事蹟對於默罕默德先知在麥加傳播伊斯蘭教，具有呼德和阿德人的故事同樣的現實指導意義。

善惡到頭終有報

賽莫德部落遭到滅頂之災

於是，他離開他們，並且說：「我的宗族啊！我確已把我主的使命傳達給你們了，並忠告你們，但是你們不喜歡忠告者。」

有人膽敢殺死了母駝，事出之後消息迅速地傳遍了賽莫德部族的每一個角落，有些人欣喜，有些人卻很傷心。高興的是那些頑固的拒信者，他們認為只要殺掉母駝，就不會再有人去追隨薩立哈。而那些憂傷者則是因為堅信真主，他們已經預感到了災難的來臨。

那些拒信者把雙手高高舉起，以此來炫耀他們的勝利，並且聚攏在薩立哈的追隨者面前以此來示威。他們走到薩立哈面前，驕傲地說：「薩立哈，你曾經說過，誰要是把母駝殺死了，誰就會遭受到最嚴厲的懲罰。現在母駝已經死了，如果你真的是真主的使者，那麼就把你所謂的懲罰拿給我們看吧！否則你以後就不要對我們說那些無聊的大道理。」說完，他們便嘲弄般地狂笑起來。

聽到這些拒信者所說的話，薩立哈氣得渾身發抖，他強忍著心中的怒火說道：「你們就等著吧！三天之後，你們必定會遭受到最嚴厲的酷刑，到時候你們想後悔，也已經來不及了。」

薩立哈接著對這些拒信者說道：「你們還是趕緊向真主求饒吧！不要再執迷不悟了，現在求饒還來得及。」說完便憤然離去。

或許是因為薩立哈堅定的態度，或許是做賊心虛，拒信者們開始感到害

怕了：「難道薩立哈說的話是真的？如果災禍真的來臨了該怎麼辦？」只要心裡一想到這個，拒信者們便感到心驚肉跳。母駝雖然已經被他們殺死了，但是薩立哈和那些信徒都還活著，如果不除掉他們，就無法逃脫災難。

想到這裡，這些拒信者便聚集在一起，開始密謀如何殺死薩立哈和那些追隨者。他們跪拜在自己雕塑的偶像面前，祈求「神靈」的力量幫助自己實現罪惡的陰謀。

很快，薩立哈所預言的三天過去了，拒信者的領頭人正帶領著一群人準備在深夜動手殺死薩立哈他們。就在這個時候，天空烏雲密布，大地煙塵四起，霹靂之聲震耳欲聾，頃刻之間地動山搖，地震發生了。

畜群被嚇得四處奔跑，而準備謀害先知薩立哈的拒信者們，還沒來得及逃出家門，便一個個跌跌撞撞地摔倒在了地上，死於非命。薩立哈和那些追隨者同樣經歷了地震，但他們在真主的庇護之下安然無恙。地震過後，他們望著這一堆橫七豎八的屍體，都感到悲傷不已，薩立哈嘆氣道：「我的族人們，我的確已經把真主的使命傳達給了你們，並且對你們提出了忠告，但是你們卻固執己見、執迷不悟，這一切，都是你們罪有應得啊！」

就這樣，古老的賽莫德部族一夜之間就從地球上消失了。

小知識

最早提及賽莫德人的記載是西元前715年的亞述王薩爾貢二世的文獻，這裡對他們的敘述是：賽莫德人是居住於阿拉伯中東部的民族，被亞述人所統治著。亞里斯多德、托勒密以及老普林尼的著作中都說賽莫德人是「塔穆達葉人」。

愚不可及的崇拜

麥德彥部落為迷信樹神付出了代價

（我確已派遣）麥德彥人的弟兄舒阿卜去教化他們說：「我的宗族啊！你們要崇拜真主，除他之外，絕無應受你們崇拜的。從你們的主發出的明證，確已來臨你們了，你們當使用充足的斗和秤，不要非法扣押別人所應得的貨物。在改善地方之後，你們不要在地方上作惡，這對你們是更好的，如果你們是通道者。」

麥德彥部落坐落在紅海西奈山的附近，那裡的人們大多以經商為生，卻不講誠信。在出售貨物的時候，他們喜歡弄虛作假，以次充好，並時常缺斤少兩。

他們把樹神當作偶像，舉凡過年、過節之時，便成群結隊地鑽進附近的深山老林中，跪倒在大樹周圍，祈求樹神的保佑，希望樹神為他們消災解難。此時如果樹林中傳出鳥鳴猿啼之聲，或樹葉被風吹得嘩嘩作響，他們就會把這些聲音當作樹神顯靈，慌慌張張地伏倒在地，對樹神叩頭祈禱。

真主看到這樣的情形，在麥德彥部落中選定了舒阿卜做為自己的使者，讓他規勸族人們不要迷信樹神。

舒阿卜接到真主的命令後，開始利用各種場合對自己的族人們進行勸教：「我的鄉親們啊！你們應該去崇拜真主，除了他以外，絕對沒有你們可以崇拜的。你們經商之時，應該使用標準的斗和公平的秤，不要隨意扣押別人應該得到的貨物，更不要胡作非為。」

麥德彥人聽到舒阿卜的話，不屑一顧地說：「我們根本聽不懂你在說什麼，你快點走開，別來影響我們做生意。」

面對麥德彥人的嘲諷和奚落，舒阿卜並不灰心，他仍然尋找一切機會，苦口婆心地規勸他們，要信仰唯一的真主，經商要誠實守信。

一天，舒阿卜看到麥德彥人從樹林裡走出來，知道他們又去樹林裡拜樹神了，於是攔住了他們，並耐心地說道：「我的族人們，我知道你們剛才又去拜樹神了，請你們仔細想一想，倘若大樹真的是樹神，那麼為何我們砍伐它的時候它沒有反抗呢？它既然連自己的命運都做不了主，怎麼能成為支配人類命運的主宰呢？你們應該聽我的勸，放棄愚昧的崇拜，信仰獨立萬能的真主！」

「我們不允許你隨意侮辱我們的樹神！」人群中有人怒罵道。

「好大的膽子，你竟然敢讓我們拋棄祖先世世代代所崇拜的宗教。」許多人大聲質問。

「我們走吧！不用理他，讓他一個人在這裡宣講歪理邪說吧。」說完，麥德彥人紛紛散去。

舒阿卜並沒有因為族人的不信任而感到氣餒，他繼續在族人中宣傳認主獨一的主張。不久之後，一些平民百姓不再執迷不悟地崇拜樹神，陸續接受了舒阿卜的勸導，改認真主為他們的真神。然而這樣的事卻激起了麥德彥部落中貴族領頭人的憤怒，他們糾集了一群烏合之眾，對著舒阿卜說：「我要把你和你的追隨者趕出城！」

看到自己的族人們如此蠻橫無理，舒阿卜深感無奈，他對真主說道：「我的真主，如果這幫人依舊不聽勸告，為非作歹，那就讓他們自食惡果吧！」

很快，災禍就降臨到了麥德彥人身上。

一天，麥德彥人突然感覺到天氣變得極度異常，一種從來沒有過的高溫出現了，井水的水位急速地下降，好不容易打撈上一桶水，卻是滾燙的。在室外，溫度高得讓人無處躲藏，而屋內，門和窗甚至牆壁，都燙得像火爐一樣讓人沒有辦法接近。麥德彥人汗流浹背、口乾舌燥的，實在難以忍受。

正當大家實在沒有辦法再忍受下去的時候，忽然天空中有一片烏雲正緩緩向這裡飄來。麥德彥人迅速向烏雲飄來的方向跑去，希望雨水能夠驅走熱氣。

猛然間，「轟隆」一聲巨響，從烏雲中迸出團團烈火，向人群撲去，瞬間，一片鬼哭狼嚎的慘叫聲從四面八方傳來。就在這電閃雷鳴、山崩地裂的一剎那，烏雲密布的地方屍體遍野，躲在家中的人也無一倖免。

從此，麥德彥部落徹底從地球上消失了，就好像從來沒有在那個地方出現過一樣。

小知識

舒阿卜是真主派遣的一位傳教使者，為古代先知之一。他曾先後向麥德彥部落和離此距離不遠的艾凱部落傳教，要求他們放棄崇拜樹神，信仰萬能的真主，均遭到拒絕。由於真主的譴怒，這兩個部落最終都遭到了滅頂之災。

要想活命就得信仰真主

舒埃布的訓誡

我對你們確是一個忠實的使者。

麥德彥人是住在敘利亞邊境麥阿納地方的阿拉伯人，他們不信仰真主，而是崇拜多神教。平日裡總是做一些損人利己的事情，買別人的東西，非得多要；賣給別人東西，卻少斤缺兩。

真主把舒埃布做為自己的使者，並用奇蹟來幫助他、支持他。

舒埃布向麥德彥人宣傳真主的啟示，告訴他們做事情要公道，欺負別人是會受到懲罰的，同時不斷地提醒他們牢記真主的恩惠：「在你們感覺手頭拮据的時候，是真主使你們豐裕起來；在你們生活貧窮的時候，是真主讓你們變得富足。」

對於舒埃布的話，麥德彥人始終不屑一顧，還對他冷嘲熱諷：「舒埃布，你算了吧！我們想走自己的發財之路。」

聽了這些話以後，舒埃布並不生氣，而是平心靜氣地和他們辯論。舒埃布尊重他們的意願，同時也指出他們的不道德之處，勸他們接受自己的忠告，走上行善的道路。

當舒埃布和他們逐漸相處得融洽時，他認為時機已經到了，便向他們說明，自己肩負著真主所賦予的使命，因此，不能和他們一樣行事，也不能放棄自己的責任。

他宣布真主已經向他默示了正道，傳授了真理。他要不遺餘力地宣傳這些真理，但絕對不會強迫大家接受，而是要他們自願皈依。

在麥德彥人中，舒埃布一直以理智與正直而聞名，他沒有個人的私慾，為大家指引正路，且不要報酬。雖然很多族人對他的行為頗感敬佩，但他仍然感覺到人們對他的忠告無動於衷，甚至背道而馳。於是舒埃布警告他們銘記真主的威力，要向真主懺悔，以免遭受到懲罰。

「我們不理解，你的這些話也打動不了我們，這些根本不合我們的心意。你還是不要惹我們發火，快回你的老家去，否則我們就要對你不客氣了。」

面對這些頑固的族人，舒埃布毫不示弱，他以正義壓倒虛偽，以事實揭露謊言，他從真主的幫助中得到了勇氣，並告訴他們：「我的力量並不強大，但信仰真主，讓我擁有了勇氣和力量。」

在舒埃布的堅持和努力下，終於有些人願意傾聽他的教誨，並開始有所覺悟，到了後來，隊伍越來越大。

部落的頭領看到舒埃布的影響力與日俱增，心想：「如果真主的宗教傳播開來，勢必會影響到自己的威信。」因此，他威脅那些舒埃布的追隨者說：「如果你們不回到原來教派的立場，就要把你們統統趕出去。」

舒埃布說：「我的追隨者的信仰已經在他們心底紮下了根，你強迫他們也沒有用，他們是絕對不會背叛真主的。」

舒埃布對剩下的不聽教誨的頑固分子已經失望了，無論他怎麼引導，他們都我行我素。為了讓更多的人獲得安寧，他決定祈求真主懲罰他們，讓他們得到應有的報應。

　　真主答應了舒埃布的請求，滿足了他的祈禱。真主用灼人的熱氣來折磨麥德彥人，讓他們沒有水喝，沒有樹蔭乘涼。麥德彥人受不了如此惡劣的環境，於是逃離了這個地方。可是，他們逃不出真主的手心。最終，這些不通道的人全都死了。

　　舒埃布看到這個部落的下場後，憂心忡忡地離去。但是當他想到這些人是因為不信真主，不聽他的忠告而遭受如此厄運時，心情才稍稍輕鬆了一些。

小知識

　　在麥德彥人之中，舒埃布以仁厚著稱，以理智聞名。他沒有個人的私慾，指引正路而不要報酬，辦事也不帶其他雜念。

貴在堅持

優努斯負氣離開尼內韋

在真主看來他們分為許多等級。真主是明察他們所有行為的。

在古代，尼內韋人世世代代都是崇拜著偶像的，於是真主在他們的族人中，選定優努斯做為自己的使者，讓他去勸教族人放棄偶像崇拜，信仰獨一萬能的真主。

優努斯對族人說道：「你們每天都崇拜這些自己親手打造的偶像，它們既不能為你們消災解難，也不能幫你們醫治疑難病症，還是及早停止這愚昧的行為吧！要知道，我們所有的一切都是真主給我們的，我們應該信仰萬能的真主。」

族人們聽到優努斯的這番話，奇怪地看著優努斯說：「你瘋了吧！優努斯，偶像可是我們祖祖輩輩傳承下來的，拋棄它們而去信你所說的真主，不是等於背叛了我們的祖先嗎？」

聽了這番話，優努斯有些不耐煩地說：「你們這些人簡直無可救藥，如果你們不聽從我的勸告，等到真主真的降下嚴厲的懲罰時，你們再後悔就來不及了。」這個時候，一個領頭人從座位上站了起來，用手指著優努斯，對他說：「你無法拿出真憑實據，只是停留在口頭上的說教，我們怎麼會相信你？你光恐嚇我們是沒有用的，要拿出明證來，不要憑空說白話。」

「對，如果你說的都是真理，那麼你就拿出證據來，做出一點奇蹟給我們看一看，這樣我們才可以相信你。」旁邊有一個人也站出來幫腔道。

這時人群一片喧嘩，大家七嘴八舌地質問著優努斯，這讓他更為惱火，一氣之下離開了尼內韋。

一路上，他繼續宣傳一神論教義，號召人們拋棄偶像崇拜。在他堅持不懈的努力之下，一些人真的把各種偶像打破，開始信仰和崇拜獨一萬能的真主。優努斯非常高興自己的努力沒有白費，便繼續往前走，準備向更多的人宣傳一神論。不知不覺中，他離自己的故鄉尼內韋越來越遠了，他把那群愚昧的鄉親們都忘在了腦後，甚至忘記了真主讓他在本族人中傳教的使命。

一天，他走到一望無際的大海面前，望著遼闊的海面浮想聯翩，並暗自思量道：「如果到對岸去宣傳教義，一定會爭取更多的人來加入信仰真主的行列中。」正在這個時候，一艘去對岸的船停泊在了岸邊，船上的客商們聽說他就是在尼內韋傳教的先知優努斯，都非常高興，熱情地歡迎他登船同渡。

面對如此熱情好客的客商們，優努斯盛情難卻，便上了船。客船在大海中平靜地行駛著，船上的人們好奇而又認真地聽著優努斯的宣講，大家頻頻點頭，表示贊同他的話，優努斯非常高興。

小知識

尼內韋：伊拉克著名古城遺址，位於底格里斯河上游東岸，與摩蘇爾隔河相望。尼內韋之名最早見於《聖經》，主要由庫雲吉克和奈比尤奴斯兩座古丘組成。十九世紀中葉，遺址由英國考古學家萊亞德首次挖掘出土，之後英國考古隊曾進行多次挖掘。二十世紀五〇年代伊拉克政府派遣考古隊繼續進行挖掘和整理，並修復了部分城牆、城門和工宮，成為西亞的重要歷史名勝之一。

誤入鯨魚口，奇蹟生還

絕處逢生的優努斯

（我曾引導）易司馬儀、艾勒·葉賽、優努斯和魯特，我曾使他們超越世人。

正當大家興高采烈地聽優努斯傳道時，忽然狂風大作，海浪把客船拋上拋下，一會兒工夫，船艙就灌滿了水。

為了保障大多數人的安全，必須減輕客船的載重量，在船長的指揮下，大家七手八腳得把所有的貨物拋進了大海。可是船艙的水越來越多，如果不繼續減輕重量，客船就有沉沒的危險。

怎麼辦？船長不得已提出抽籤減人的辦法，無論抽到誰，誰就必須顧全大局，自動投海，來減輕船隻的重量。抽籤開始了，可是不知道為何，第一次抽籤確定被投海的就是優努斯。

大家都非常喜歡優努斯，不願意讓先知優努斯投海，可是優努斯意識到，這一定是真主的安排。

風浪中的客船大有隨時傾覆的危險。看著這樣的情形，優努斯已經沒有辦法再去顧慮自身性命，為了挽救這艘浪尖上的孤船，為了客船上人們的安危，他高聲誦讀著真主的名字，縱身跳進了大海。

優努斯剛剛跳入海中，就被一頭巨鯨吞入了腹內。在鯨魚的腹內，優努斯回顧起以往的經歷，猛然醒悟到，自己的暴躁脾氣讓自己失去了理智和耐心，竟然一氣之下忘記了自己的職責，甚至置真主賦予的勸教族人的神聖使

命而不顧，憤然離開了尼內韋，這樣的行為怎麼可以算得上先知和使者呢？此時，他深感愧疚。

想到真主和自己在一起，優努斯很快鎮定下來，默默唸道：「我的養育之主，請保佑我，我尚未完成任務，我還要去做您的使者，規勸眾人，願您救我出此險境。」

在重重黑暗中，優努斯不斷地向真主祈禱著，鯨魚竟然游到一個海島邊，將嘴張開，把優努斯吐到了海島上。

歷經艱難的優努斯躺在海島上，渾身乏力，又熱又餓，他突然發現草叢旁邊有一片瓜田，一顆瓠瓜長得又高又大。他趕緊爬了過去，這顆瓠瓜正好幫優努斯遮擋了烈日的照射，而近旁的瓜則為他解決了溫飽。

在真主的幫助下，優努斯沒過多久便痊癒了，經過一段養息之後，他感到精力充沛，對完成使命更加充滿信心。

他按照真主給他的啟示，輾轉周折，終於回到了他的故鄉尼內韋。當優努斯重新出現在族人面前時，他忽然發現，他的族人們和以前相比，發生了很大的變化。

原來，就在優努斯出走之後不久，天空忽然烏雲密布，接著便颳起了大風，飛沙走石，畜群們驚慌地奔跑亂叫，房屋也東搖西晃，人們驚恐不安，不知如何是好。

這個時候，有人忽然說：「是不是優努斯曾經警告過我們的『真主的懲罰』要降臨了？」大家這才恍然大悟，紛紛逃向森林深處，跪在地上向真主祈求饒恕他們的無知，保佑他們能夠平安度過這次狂風，並表示從今以後再也不崇拜偶像了，剎那間，狂風停止了。

此刻，大家七嘴八舌地向優努斯談到往事的時候，都感慨不已。

從此，在優努斯和那些追隨者的齊心協力之下，信仰真主的人數與日俱增，相傳多達十餘萬人。

小知識

信仰伊斯蘭教的人被稱為「穆斯林」或「穆民」。

穆斯林是阿拉伯語「穆斯力目」的音譯，原意是「和平者」、「順從者」；穆民是阿拉伯語「穆俄米奴」的音譯，原意是「信仰者」、「歸信者」、「信士」。

其含義分別是順從真主的人、信仰真主的人。

「穆斯林」和「穆民」源於不同的阿拉伯文詞根，是兩個詞。「穆民」不是「穆斯林」的簡稱，但這兩個詞意義基本相同，用法沒有大的區別。

第四章

以色列三代王的警世記

莊稼漢也能做國王

農夫塔魯特

你不知道那因怕死而成千上萬地從自己家裡逃亡出去的人嗎？

俗話說，國不可一日無君，自從穆薩先知去世之後，在以色列人中，就沒有出現一位新的領袖。這樣下去，國家該如何治理呢？又如何來抵禦外來侵略呢？這對以色列人來說的確是一件需要從速解決的問題。

好在以色列人非常團結，他們的凝聚力非常強。他們擁有一個真主賜予的神奇匣子，在這個匣子裡裝有先知穆薩和哈倫的遺物。每當以色列人和敵人作戰的時候，只要把匣子高高舉起便無往不勝。因此，以色列人像愛護自己的生命一樣愛護它。

然而有一天，這個神奇的匣子突然不見了，這可急壞了以色列人，他們四處尋找，卻怎麼也找不到。幾十年過去了，匣子依然不見蹤跡。幸運的是，雖然幾代人都沒能找到遺失的匣子，但在深山老林中卻發現了一位隱居的先知，他就是塞姆威勒。相傳他有超人的智慧和淵博的學識，而且人品非常好。

以色列族人中的幾位年長者相互商量後，決定去探訪這位先知，請他來為以色列人選擇一位國君。

這些人拜訪了先知塞姆威勒，把來意向他說明後，塞姆威勒欣然同意，並對幾位年長者說：「以我個人的能力來說，我是沒有資格推薦任何人的，我只能祈求真主的指示。你們可以先回去，耐心等待我的消息。」

隨後，塞姆威勒對真主祈求道：「我的真主，希望您可以指點以色列人，為他們指出一條道路。」

真主對塞姆威勒說：「塔魯特將成為以色列的國王。你雖然不認識他，但我會指引他來找你，他會因為走失的羊群來到你的面前。」

塞姆威勒不知道塔魯特是何許人物，於是他常常到村頭和路邊漫步，他想透過來來往往的人群來找出一點蛛絲馬跡。

這一天，塞姆威勒照常在大路上漫步，忽然迎面跑來幾位在井邊提水回來的姑娘，她們對塞姆威勒說：「先知，有一位異鄉人在找您。」

這時，對面走來一個看上去是農家子弟的年輕人。他走上前來對塞姆威勒說：「您就是先知塞姆威勒吧！我非常敬仰您，我有一事要求教。」

塞姆威勒問：「我能給你什麼幫助呢？」

青年說：「我的羊群走失了，到處找都找不到。您能給我指點一下嗎？」

塞姆威勒上下打量了眼前這位彬彬有禮的年輕人，笑著對他說道：「你就是塔魯特吧？」

年輕人驚訝地望著使者塞姆威勒問道：「請問，您怎麼會認識我呢？」

塞姆威勒回答說：「以色列到處都是你的羊。」

塔魯特聽了之後表示不能理解。

塞姆威勒微笑著說：「我有一件非常重要的事情要和你談，這裡不太方便，你先到我的住處休息一下，吃點東西，我再慢慢跟你說。」這正和塔魯特的想法不謀而合，他也正想多聽一些先知的教誨，於是便高興地同意了。

　　飯後，塞姆威勒告訴塔魯特說，以色列人現在就是一群散落的羊，你要擔當領頭羊的重任，帶領大家走上振興的路。

　　聽說先知讓自己擔起以色列民族的團結和振興的重擔，塔魯特感到十分震驚，並極力推辭。但當他聽塞姆威勒說這並不是他個人的意願，而是真主的安排時，便痛快地答應了下來，因為他覺得不能違抗真主的意旨，。

　　第二天，塞姆威勒召集了所有的以色列人，他拉著塔魯特的手高聲向以色列人宣布：「真主為你們派來了這位塔魯特做國王，大家要堅決服從他！」從此，塔魯特就成了以色列的國王。

小知識

　　塔魯特：《古蘭經》中記載的古代以色列國王。一譯「大路特」。據載，他是真主繼先知穆薩之後為以色列人選定的領袖，出身於一般農民家庭，具有真主所賜予的「淵博的學識和健壯的體魄」。

人不可貌相

戰場上的達烏德彈無虛發

他們的先知對他們說：「真主確已為你們立塔魯特為國王了。」他
們說：「他怎麼配做我們的國王呢？我們是比他更配做國王的，況
且他沒有豐富的財產。」先知說：「真主確已選他為你們的領袖，
並且加賜他淵博的學識和健壯的體魄。真主常常把國權賞賜自己所
意欲的人。真主是寬大的、全知的。」

當塞姆威勒向人們宣布塔魯特將成為他們的國王的時候，以色列人感到
十分吃驚，個個目瞪口呆。在他們眼裡，塔魯特既沒有名氣，也沒有錢財，
更看不出他有什麼能力管理好整個國家。人們面面相覷，議論紛紛。有的人
說：「他有什麼資格成為我們的國王呢？他出身低賤，沒有高貴的血統，不
是先知的分支拉維家族，也不是皇親貴族，我們怎麼能讓一個一貧如洗的窮
人來管理國家呢？」也有人說：「他沒有錢財和能力能管理好我們的國家
嗎？我們可都是些有錢有勢的貴人。」

塞姆威勒說：「管理國家和統帥軍隊不需要高貴的血統和豐足的財產，
血統無助於昏庸無能的傻瓜，雄厚的經濟實力對沒有聰明才智管理國家、指
揮軍隊的凡人毫無用處。塔魯特是真主特地為你們選擇的國王，既有才智，
又有能力。真主給了他魁梧的身材，結實的肌肉，充沛的精力，高尚的道
德，這些是最令人尊敬、最適合擔當領導的必要條件。難道真主會委派一個
智力低下、碌碌無為的凡人做你們的國王嗎？別覺得他沒有能力領導好軍
隊，他足智多謀、料事如神、胸懷坦蕩，打起仗來更是遊刃有餘。除了真主
賦予他的各種超凡的先天條件外，他最能體察老百姓的疾苦，並能體恤下

屬，做到賞罰分明，所以真主委派他做你們的國王，這將是眾望所歸。相信真主吧！塔魯特能領導好你們的國家。」

人們說：「如果這真是真主的決定，我們也不做什麼評價了。不過還是要拿出證據，讓我們知道這的確是真主的決定和命令。」

塞姆威勒說：「真主知道這個決定會激起你們的強烈反應和種種非議，所以決定給你們一個跡象。你們到城牆那裡，會看到一個約櫃——失去它你們將變得下賤，將會遇到種種霉運——這個約櫃會由天使帶著向你們飛來。如果你們通道的話，那確是一個神奇的跡象。」

人們照塞姆威勒的話跑到城牆邊，果然見到了約櫃為他們降福報平安。於是，他們紛紛向塔魯特宣誓效忠。

塔魯特擔任了國王，掌管整個國家的軍隊。他堅毅聰明，治軍有方。他說：「只有視死如歸、不畏艱險、遵守軍規、絕對服從命令的人才能參加我的軍隊。」

經過整治，他如願以償地掌握了一支同仇敵愾、力量強大的軍隊。但是他覺得以色列人一直對他有所懷疑，擔心他的軍隊會在戰場上臨陣脫逃。他對士兵們說：「你們將會經過一條清澈見底的小河，誰能承受住不喝水的考驗或者只喝少量的水，我就能對他放心。」

驗證的結果是只有少數人喝了河水，這證明多數人是具有意志力且真正信奉真主的人，是忠實可靠的無畏戰士。他率領士兵迎擊敵軍，為了真主而浴血奮戰。

他們到達戰場後，全都英勇地衝向敵人，與兇殘的敵人廝殺。在敵人的陣營中，有個十分勇敢的人，叫做賈盧特，他在以色列軍隊裡衝過來殺過去，所向披靡。士兵沒有被嚇倒，仍然奮力拼殺，戰鬥十分激烈。

　　為了戰勝敵人，塔魯特宣稱誰能殺死賈盧特，就把自己的女兒嫁給他做妻子，並把自己的王位傳給他。有個年輕的士兵叫達烏德，十分聰明，也十分英勇，他跑到塔魯特面前，請求允許他去殺死賈盧特。但塔魯特有點不信任達烏德，擔心他會丟掉腦袋。

　　達烏德說：「請國王相信我的能力，我有智慧和力量殺死他。」

　　塔魯特看到他既有決心又有信心，便不加阻攔了。於是對他說：「帶上你需要的東西，真主將會引導和保護你。」然後幫他穿上自己的衣裳，並囑咐他佩上劍，戴上頭盔。但達烏德既沒戴頭盔，也沒拿劍，只拿了一根棍子，帶上石弩就出發了。他準備依靠堅定的決心和真誠的信仰以及人們的希望去和賈盧特廝殺。

　　賈盧特看見他的對手居然是個乳臭未乾的瘦小孩童，很是不屑一顧，於是大意了起來。達烏德伸手取出石子放在石弩上，瞄準賈盧特，一下就把他的頭打傷了。賈盧特絲毫沒有招架之力，而達烏德則一彈接著一彈，彈無虛發，直到把他打死。

　　賈盧特死了，敵軍迅速瓦解，紛紛後退。以色列人乘勝追擊，取得了最後的勝利。塔魯特也履行了諾言，把自己的女兒嫁給他，並視他為心腹。

小知識

　　相傳塞姆威勒原是以色列人中一位德高望重的法官，他居住在距耶路撒冷不遠的拉瑪鎮，晚年隱居山林。因聲名在外，以色列人每當遇到難事必前往向他求教，立塔魯特為王的故事由此而來。

自刎的國王

一步錯步步錯

這些是真主的跡象，我實事求是地對你宣讀它：你確實是眾使者之一。

人生難免有不如意的時候，每個人都是這樣。有一天，達烏德感覺到塔魯特有些鬱鬱寡歡，臉色變得非常難看，說起話來，也帶著慍怒和憎恨。

是什麼破壞了國王平靜的心境呢？難道他聽信了造謠誹謗者的挑撥離間了嗎？難道達烏德不是他的乘龍快婿嗎？自結婚以來，達烏德與妻子一直相親相愛，相敬如賓，和睦相處。那麼，為什麼塔魯特會悶悶不樂呢？

達烏德想不明白塔魯特為什麼會變成現在這個樣子，在一個安靜的夜裡，他對妻子米克雅勒說：「夫人，我犯了什麼錯誤嗎？我看見妳的父親表情嚴肅，目光流露著對我的仇視，這究竟是為什麼呀？」

米克雅勒輕嘆一聲：「達烏德，我不會對你有所隱瞞。父親見到以色列人越來越崇敬你，自從見到你取得了一個又一個勝利時，就開始擔心你會奪取他的王位。你是知道的，王權具有極大的誘惑力，每個國王都不想失去自己的王權。儘管我的父親是個學識淵博、忠心虔誠的通道者，但他也很煩惱，腦子裡有著各式各樣的念頭。他現在想消除你對國民的影響，削弱你手中的權力。我現在勸你做事情小心翼翼，以保全自己的性命，即使沒有國王的猜疑，小心謹慎總沒有壞處的。」

聽了妻子的話，達烏德憂心忡忡地說：「我只不過是國王手下的一名戰士，一個虔誠的教徒。可能是魔鬼的讒言蠱惑了妳的父親，誘使他去犯

錯。」說完，他閉上雙眼，安然入睡。

一天，塔魯特說：「達烏德，今天我這裡有一個計畫，這也是一個不能違背的命令。有消息傳來，說迦南那裡的人已經聚集起來準備叛亂，而且勢力越來越大。我沒有別的得力助手，這項任務只有交給你了。拿上鋒利的佩劍，挑選健壯的士兵，去戰勝迦南的敵人吧！那裡的叛亂者異常兇猛，不是你的劍上沾著敵人的血，就是你被敵人殺死。」

達烏德明知國王的命令是針對自己的，但毫無辦法，只能服從。他挑選了英勇無畏的將士，雄赳赳氣昂昂地朝迦南進發。由於真主的保佑，他最後平定了叛亂，取得了勝利，然後安然無恙地回到塔魯特那裡。

達烏德取得的勝利非但沒有讓塔魯特覺得開心，反而激起了忌恨，塔魯特覺得他對自己的威脅越來越大了，於是殺機驟起，想以此給其他人一個教訓，以儆效尤。達烏德的妻子知道了父親的意圖，趕緊跑到達烏德那裡，忐忑不安地說：「快逃命吧！父王想要殺死你！如果你死了，我也不活了。」

達烏德毫無他法，只有逃跑。他在漆黑的夜裡，騎上駱駝，成為了一個逃亡者，但在他的內心深處，卻依然堅守著對真主的信仰。

他走到一個荒蕪人煙的地方，帶著滿腔的苦悶住下了。不久，以色列人便知道了他的住所，紛紛投奔他。

塔魯特的行為使他在以色列人心目中的地位一落千丈，離開他的人和軍隊裡的逃兵與日俱增。他害怕會出現更壞的結果，便更加暴烈，經常給無辜的人安上莫須有的罪名，對通道的人、學者、智者更是屢加虐待，弄得軍隊裡人人自危，士兵紛紛逃離。

塔魯特十分痛恨達烏德，一直要加害於他，他不惜動用軍隊去征討他，但毫無結果。

　　由於他的征討，達烏德被迫離開了荒野。有一次，他去刺探塔魯特的情況，發現塔魯特統領著軍隊在一個山谷安營紮寨，由於鞍馬勞頓，塔魯特的士兵放鬆了警戒，達烏德輕而易舉地偷走了塔魯特用的長矛，並安全地回到自己的住處。塔魯特發現長矛被偷，正在慌亂中，達烏德的使者送來了長矛，並說：「真主使達烏德能夠輕而易舉地取下你的頭顱，但是他心地善良，對真主最為虔誠，不忍加害於你。」

　　使者的話撥動了塔魯特的心弦，想起了自己往日犯下的種種錯誤，不由得流下了悔恨的眼淚。他後悔自己產生殺害達烏德的念頭，也後悔殺掉了一些不該殺的智者和賢人。現在面對蒼天，自己應該怎麼辦呢？他徘徊徬徨，一直走向沙漠，最後自刎而死。

　　塔魯特死後，以色列人都爭先恐後地向達烏德效忠，真主也加強了他的地位，賜予他超人的智慧和才幹。

小知識

　　伊瑪尼：是阿拉伯語「信仰」一詞的漢語音譯，其意思是信仰真主獨一，凡不信仰真主的人是沒有伊瑪尼的人，沒有伊瑪尼的人就不是穆斯林。伊瑪尼由三要素構成：誠信，屬於穆斯林心理活動的範疇；招認，要求穆斯林經常口頭表達其信仰；行為，要求穆斯林應具備建立在其信仰基礎上的功修和實際行動。

美色沖昏了頭腦

達烏德的迷誤

我確已啟示你，猶如我啟示努哈和在他之後的眾先知一樣，也猶如我啟示易卜拉欣、易司馬儀、易司哈格、葉爾孤白各支派，以及爾薩、安優卜、優努斯、哈倫、蘇萊曼一樣。我以《宰卜爾》賞賜達烏德。

烏里亞·本·哈那很早就想有一個能幫助他整理家務的賢慧妻子，在他心裡，妻子應該是個充滿魅力的人，真心愛他，能擄獲他的心，使他神魂顛倒，而且具有一切美德。

烏里亞很幸運，他沒有花費太多的時間便如願以償了。一天，他看中了一個叫薩比格的美貌少女，便興奮地跑去向她的父母求婚。當得到肯定的答覆之後，他簡直不相信自己的耳朵，忐忑不安的心情好久才恢復平靜。此後，他就盼望著結婚的日子早些到來，並準備過舒適、安逸、幸福的生活。

但是烏里亞是一個青年，他有義務入伍征戰沙場。結婚的日子還沒到，他便參加了達烏德領導的軍隊，準備為真主而戰，為國盡忠。

在他的內心裡始終交織著愛戀和焦慮，充塞著對未婚妻纏綿的牽掛。不久，他幡然醒悟，不再有任何擔憂，因為他深深瞭解，即使相隔萬里，他們的愛不變，情不移，他們彼此是對方的唯一。帶著這樣的信念，他欣然履行從軍的義務，打算等戰爭結束了再回到心愛的人身邊。

烏里亞服兵役時間很長，經過了無數個日日夜夜，參加了無數次大大小

217

小的戰鬥，他一直摯愛著自己的未婚妻，並用這樣的信念來激發自己的鬥志，以取得戰鬥的勝利。他把一切都交給真主安排，他相信真主是仁慈的。

因為註定要長時間無法回到未婚妻身邊，同時隔絕了親人的消息，所以在他眼裡，未來的一切都顯得十分渺茫，似乎一點希望也沒有。

與此同時，國王達烏德偶遇了一個漂亮的姑娘，她正是沙伊阿的女兒、烏里亞的未婚妻薩比格。達烏德動心了，去向沙伊阿求親，有什麼人敢拒絕先知的求婚呢？

國王的求婚對薩比格的親屬來說，是件很榮耀的事情，而此時烏里亞已經好久沒有消息了。薩比格的親屬便以此為藉口，給她穿上了嫁衣，把她送到了國王達烏德的王宮裡。這樣的消息對相愛的人來說，無疑是一個晴天霹靂。可是有什麼辦法呢？這都是真主的安排。

美麗迷人的新婚妻子就在眼前，達烏德目不轉睛地盯著她。她是那麼秀色可人，她已經屬於他了。自從當上國王以後，他把自己的時間分成了四部分：第一部分留給自己，第二部分用來崇拜他的主，第三部分用來處理國家大事，第四部分則考慮如何引導百姓走上正途。

他是這個國家的國王和先知，在他的住處有警衛和士兵。他從不違反自己制訂的時間制度，總是很合理地利用時間、處理事情。

有一天，兩個相貌非凡的男人堅決要在不合理的時間去見達烏德。他們是真主安排的天使，但那些平凡的士兵卻有眼不識泰山，拒絕他們進入王宮。

這兩位天使輕而易舉地擺脫了阻攔，徑直穿過正宮，來到達烏德面前。兩個陌生人的意外出現讓達烏德嚇了一跳，他們在達烏德對面坐了下來說：「別害怕，尊敬的國王，我們兩個發生了糾葛，請你秉公判決。」

面對這種情況，達烏德只得洗耳恭聽，準備做出公正的判決。一個人說：「他是我哥哥，有九十九頭母綿羊，而我只有一頭。他現在利慾薰心，想要我的綿羊。我跟他說理時，又辯不過他，他伶牙俐齒，能言善辯，把我駁得啞口無言，我不是他的對手。」

哥哥說：「我有九十九頭母綿羊，他有一頭，我想把他那頭要過來，正好湊夠一百頭。」

達烏德說：「你弟弟反對你的做法嗎？」那人回答說是的。達烏德怒道：「那麼，我不允許你這樣做，否則你將受到懲罰，我將命令手下打你的鼻子和前額。」

不料那人回答：「達烏德，你更應受到這樣的懲罰。你已經擁有了九十九個女人，而烏里亞只有一個，你卻霸佔了他的未婚妻薩比格。」

達烏德聽了這些話，立刻陷入了自責之中，當他抬起頭時，卻發現面前的兩個人蹤跡全無，這才意識到這是真主的安排。於是，他立即跪下請求真主寬恕，並將薩比格恭恭敬敬地送回了家。

最終，仁慈的真主饒恕了他，赦免了他這次失足，讓他繼續保持尊貴的先知地位。

小知識

達烏德：《古蘭經》中提到的古代先知之一，一譯「達五德」。他是一個能使群山和鳥群聽命的國王。有人認為達烏德即《聖經舊約》中的大衛，他殺死的敵人查魯特即歌利亞，達魯特即掃羅王，「宰卜爾」經典即《舊約全書·詩篇》。

年少也可成名

蘇萊曼的判決

（你應當敘述）達烏德和蘇萊曼，當百姓的羊群夜間出來吃莊稼的時候，他倆為莊稼而判決，對於他們的判決我是見證。

達烏德當上以色列國王後，勵精圖治，整日為國操勞。尤其是上次犯錯之後，他更加嚴格要求自己，兢兢業業地為民排憂解難。自此，以色列人逐漸興旺發達起來，人們的生活水準也空前提高。達烏德治國有方，得到了以色列人的大力擁護和支持。

隨著時間的流逝，達烏德漸漸地衰老了。他在親自管理國家日常事務的同時，開始留心物色誰能成為自己的接班人，代替自己治理國家。他的兒子很多，但已經成年的那些兒子學識和智慧都很一般，難堪大用。值得慶幸的是，小兒子蘇萊曼雖然年幼，但聰明過人，能力遠勝過他的哥哥們，處理問題極有分寸，富有遠見卓識。只是他畢竟太年輕，今年才十一歲，需要多加鍛鍊才能成就大器。

有一天，達烏德對蘇萊曼說：「親愛的孩子，你比你的哥哥們都聰明，學東西也快，處理問題也比較有分寸，但是我覺得你學的理論太多了，需要多加實踐。讀萬卷書還要行萬里路，書本上的知識都是抽象的，只有在實踐中它們才有用。」

蘇萊曼看著年邁的父親，恭敬地說：「父王，讀書讓我開闊了視野，增加了學識，使我明白了許多人生道理。不僅如此，我在書中還找到了善良和寬容，找到了仁慈，它們啟發了我的智慧，我覺得書本上的東西還是很有用

的。」

達烏德看著自己的孩子，親切地說：「是的，書本能開闊你的視野，能增加你的學識，也能讓你體會到閱讀的快樂。但是孩子，閱讀圖書只是你學習的第一步，圖書雖好，但對人的作用畢竟有限，脫離開現實生活，讀再多的書都是沒有意義的。每一本書裡涉及到的知識，對現在的人來說，都有滯後性，它是人們對過去的總結。書中所包含的人生哲理和人生感悟才是真正有用的東西，只有把書上的東西加以實踐，在實踐中感悟書上的知識，才是最有用的，我希望你能好好鍛鍊一下自己。」

「好吧！親愛的父親，我聽您的。」蘇萊曼說。

於是，年邁的達烏德讓他留在自己身邊，幫自己處理一些日常事務，以增加他的治國能力和治國經驗。蘇萊曼以父親為榜樣，認真學習如何依據法律來解決種種疑難問題。

有一天，達烏德父子坐在審判席上，審理一次糾紛。

其中一人說：「我今年種了莊稼，長勢很好，鄰居們見了都很高興，但是臨近收割的時候，這個人卻在夜裡把羊群趕到了我的田裡，將莊稼吃得一乾二淨。高貴的先知、尊敬的國王，您可要為我做主啊！」

另外一個人說：「令人尊敬的國王，這不是我的錯，是我的羊自己跑出去的。等發現的時候，莊稼已經被吃光了。我養這些羊也不容易，牠們可是我生活的保障啊！」國王沒聽養羊人的辯解，認為他要賠償原告所有的損失。

達烏德說：「養羊人以羊隻賠償他的莊稼，莊稼漢不負任何責任。」蘇萊曼從座位上站起來，說：「父王，我想說說我的個人看法。」達烏德點點頭。

　　他勇敢地說：「父王，我覺得您的判決不是最恰當，也不是最仁慈的。」

　　在場的人敬佩於他的勇敢和獨特見解，靜靜地等待下文。蘇萊曼接著說：「我覺得應該把羊交給種莊稼的人，他可以獲得羊奶、羔羊和羊毛。田地該交給羊主，由他耕種，等莊稼長好了，雙方再交換過來。這樣處理誰都不吃虧，我覺得這是最公平、最正確的判決。」

　　眾人紛紛點頭稱是。

小知識

　　蘇萊曼：《古蘭經》中提到的古代先知之一，一譯「蘇里曼」。《舊約全書》稱「所羅門」（Solomon），古代先知達烏德之子，曾繼承父業，享有國權。

螞蟻也是有生命的

善良的蘇萊曼

我又替他制伏一部分惡魔，他們替他潛水，並且做其他工作，我是監督他們的。

儘管蘇萊曼年紀尚小，但父王達烏德仍然準備讓他成為王位的繼承人。也許他會被王權的威嚴所震懾，會為他的榮譽而自豪，但這是人之常情，達烏德比一般人更多地享有預言的智慧，比其他學者擁有更強的預見性。

達烏德另有一個兒子叫阿勃沙盧姆，體格健壯，也頗具學識，但無緣獲得更大的權勢。他對自己的狀況感到很不滿意，想要盡力改變現狀，希望擁有更多的權力。為了得到王位，他不惜使用卑劣的手段，攻擊父親和兄弟。

阿勃沙盧姆刻意花大量的時間去接近猶太人，討好猶太人，為他們解決發生的紛爭，替他們謀求福利，想透過收買猶太人來實現自己的計畫，以得到夢寐以求的王權。

做好種種周密的準備後，他從容、自信地來到父親的宮殿門口，阻止其他人入內，並讓各種大大小小的事情統統由自己處理。這給人們造成一種錯覺，以為他既有能力處理國事，又得到了國王的寵倖。

過了一段時間以後，他感到自己已經籠絡住人心，並擁有了一大批支持者，掌握了奪取王位的主動權。於是請求父王達烏德同意自己去蓋杜納還願，並派出許多奸細到民眾間傳布消息，當聽到號角聲時，大家便聚集到阿勃沙盧姆的周圍，等待宣布他為國王。並宣稱如果誰這樣做了，就能得到意

想不到的好處。

這個消息傳出來後，人們不知所措，不知該何去何從，京城裡發生了嚴重的騷亂，造成了難以估量的損失和破壞。

聽到這個消息，達烏德氣憤至極，但他很快克制了怒氣，對身邊的人說：「讓我們盡力抵擋阿勃沙盧姆的暴動。」他率領效忠自己的軍隊和還崇敬他的子民渡過約旦河，登上橄欖山，一齊放聲大哭。

有一些人因失望而紛紛指責國王的過錯，尖刻的話語使他覺得十分痛苦，這些人從前都是效忠於他的。他難過地說：「大家不要怪我，我承認是我失職，沒有及時發現我兒子阿勃沙盧姆的野心。這個國家，除了我的兒子阿勃沙盧姆，任何人都配當國王！」

達烏德面向真主，跪在那裡，請求主給他指條明路，拯救自己，幫助他解決現在面臨的困難。

很快，阿勃沙盧姆帶領叛軍進入了京城，掌握了政權，如願以償地當上了國王。

達烏德派出自己的將領去行刺阿勃沙盧姆但要他們盡量保全他的性命，畢竟那是自己的兒子。但誰也無法違背真主的安排，這些將領一見到阿勃沙盧姆，便暗殺了他。騷亂平息了，人心又趨於穩定，達烏德重新當上了國王，人們也過著安定的生活。

後來，達烏德把王位傳給了蘇萊曼，真主給了蘇萊曼廣泛的權力和極大的榮譽，自然界的萬物也都聽從他的指揮，按照他的命令行事，他還能聽懂飛禽蟲獸們的對話。

此外，真主還賜予他一雙能從地下找出豐富銅礦的慧眼，讓靈巧的工匠

們利用銅製作出各種工具，進而提高了農業生產，使人們的生活更加富裕。同時，精靈還按照他的意願建造了宮殿、雕像、水池般的大盤和固定的大鍋。

一天，這位真主的先知帶領著自己的軍隊經過一處空地，並穿越蟻谷。他聽見一隻母蟻因為擔心自己的蟻群被踐踏，對其他螞蟻說：「你們趕快回到自己的住處，免得被蘇萊曼的大軍踏得粉身碎骨。」

蘇萊曼十分感激真主對自己的啟迪，感謝真主賜予自己理解萬物的能力。同時，他感到很驚奇，母蟻是怎麼知道他是先知的呢？他當然不會故意傷害真主所創造的其他生物的，於是命令軍隊和臣民繞道而行，不要驚擾蟻谷的主人。

小知識

猶太人：乃是指猶太教民，或者更籠統意義上所有猶太族人（也被稱為猶太民族），這個群體既包括自古代沿傳下來的以色列種族，也包括了後來在各時期和世界各地皈依猶太宗教的人群。

最早的飛鴻傳書
蘇萊曼與葉門女王

蘇萊曼的大軍——由精靈、人類、鳥類組成的——被召集到他面前，
他們是部署整齊的。

真主的先知蘇萊曼想在耶路撒冷建造一座宮殿，以便舉行崇拜儀式，接近真主。他著手進行建築，等竣工時他發現自己建成了一座巍峨壯觀的宮殿，為了完成向真主朝聖的儀式，他還組建了一支隊伍。

蘇萊曼想要知道聖地的所在，於是準備了充足的祭品，動身到了葉門，進入薩那地方。開始的時候，他竭力尋找水源，但費了九牛二虎之力，仍然一無所獲。於是，他離開那裡，去尋找能指點水源的戴勝鳥，但花了大量的時間也沒有找到這種鳥。蘇萊曼惱羞成怒，發誓見到戴勝鳥一定要殺掉牠，但他得到真主的暗示，頓時醒悟，饒恕了戴勝鳥。

不久之後，戴勝鳥飛了回來，無怨無悔地跟隨蘇萊曼，並對他說：「我觀察到一種狀況，那是你所無法理解的，它是個祕密。」戴勝鳥的話不僅消除了蘇萊曼的惱怒，還引起了蘇萊曼的好奇心，他催促戴勝鳥告訴他到底是什麼祕密。

戴勝鳥說：「有一個叫賽伯邑的地方由一個女人統治著，世界萬物都歸她擁有，而且她還有一個巨大的寶座。如今魔鬼已經滲入他們的內部，成為無法分割的部分，這妨礙他們走上正途。我發現這個女人及其臣民不信仰真主而崇拜太陽，這種行為頗使我驚恐，因為只有真主才是偉大寶座的真正主人。」

蘇萊曼聽後吃了一驚，但並不難過。他沒有直接回答來戴勝鳥，而是說：「讓我研究一下，看看你的消息是否屬實。假如確如你所說，那麼這是我的信，你帶上它去他們那裡，然後在某個地方等待答覆。」

戴勝鳥帶了蘇萊曼的信，飛向葉門女王的國土。到了那裡，牠把信交給女王。女王接過來，見裡面寫的是：「我是真主的先知蘇萊曼，你們不得驕傲自大，應當前來歸順我。」

女王感覺到事態的嚴重性，立即召集王公大臣和達官顯貴商量對策。他們說：「我們既有強大的軍隊，又有雄厚的經濟實力，為何怕他們？我們對妳唯命是從，妳就下命令吧！」

女王見他們傾向於武力抵抗，便駁斥他們，她指出，最好的辦法是和蘇萊曼講和，這是上策。她清醒地認識到，一個國家的軍隊如果征服了一個地方，就會毀滅那裡的文明，長時間地虐待那裡的人們。她說：「我要派使者去向蘇萊曼進貢，送去最貴重的東西，以保全我的王位。透過送禮，最終會弄清楚他的意圖。」

女王的使者來到蘇萊曼的宮殿門前，看到巍峨的宮殿不由得大吃一驚。蘇萊曼興致勃勃地接見了使者，問道：「你們身後的人拿著什麼東西？」使者便把帶來的珍奇異寶送上，畢恭畢敬地說：「懇請仁慈的先知能收下。」蘇萊曼對此不屑一顧，對使者說：「你還是把這些東西帶回去吧！我不缺這些東西，因為真主早已把這些東西賜予了我。來使，回去吧！我們將要派出所向披靡的軍隊，把你們的女王從尊貴的王位上趕下來。」

使者回到女王身邊，把所見所聞報告給葉門女王。女王說：「我們毫無他法，只得服從，他們實力太強大了。」得知女王要來歸順的消息，蘇萊曼面前的一個精靈說：「在你離席之前我有能力能把寶座取來。」另一個知識豐富的精靈則說：「我轉眼之間就能幫你拿來。」

蘇萊曼取來女王寶座的願望很快實現了。他說：「這是主給我的恩惠之一，他以此來考驗我，以此來看我是感恩者還是不信者。誰要把這恩惠視為聖潔，將會真心感激真主；誰要不相信真主的恩惠，便會失去現世和來世。真主是全知的。」蘇萊曼對手下的士兵說：「你們想辦法改變一下寶座的外型，弄得好看一些，看女王是否能辨認出來。」

女王來了，有人問她說：「這是妳的寶座吧？」她從賽伯邑的土地上繼承了這個寶座，但是現在更完美了。於是猶豫不決地說：「是我的寶座。」

蘇萊曼命令精靈用白色玻璃建造一座宮殿，然後召見賽伯邑女王。當她看見這座宮殿，還以為裡面一片汪洋。蘇萊曼告訴她說：「這是一座用玻璃建造成的宮殿。」這句話使她茅塞頓開，恍然大悟地說：「主啊！我一時誤入歧途，沒有膜拜您，失去了您的慈愛和恩惠。這使我墜入了黑暗，得不到您的光輝，現在我歸順蘇萊曼，就是要忠於您，您是最仁慈的。」

小知識

做為穆斯林，不僅要明白什麼是「伊瑪尼」（信仰），而且還要注意保護「伊瑪尼」。凡否認真主、輕視真主，相信迷信邪說、抽籤算卦、看風水，相信鬼神、巫婆、神漢，相信玉皇大帝、閻王、龍王、財神、火神，崇拜偶像、向人跪拜等行為都會傷害「伊瑪尼」。以上行為被稱為「庫夫爾」（隱昧主，否認主）的行為，凡犯「庫夫爾」的人，被稱為「卡非爾」（隱昧主的人），已沒有「伊瑪尼」了。如果在無知的情況下犯了「庫夫爾」，應立刻向真主懺悔，重新表明信仰，並立志堅決改正，永不再犯。

以色列人的悲慘結局

驕傲的下場

你不要隨從你所不知道的言行，耳目和心靈都是要被審問的。你不要驕傲自滿地在大地上行走，你絕不能把大地踏穿，絕不能與山比高。

有一段時間，以色列人的生活非常腐化，不信仰真主的人越來越多，社會也變得極不安定。人們忽視真主崇高的地位，同時也不重視先知的權威。他們的確應該嘗些苦頭，受到真主的懲罰，但是真主是寬容的，在沒有給那些誤入迷途的人指明出路之前，他是不會懲罰他們的。

阿爾米亞是以色列人的先知之一，他告訴以色列人：「大家墮落太久了，真主生氣了。現在瘟疫之所以流行，就是你們不信仰真主所要付出的代價。你們要知道，真主的恩惠遍布天下，他會賜予每個人幸福和健康，只要你們信仰真主，真主就會讓你們安居樂業，不愁衣食，在來世也會給你們好處。你們過去就有過這方面的教訓，曾經有一個勇猛頑強的國王帶領他的軍隊，從巴比倫來侵略你們，想強佔土地，想霸佔你們的草原，如果沒有真主的保佑，你們早就毀滅了。真主憐憫你們，在先知沙阿亞向他祈禱不要讓災難降臨到你們頭上時，他答應了沙阿亞的請求，所以敵人最後被打敗了，你們都安定了下來，毫髮無損。而沙阿亞得到什麼了？你們不尊重他，不感念他的恩德，你們這麼做太讓人痛心了。你們看不起他，後來又把他殺了，好在他聖潔的靈魂最終進入了天堂，受到了尊崇。此後，你們繼續作惡，不肯信仰真主。現在，你們還是聽從我真心的警告吧！真主已經向我默示，要你們找到真埋，信仰真王，假如你們依然執迷不悟，一定會付出慘重的代價。你們的土地會被佔領，你們將失去自己的家園和生命。你們想要什麼樣的命

運你們自己決定吧！」

以色列人的首領說：「這就是你把我們召集到這裡來的真正原因嗎？你竟敢對真主說謊，難道賜予我們生命的真主，命令我們接受他教誨的真主，會把我們的土地給拜火教徒嗎？拜火教徒最終會佔領我們的家園嗎？他們的領袖只沉迷於偶像，以占卜代替信仰，這樣的人怎麼可能佔領我們的土地呢？」

阿爾米亞說：「真主終究會降下像瘟疫和洪水那樣的大災難來懲罰你們，真主只是讓我給你們一個忠告，而不是欺騙你們，你們好好思考一下，為自己找一條出路吧！」

以色列人還是不相信他，最後惱羞成怒地說：「你跟我們浪費的口舌夠多了，你只是一味地責備我們，看來，我們只有把你的手腳捆綁起來，把你關進地牢裡，你才不會這樣喋喋不休。」於是，阿爾米亞被鎖進了地牢。

有一天，以色列人看到東方漫天飛沙，塵霧遮天蔽日，不久，塵土散盡，出現了一名高大健壯的勇士。這個人在以色列人中奮力拼殺，使得眾多以色列人只得倉惶應戰，拼命抵抗。

這名勇士便是來自巴比倫的巴赫坦納薩爾，他是真主派遣下來懲罰以色列人的，因為以色列人的行為徹底激怒了真主。

「誰能抵抗住他呢？」以色列人左顧右盼，互相詢問，「難道這就是阿爾米亞說過的報應嗎？如果真是這樣，那麼我們大難臨頭了。」

他們還沒想出對付巴赫坦納薩爾的辦法，戰鬥便結束了，以色列人一敗塗地，失去了自己的家園。巴赫坦納薩爾對這裡進行了毀滅性的破壞，拆毀了所有的房屋和宮殿，破壞了這裡的道路和其他設施，將這裡的一切變得面目全非。他廢棄了以色列人的朝拜，人們不是貶身為奴，便是被殺或流放到

遠方，不久，這裡只剩下了斷垣殘壁。

若干年後，巴赫坦納薩爾去世，一個年輕人登上了巴比倫的王位。當他見到以色列人戴著腳鐐手銬忙碌時，便問道：「這是怎麼回事？他們為什麼會遭受這樣的恥辱？」有人回答：「他們是以色列人，原來住在敘利亞，那裡草木旺盛，牛羊肥壯，物產豐富。你的祖先打敗了他們，佔領了那裡，並且強迫他們分散到各地，所以他們會受到這樣的屈辱。」

聽了這些話，這個年輕的國王動了惻隱之心，釋放了那些以色列人，讓他們回到自己的家園。以色列人回到原來的家園後，真主再次賜予他們恩惠，給他們錢財，使他們的牲畜繁衍，重新過著幸福舒適的日子。

他們理應汲取教訓，感謝真主的恩賜，但是這些人卻本性難改，剛過上好日子，又去行兇作惡。後來，他們居然去迫害仁慈的先知齊克萊亞和葉海亞，這種罪惡又一次得到了真主的報復。真主這一次派遣德爾茲，掠奪了他們的財物和土地，毀掉了他們的寺廟，並把他們流放到各地，蒙受永世的恥辱。

小知識

「穆斯林」或「穆民」不只是一個名稱，不是說父母是穆斯林，他就是穆斯林。也不是說不吃豬肉、不喝酒就是穆斯林。「穆斯林」和「穆民」是信仰者的稱謂，只有具備「伊瑪尼」（信仰）的人，才能稱為「穆斯林」或「穆民」。穆斯林不分國界和膚色。全世界所有的人，無論他們是白人，還是黑人，無論他們居住在東方，還是西方，只要他們信仰伊斯蘭教，他們就是有「伊瑪尼」的人，他們就被稱為穆斯林。

第五章

小故事的喻世記

不滅信仰

艾尤布在魔鬼的誘惑面前不為所動

真主是創造萬物的，也是監護萬物的，天地的鑰匙只歸他所有。

艾尤布是敬畏、崇拜真主的信士，他的這種虔誠得到了真主和天使們的稱讚，但是易卜列斯很不高興，因為他不相信世界上竟然有人會這樣崇敬真主。他是一個總想引誘和蠱惑善良人們的魔鬼，企圖破壞人們對真主的信仰。這一次，他想去誘惑艾尤布，以使其放棄對真主的信仰。

易卜列斯刻意地接近他，想蠱惑他不要貪戀禮拜，而去關心一下歪門邪道的東西，但是艾尤布對他的這些旁門左道嗤之以鼻，仍然清心寡慾，對真主更加忠誠了。

易卜列斯對真主說：「至高無上的主啊！對您忠心耿耿的信徒艾尤布在此，他無時無刻都在讚美您、崇拜您，他崇敬您賜予他無數的羊、駱駝、肥牛、驢子、土地、奴僕，感恩於您給了他可愛的兒子和女兒。他現在害怕失去這些寶貴的、得之不易的財富，您難道沒聽到他的祈禱中摻雜著私心和雜念嗎？您剝奪給他的恩惠和財富吧！如果您這樣做了，他便不會再提念您，他的心也將不服從您。」

可愛可敬的真主說道：「艾尤布是一個忠實、虔誠的信徒，他每天按時向我禮拜、向我祈禱、向我讚美。他的禮拜和讚美沒有摻雜世俗的東西，他的心是真誠的。不過，為了使艾尤布具有更堅定的信仰，我允許你霸佔他所有的財產，你可以隨心所欲地處置他的財產，但是我認為即使你霸佔了他所有的財產，他也不會改變自己的信仰的。」

易卜列斯立即把他的部下召集來，惡狠狠地說道：「艾尤布算什麼，逞什麼英雄，我就不信弄不垮他。人類的祖先阿丹怎麼樣？不是照樣上了我設計的圈套，偷吃了天園裡的禁果，被趕出了天園嗎？」

這些魔鬼們對易卜列斯說：「首領，你就下命令吧！給那個艾尤布一點顏色看看。」

易卜列斯點了點頭。

於是，這些魔鬼們便迫不及待地開始行動了。

一天，晴朗的天空中突然間烏雲密布，祥和、平靜的村莊一時間變得嘈雜、混亂起來。人們奔相走告：「艾尤布家裡著火了，大家趕緊去救火呀！」

只見熊熊烈火在艾尤布家的院子裡騰空而起，迅速蔓延開來。村民們奮力滅火，但火勢太大，無法控制，村民們的努力無濟於事。不一會兒，艾尤布家的房屋、牛棚、羊圈、馬廄就在大火中變成了一片廢墟，牛羊和駱駝在大火中死傷殆盡，好在艾尤布及其家人安然無恙地避開了大火。

陰險、毒辣的魔鬼們幹完壞事後，變成村民的樣子，幸災樂禍地看事情的發展狀況。他們原本以為艾尤布會從此一蹶不振，改變對真主的信仰，但結果卻讓他們大失所望。

這些變成村民的魔鬼們在艾尤布的周圍議論紛紛。

有的說：「艾尤布原來盲目崇拜，沉緬在真主的施捨和對真主禮拜之中。」

也有的說：「如果真主能抵禦邪惡，那麼艾尤布就不會失去所有的財物和家產。」

還有的說：「真主怎麼忍心讓艾尤布變成現在這個樣子呢？」

魔鬼們企圖用這些言語迷惑艾尤布，進而動搖他的信仰。哪知道艾尤布不為所動，越發地崇拜真主，把變成村民的魔鬼們拋在一旁，繼續向真主祈禱。

大火過後，艾尤布夫婦並沒有因為突如其來的火災而向真主抱怨，他們覺得這是真主的安排，自己無法改變，只能接受現實。兩人送走了一批又一批勸慰他們的人群後，像什麼也沒發生過一樣，用自己艱辛的勞動開始了新的創業。他們不顧自己已經年老體衰，每天起早貪黑地開墾荒地，並在很長一段時間內依靠挖野菜、摘野果艱難度日。艾尤布心裡一直認為，自己暫時吃一點苦不算什麼，可是如果因為暫時的困難動搖了自己對真主的信仰，那才是罪不可贖。

就這樣，艾尤布夫婦懷著對真主的堅定信仰，過著一般人難以忍受的艱苦生活。

小知識

真主是天地萬物的創造者，只有他才是應受崇拜的，他的存在，是無可懷疑的，我們雖不能看見他，但他創造的奇蹟卻已充滿天地之間。《古蘭經》堅決反對多種信仰和偶像崇拜，指出真主是獨一的、無偶的、至尊至大的。

病魔纏身志不移
易卜列斯的詭計再次破滅

通道的人們啊！只有惡魔的行為，故當遠離，以便你們成功。

不甘心失敗的易卜列斯回到真主那裡，對真主說：「主啊！儘管艾尤布對您過去給予他的恩惠表示了讚美，忍受了災難，但是他現在還擁有妻兒，還能把失去的錢財再弄回來。如果您准許我對他繼續採取行動，我敢斷定艾尤布將變得對您不虔誠。傾家蕩產動搖不了艾尤布對您的信仰，是因為他有一個可以勞動的好身體。只要他努力工作，他便不愁吃穿。況且他還有妻兒聊以慰藉。可是，如果讓他百病纏身，無法工作了，他就會動搖對真主您的信仰，一定會對您怨聲載道。」

真主說：「你這個死性不改的魔鬼，我看你是要死心塌地與人類為敵了，不過你還是選錯了對象。對艾尤布來說，無論你施展什麼陰謀詭計都無法動搖他對我的堅定信仰。你如果不相信，我可以批准你再考驗他一次。不過，你這麼做只會是自討苦吃，最後一敗塗地的一定是你。」

艾尤布夫婦看到自己播撒的種子已經開始破土而出，吐出嫩嫩的小芽，便覺得欣喜萬分。他們渴望著幸福的生活，並憧憬著美好的未來。

突然有一天，正要下田工作的艾尤布莫名其妙地感到疼痛難忍，從此一病不起，失去了生活自理能力。這樣一來，艾尤布的妻子就勞累多了，既要下田勞動，又要照顧生病的艾尤布。過度的勞累讓她過早的衰老了，但她卻始終無怨無悔。這樣的日子，艾尤布和妻子堅持了八年，他們沒有被艱難嚇倒，也沒有動搖對真主的信仰，反而體會到了勞累之外的幸福。

　　易卜列斯看到自己的陰謀沒有得逞，更加氣急敗壞，決定採取新的罪惡行動。

　　一天，艾尤布的妻子正在院子裡整理東西，忽然聽到有人喊她的名字。她抬頭一看，發現是一位素未蒙面的老太太。這位老太太滿頭白髮，拄著一根枴杖，步履蹣跚地走到她的面前。

　　艾尤布的妻子問道：「請問您是誰呀？找我有什麼事情嗎？」

　　「我是鄰村的。你們夫妻兩個人的遭遇無人不知，無人不曉。我湊巧路過此地，便過來看看你們。」老太太和藹可親地說。

　　艾尤布的妻子還沒來得及說話，老太太便又說話了：「你們那麼堅定地信仰真主，可是你們得到什麼回報了呢？這些年來，你們先是因火災變得傾家蕩產，而後艾尤布又遭受病痛的折磨。真不知道這種日子什麼時候才能結束。」

　　聽了老太婆的話，艾尤布的妻子無奈地搖搖頭，長長地嘆了一口氣。

　　老太婆繼續說著：「妳看看妳都多大歲數了，還要從事這麼繁重的勞動，既要照顧丈夫，又要下農田幹活，真是難為妳了。換成別人，早就累垮了。」

　　說完，老太太嘆了口氣，顫顫巍巍地離開了。

　　望著老太婆離去的背影，艾尤布妻子平靜的心情被老太婆的幾句話給完全攪亂了。她哪裡知道，那個裝腔作勢的老太婆正是易卜列斯變成的。

　　她回到屋裡，看到艾尤布羸弱無力、毫無生氣的樣子，不由得一陣心酸。既替艾尤布難過，更為自己傷心。難道自己以後一直要這個樣子嗎？難道這就是所謂的命嗎？難道自己無力改變嗎？難道堅持信仰真主只能得到這

樣的結果嗎？如果這樣，自己為什麼還堅持對真主的信仰呢？

　　想到這裡，妻子對艾尤布說：「我親愛的丈夫，咱們這種艱苦的生活什麼時候才能結束呀？你向真主祈禱吧！你做為先知，趕快祈禱真主結束我們現在艱難的生活吧！我們這麼堅定地信仰他，他為什麼還這樣對待我們呢？」

　　飽受病魔折磨的艾尤布一直堅定著對真主的信仰，聽到妻子說這樣的話，再也按捺不住心中的憤怒。他對妻子說：「我沒想到妳會變成現在這個樣子。我們一起經歷了這麼多，有什麼困難不能克服，妳怎麼能動搖對真主的信仰呢？妳一定是受到了易卜列斯的蠱惑，一定是他讓妳來蠱惑我，來動搖我的信仰和意志。」

　　說到這裡，艾尤布憤怒地想站起來，但重病纏身的他已經沒有力量挪動身體了。他繼續說：「如果我能站起來，我真想狠狠地抽妳一百鞭子。」站在一旁的妻子苦苦哀求丈夫要面對現實，不要固執己見。

　　艾尤布見妻子毫無悔改之意，便堅決地說：「從今以後，我不想再看到妳。妳趕快從我眼前消失！」

　　妻子無可奈何，淚流滿面、依依不捨地離開了艾尤布。

小知識

　　伊斯蘭教認為，精靈是指和天使相對存在的一種無形的生靈。精靈中有穆斯林也有非穆斯林，有行善的也有作惡的，有男女老少、飲食生死、婚配生育，能隱現變象。

患難之中見真情

皮鞭下的愛

「你當親手拿一把草,用它去打擊一下。你不要違背誓約。」我確已發現他是堅忍的。那僕人真優美!他確是歸依真主的。

趕走了老伴,艾尤布心裡非常難受,他心中充滿了矛盾和痛楚。而艾尤布的妻子也很不好受,離開了生活不能自理、需要時刻照顧的丈夫,她實在放不下心,但丈夫的態度堅決,自己只能遠遠地觀察著他的動靜。

漸漸地,艾尤布恢復了平靜的心情,可是由於全身痠痛,食物雖然在自己身邊,卻因無法扭轉身體而拿不到食物。

艾尤布強忍著病痛、寂寞和飢餓,不停地讚美著真主:「我的養育之主啊!您是最仁慈善良的真主!」

這個時候,奇蹟發生了,真主啟示艾尤布,讓他用力把兩腳從床上垂落到地面上,然後朝下蹬。

艾尤布按照真主的命令去做,他幾乎用盡全身的力氣把雙腳垂落到地面上。沒想到平時連挪動都挪動不了的艾尤布,今天卻完全能夠做出把雙腳自床上垂下並用力蹬地。

就在這個時候,艾尤布的腳下忽然冒出了清澈的泉水。按照真主的吩咐,艾尤布把雙腳浸泡在泉水中,他覺得全身舒服極了,身上的疼痛感慢慢消失了,雙腳也可以自如的活動了。

　　他十分吃力地坐起身來，然後又試著站起來。在他全身沐浴了一遍之後，頓時感覺到格外的輕鬆，全身的膿瘡消失的無影無蹤，所有的病痛都痊癒了。

　　此刻的艾尤布臉色紅潤、雙目有神，身體也比從前顯得更加健壯，充滿了活力，好像完全變了一個人似的。

　　一直掛念丈夫的妻子，悄悄走到自家的門前，她正要往視窗中張望，忽然聽到屋子裡傳出溪水聲，還夾雜著腳步聲。她覺得非常奇怪，因為擔心丈夫會遇到壞人，她不顧一切拉開房門向裡面衝去。剛剛邁入房門，她頓時嚇呆了：原本在床上動彈不得的丈夫，如今正健康地站在自己的面前，屋子裡也收拾地乾乾淨淨，地面上有水在流淌，正在緩緩地滲入地下。

　　「我的艾尤布！」妻子呼喚著丈夫的名字，迅速走上前去，夫妻緊緊地擁抱在一起，老淚縱橫。

　　「這一切，都是真主的慈悲和大能帶給我們的。」妻子由衷地感慨道。她向丈夫懺悔：「是我的意志不夠堅定，才鑄成了大錯，我真後悔。」說到這裡，她抬起頭對丈夫說道：「寬恕我吧！請你一定要寬恕我。」

　　艾尤布用雙手撫摸著妻子的雙臂，深情地說：「妳應該請求真主的饒恕。」然後艾尤布放開手，對妻子說道：「妳等我一下，我去外面有點事情，很快就回來。」

　　妻子用驚訝的目光望著丈夫匆匆離去。

　　不一會兒，艾尤布回來了，他根據真主的啟示，從外面撿回來一把茅草，然後做成鞭子，他問妻子：「妳知道這個是用來幹嘛的嗎？」

　　妻子忽然想起丈夫在盛怒中說要打她一百鞭的話，立刻轉過身，彎卜

腰，讓丈夫鞭打。

艾尤布用手扶起妻子，對她說道：「不用這樣，只要妳知道錯了，真心請求真主對妳的饒恕就可以了。我怎麼忍得下心來打妳呢？多少年的夫妻了，妳和我同甘共苦，相依為伴，在我承受磨難的時候，妳又無微不至地體貼我照顧我，妳的意志是何等的堅強啊！怎麼老了，反而承受不住惡魔的蠱惑，還險些把我送入迷途呢？妳認為我不應該懲罰妳嗎？」

「什麼也不要說了，你動手吧！」妻子這時候早已淚流滿面，悔恨交加。

艾尤布用茅草編出的鞭子，輕輕的在妻子背上抽了一百下，還不時地問：「痛嗎？」

魔鬼易卜列斯的陰謀，以徹底的失敗而告終。艾尤布夫婦和好如初，生活得更加美好。

小知識

根據《古蘭經》的記載，先知艾尤布享有真主恩賜的八十年富裕和健康，在他生命最後的七年，真主對他降下痼疾，以對他進行考驗，艾尤布承受住了考驗。於是，真主說：「我發現他確實是堅忍的，確實是歸依我的。」

真主的慈愛總是無處不在
齊克萊亞老年得子

你說：「你們可以稱他為真主，也可以稱他為至仁真主。你們無論用什麼名號稱呼他『都可以』，因為許多極優美的名號都歸於他。」

齊克萊亞年事已高，兩鬢斑白，背已經有些駝了，走路也是步履蹣跚。他除了到寺院去做必要的祈禱、功課外，平時很少出去走動。他自己開了一家小店，賣些東西，白天在店裡看一會兒店，傍晚時分回家休息。齊克萊亞家裡除了頭髮早已花白的妻子之外，別無他人，因為自己平日花錢不多，所以他經常去接濟那些窮苦人，始終不忘真主的恩賜。

年近九十的齊克萊亞常常因為膝下無兒，感覺自己好像失去生活的動力，終日處於矛盾中，他鬱鬱寡歡，失望和苦悶一直纏繞著他。他每天回到家中，都無精打采，更無心操持家業，他想：「我將不久於人世，誰能來繼承我財產呢？」

可憐的齊克萊亞沒有一個知心的人，他的親戚、朋友全都是不學無術、毫無頭腦、不遵教規、幹盡壞事的無業遊民。這讓他一直心神不寧，卻一直盡力忍耐著、克制自己的想法，只有在夜幕降臨時，他才唉嘆幾聲。

一天，齊克萊亞像往常一樣到寺院去做禮拜。做完禮拜後，他不經意間走入麥爾彥的聖堂，突然發現她在那裡沉思，正準備禮拜，而她前面卻有一件不應該出現在這個季節的東西。他忍不住問：「這是夏天的水果，但現在是冬天啊！這水果是從哪兒來的呢？」自從和猶太教教徒發生爭執那天起，

麥爾彥一直被囚禁在這裡，與同伴們隔離，就是她的母親來這裡做禮拜也難得和她相見，那這些食品是從哪兒來的呢？事情怎麼這樣離奇？

麥爾彥回答說：「這是真主的恩賜。早晨醒來，我便看到這些水果擺在這裡，傍晚時也是這樣，儘管我沒有向真主乞求聖物。這些東西是自動而來的，沒有耗費我一點力氣。這有什麼值得你大驚小怪的呢？難道真主不是一直在不計報酬的周濟我們嗎？」

齊克萊亞恍然大悟，陷入了沉思中。這個姑娘因虔誠而得福更激起他向真主請求孩子的熱情。但他想，自己早已老邁，老伴也已經沒有了生育能力，這樣的願望能實現嗎？然而，既然真主能賜給麥爾彥恩惠，為什麼不同樣賜給自己一個孩子？自己不妨試一試。

於是，齊克萊亞伸開雙手，祈禱起來，嘴裡默默說道：「主啊！您是無所不能的主，求主不要讓我孤獨一生。」他祈求真主滿足自己的願望，不要讓自己失望。不一會兒，正在聖堂祈禱的齊克萊亞突然聽到天使的召喚：「齊克萊亞，真主給你報喜了，你有兒子了，他叫葉海亞。」

齊克萊亞驚喜萬分，感謝真主的恩賜。

真主賜予齊克萊亞一個聰明伶俐的兒子——葉海亞，並讓他擁有聰明才智，同時保佑他長大成人。葉海亞勤於做禮拜、做功，結果累垮了身體，弄得面黃肌瘦，身上的青筋突兀可見，但他知識淵博，通曉《引支勒》，對各種版本的《引支勒》瞭若指掌。不僅如此，在人們的心目中，他還是一個見義勇為、不畏強暴的勇士，勇於扶正壓邪。

一天，巴勒斯坦的統治者希魯杜斯看上了自己的姪女希魯迪婭，她的母親及親屬都同意了。但葉海亞卻宣布這是不合法的結合，說：「我不承認，並且對此要公開譴責。」

葉海亞的觀點很快傳播開了，從宮廷到民間，從娛樂場所到做功聖地，到處都在流傳。不久，希魯迪婭也知道了葉海亞的這種觀點，同時非常清楚他在當地民眾中的聲望，所以對葉海亞恨之入骨，但又無可奈何，只好把仇恨化為苦悶和失望。

希魯迪婭擔心叔父會解除這門婚事，於是決定以自己的美貌去迷惑叔父，叔父受她的引誘而不能自拔，於是對她說：「妳有什麼要求儘管講吧！妳說什麼我都聽妳的。」希魯迪婭說：「如果國王允許的話，我想要葉海亞的頭。他到處說國王和我的壞話，損害國王的名聲，國王如果能答應我，我便滿意了。」

希魯杜斯泯滅了自己的本性，受惑於希魯迪婭的甜言蜜語，真的把葉海亞殺了。希魯迪婭得到了滿足，笑顏逐開，但是她和以色列的子孫卻受到了真主的詛咒。

小知識

《引支勒》是《古蘭經》對一部天啟經典的稱謂。伊斯蘭教承認它和《古蘭經》、《討拉特》和《宰卜爾》是真主啟示的四部經典。

太陽神不是萬能的

腓尼基人的罪惡

當時，他對他的宗族說：「難道你們不敬畏真主嗎？」

在靠近地中海東岸今黎巴嫩境內的巴勒貝克，居住著眾多的腓尼基人。他們特別崇拜太陽神，並將此塑造成偶像，稱為「白耳利」，認為它具有至高無上的權力。

惡魔易卜列斯趁此機會，開始興風作浪，製造了一些亂七八糟的鬼話，蠱惑那些白耳利的崇拜者，讓他們堅定自己的信念。

真主看到大地上的人們又被易卜列斯迷惑住了，十分生氣，他派遣易勒雅斯做為自己的使者，向其宗族腓尼基人進行有效的勸阻和警告。讓他們不要聽信惡魔易卜列斯的讒言，不要盲目崇拜白耳利，要信仰獨一萬能的真主。

易勒雅斯心平氣和的對他的族人們說：「我的族人啊！難道你們不敬畏萬能的真主嗎？難道你們為了祈禱白耳利，而捨棄世界上最優越、最萬能的創造者——真主嗎？」

好幾個壯漢還沒有等易勒雅斯把話說完，就粗暴地打斷他的話，對他喊道：「你到這裡來幹什麼？你在胡說些什麼？」

「你們聽我說，我是真主派遣來的使者，我的使命是要把你們從迷途中引入正道。」易勒雅斯對這些人斬釘截鐵地說道。

「你憑什麼讓我們聽你的話？」

「你想讓我們背叛祖先的信仰，我們辦不到。」

「我們不要聽你的胡說八道，我們走，不要理這個瘋子。」

「走，我們不要理他，讓他一個人在那裡自言自語好了。」

一陣七嘴八舌之後，族人們鬧哄哄地散了。有的人對易勒雅斯擠眉弄眼，有的人則一臉嘲笑地看著易勒雅斯。

望著族人們離去的背影，易勒雅斯非常生氣，他厲聲訓斥道：「難道你們就不怕真主的懲罰嗎？那些進入火獄者的下場你們難道沒看到嗎？那些就是無可救藥的可恥下場！」

易勒雅斯洪亮的聲音在山谷裡迴盪。

小知識

腓尼基人是歷史上一個古老的民族，自稱為閃美特人，又稱閃族人。生活在今天地中海東岸相當於今天的黎巴嫩和敘利亞沿海一帶，他們曾經建立過一個高度文明的古代國家。

一覺睡了一百年的人

歐宰爾的神奇經歷

難道你沒有看見那個人嗎？他經過一個荒涼的頹廢的城市，他說：
「真主怎樣使這個已死的城市復活呢？」故真主使他在死亡的狀態
下逗留了一百年然後使他復活，他說：「你逗留了多久？」他說：
「我逗留了一日或不到一日。」他說：「不然，你已逗留了一百
年，你看你的飲食沒有腐敗，你看你的驢子，我要以你為世人的跡
象，你看這些骸骨，我怎樣配合牠，怎樣把肉套在牠的上面？」當
他明白這件事的時候，他說：「我知道真主對於萬事是全能的。」

　　歐宰爾帶著自備的乾糧，告別了妻兒老小，騎上了他最心愛的毛驢上路
了。他叮囑家中人不要惦念他，他這一次外出只是為了散散心，不會在外面
停留太久的，最多十天半個月就會回來。

　　他騎著毛驢在田野上散步，悠然自得地觀賞著迷人的大自然，不知不覺
來到了聖城耶路撒冷。本來，歐宰爾是要到教堂裡做禮拜的，可是，他卻沒
有想到，走到教堂的時候，看到的卻是一片狼籍，聖殿倒塌在地，周圍也變
得混亂不堪。

　　歐宰爾又氣又惱，他沿著殘壁向前走去，只見亂草迷離，再往前走，毛
驢幾乎沒有下蹄之處，地上到處是一具具屍體，橫七豎八的讓人看得膽顫心
驚。他立刻騎著毛驢掉頭，離開了這個頹廢荒涼的地方。

　　走了一會兒，歐宰爾覺得有點疲憊，他想休息一下再往前走，便從毛驢
上下來，把裝滿乾糧的籃子放在了地上，找了一個背風的牆角坐下來。他想

起剛才的情景，不禁百感交集，真主要怎樣才可以讓這個已經死去的城市復活呢？他想啊想啊，不知不覺便進入了夢鄉。

就這樣，他一直睡著，越睡越沉。日復一日，年復一年，他一直沒有醒來。

這邊，歐宰爾依然沉睡在夢鄉當中；那邊，家裡的妻兒老小卻已經急壞了，他們到處尋找，卻始終都不見蹤影。久而久之，人們猜想他可能遇到了不測或其他奇特的事情，這些猜想逐漸演變成一個個傳說，而且越傳越離奇，到最後，歐宰爾居然成了傳奇故事中的一個人物。

很快，一百年過去了。忽然有一天，歐宰爾的靈魂回到了主人身上，他伸伸懶腰，打了一個哈欠坐了起來，感到身體有些僵硬，心想：「這覺睡的時間一定很長，我是早上睡著的，現在一定已經是下午了。」

正在出神的時候，歐宰爾身邊走來了一位君王模樣的人，歐宰爾根本不會想到，這是真主派來的天使。

天使問歐宰爾：「你在這裡多久了？」

「我在這裡一天了，可能還不到一天。」歐宰爾回答道。

天使哈哈一笑說道：「你已經在這裡一百年了，你知道嗎？你看看你的食物，再看看你的毛驢，有沒有腐爛。」

歐宰爾回頭一看，大吃一驚，只見拴在樹上的毛驢早已不存在了，遺留下來的是地上一堆骸骨。

「我真的已經在這裡一百年了？」歐宰爾半信半疑地問天使。天使笑著回答道：「真主使你在死亡的狀態下逗留了一百年，然後使你復活。」天使頓了頓，加重了語氣說：「真主這麼做，是為了把你做為一個奇蹟，讓世人

都能領悟真主可以使死者復生的能力，進而加深對真主的信仰。」

看著枯樹下那一堆骸骨，歐宰爾似乎想說些什麼。天使看出了他的心思，對他說：「你仔細看著那頭毛驢，真主是怎樣把血肉套在牠的骨頭上的。」

只見原本分離的白骨逐漸合攏，驢身的輪廓逐漸清晰起來，而且長出了肉，身上布滿的血管清晰可見。轉眼之間，一頭和從前一模一樣的毛驢出現在了歐宰爾的眼前。

死驢復活的情景讓歐宰爾驚嘆不已，正想再說些什麼，天使卻忽然不見蹤影。歐宰爾這個時候才醒悟過來，此人一定是真主派來的天使，他暗想：「看來，我真的睡了一百年，我知道真主是萬能的。」

歐宰爾定了定神，騎上毛驢重新又上路了，他好不容易找到了自己的村子。可是，一百年後的村子，他一個人都不認識，更別提要回家了。

經過路人的指認，歐宰爾終於找到了自己的家，他看到一位年過半百的老太太，哈著腰，手裡拿著一根棍子在地上左右不停地敲擊地面，一看就知道，這一位老太太是盲人。

歐宰爾趕緊上前問這位盲人老太太：「您知道有一個叫歐宰爾的人嗎？」

「當然知道。」老太太點點頭說道：「這個人是我家的主人，他去世已經有一百年了。」老太太頓了頓說道：「一百年前，他離家出走的時候說的很清楚，十天半個月就回來，可是從此以後就再也沒有見到過他。」提到這段往事，老人忍不住黯然淚下，她再也說不下去了。

聽完老太太的話，歐宰爾想起來，這位老太太就是他家從前那位年輕的

女僕人。他趕忙說道：「妳知道嗎？歐宰爾沒有死，我就是歐宰爾。」

老太太嚇呆了，她聽聲音似乎有點像當年的主人歐宰爾，可是，人死又怎麼可能復生呢？況且，已經過了一百年了，怎麼可能呢？難道是奇蹟發生了嗎？

為了證明他是否是她家主人歐宰爾，老太太半信半疑地問了一些當年在家中的情景，歐宰爾都對答如流。

「萬能的真主，難道真的是奇蹟發生了嗎？」老太太激動地不知道該說什麼才好。她回憶起歐宰爾年輕時候的種種情景：他信仰虔誠、純樸善良，還樂意幫助別人；在真主的幫助下，他曾經治癒過許多危在旦夕的病人。想到這裡，老太太對歐宰爾說道：「如果你真的是歐宰爾，那請你祈禱真主，恢復我的視力和健康吧！」

歐宰爾虔誠地向真主祈禱，轉眼間，奇蹟發生了，老太太的雙目恢復了視力，而且恢復了青春。一個年輕的女僕就這樣站在了歐宰爾的面前。

奇蹟傳遍了整個村子，當精力充沛、血氣方剛的歐宰爾出現在滿堂子孫面前的時候，大家都不敢相信，這個年輕的男人就是他們的父親、祖父、曾祖父，這簡直是太不可思議了。

歐宰爾看著眼前的子孫們，有的已經年過百歲，有的行為遲緩，老態龍鍾，不禁感慨萬千。

他詳細地和大家訴說了自己沉睡百年的經過，可是換回的依然是一片驚悚懷疑的目光。雖然有女僕的現身說法，她一再地作證站在大家面前的就是歐宰爾本人，可是她在歐宰爾子孫們面前，同樣也是一個謎團。她怎麼可能就是那位雙目失明的老女僕呢？倒像是不知道從哪裡跑出來的少女。

　　大家都不相信他就是失蹤一百年的歐宰爾，無論他怎樣解釋，人們依舊半信半疑。怎樣才能讓自己的子孫們相信呢？歐宰爾始終都想不出辦法。

　　這個時候歐宰爾的一位兒子說道：「如果您真的是我們的父親，那麼您能讓我們看一看您的肩膀嗎？我的父親肩膀上有一顆黑痣。」

　　「當然可以。」歐宰爾立刻脫下上衣讓大家看他的肩膀，他肩膀上果然有一顆黑痣。

　　村裡一位非常有學識的老人上前對歐宰爾說：「自從巴比倫暴君布赫圖納薩爾進入耶路撒冷搗毀了所有教堂以後，祖傳經文已經被焚燒，這片土地上會背誦祖傳經文的人只有極少數，其中就有歐宰爾。你如果真的是他，就請你背誦幾段給我們聽吧！這樣以此來證明你就是歐宰爾，來證明你並沒有欺騙我們大家。」

　　歐宰爾知道大家對他的身分還是有所懷疑，便不慌不忙地背起了祖傳經文，只見他背得一字不差。

　　還有什麼可懷疑的呢？子孫們迅速的圍攏在他的身邊，有的恭敬地叫「父親」，有的親切地叫他為「爺爺」，而被他們稱為爺爺的歐宰爾竟然是一位看起來比他們小好多歲的年輕人。

小知識

　　百年沉睡人的故事，本來是一項充分展現真主無所不能的奇蹟，但是人們並沒有從歐宰爾身上領悟出這個道理，反而把他稱為「真主的兒子」，《古蘭經》嚴厲斥責了這一荒唐的說法。

帽子上帶角的國王

雙角王的傳說

他說：「這是我的主降下的恩惠，當我主的應許降臨的時候，他將使這壁壘化為平地。我主的應許是真實的。」

相傳在古時候，真主賜予古希臘的國王統治東方和西方的權勢，還賦予了他處理萬事的能力，因為他的王冠上左右各有一個突起的裝飾角，大家都叫他為雙角王。

雙角王常常帶領著他的親信和侍從遠遊，在路上倘若遇到民間有難，他定會鼎力相助，排憂解難。他那超凡的智慧遠近聞名，他愛民如子的高尚品德更是讓世人敬仰。

有一天，雙角王來到了日落之處，看到太陽彷彿落在了一個黑泥潭中。他往下一瞧，看到一些不信仰真主的人，他們囂張跋扈、無惡不作，要如何處置他們呢？萬能的真主啟示給國王兩種解決辦法，一種是嚴厲的懲治他們，另外一種是耐心等待。最終，善良的國王選擇了第二種辦法，決定先勸教他們，讓他們改邪歸正，以觀後效。

經過一段時間的耐心說服教育，有一部分人接受了國王的提議，他們棄惡從善，信仰了萬能獨一的真主，得到了雙角王的善待。而另外大部分的人則依舊執迷不悟，他們不聽國王善意的勸告，依舊作惡多端，而且更加變本加厲，最後，這些執迷不悟者都遭受到了最嚴厲的懲罰。

又過了些日子，雙角王看到了廣闊的原野上沒有樹木，沒有流水，在原

野上勞動的人們沒有一處可以乘涼的地方，於是國王便下令隨身侍從幫他們植樹造林，挖掘打井，搭建涼棚，並親自教授人們防暑和建屋的知識。就這樣，雙角王的美名傳遍了四方，人們都非常愛戴這位愛民如子的雙角王。

這一次，他率軍遠征到中亞阿賽拜疆與亞美尼亞之間的一個山谷裡的國家，在經過兩山之間的達爾邦地區的時候，遇到了一群人，他們向雙角王訴苦，雖然雙方的語言並不相同，但憑藉雙角王的聰明智慧，他還是從這些人的表情和手勢中瞭解了其中的緣由。

原來，這裡有兩個作惡多端的野蠻人，一位叫雅朱者，一位叫馬朱者，他們到處胡作非為，打家劫舍、擾亂百姓，什麼壞事都做，鬧得百姓雞犬不寧。所以他們請求雙角王幫他們建造一道壁壘，來防止這兩個惡人對他們的騷擾，雙角王當即答應了他們的請求。

大家齊心合力，終於用鐵塊和熔銅鑄成了一道堅不可摧的壁壘，雙角王親自和大家一起施工，受到了當地居民的無限崇敬。完工之後，雙角王按照真主的啟示，對大家說：「請大家放心，雅朱者和馬朱者這兩個惡人再也不會來騷擾和侵害你們了，這座銅牆鐵壁，只有在世界末日來臨的時候，才會遵照真主的旨意化為平地。」

人們都歡呼著，真心感激雙角王為他們所做的一切。

小知識

根據古蘭經注學家解釋，雙角王就是古代馬其頓王亞歷山大一世。相傳此人曾征服希拉、波斯、埃及等國，並曾周遊世界，對於東方文化的發展也曾做出貢獻。

星期六派的由來

人心不足蛇吞象

你向他們詢問那個濱海城市的情況吧！當時他們在安息日違法亂
紀。當時，每逢他們守安息日的時候，魚兒就浮游到他們面前來；
每逢他們不守安息日的時候，魚兒就不到他們的面前來，由於他們
不義的行為，我才這樣考驗他們。

穆薩的先知為了讓以色列族人每週都有聚會，決定把每週的週五做為聚
集日，使大家可以集中在一起敬拜真主。

可是，這個決定讓以色列人不太滿意，他們堅持要把星期六做為聚集
日，因為真主是在這一天完成對天地萬物的創造，並得以安心休息，接受他
們的敬仰和崇拜的。很多人都想把這一天稱之為安息日，認為在這一天履行
聚眾禮拜的宗教儀式會比較合適。雖然穆薩多次勸說，但以色列族人依然堅
持他們自己的意見，最後便確定安息日為以色列人聚眾禮拜的日子，並做為
一種習慣保留了下來。

在紅海之濱有個名叫埃萊的村鎮，其中的一個村莊居住著一群以色列
人，他們以經商和漁獵為生，每逢安息日，人們就聚集在一起做禮拜，履行
各種宗教儀式。

每當大家專心致志敬拜真主的時候，總有一條條鯨魚從海裡游來，伏在
海邊的石頭上休息，而當人們做完禮拜從寺院裡出來的時候，這些鯨魚又會
回到人海中去，年年如此。

對於這個現象，大家都沒有多加注意，可是這卻讓幾個遊手好閒的無賴發現了，他們認為這是一次絕好的發財機會，不能錯過。

於是這些無賴便趁大家做禮拜時捕捉鯨魚，幾次試捕下來，都非常順利，不僅讓自己大飽口福，而且還得到了一筆不小的財富。

村莊裡的長老發現這些無賴在安息日不去做禮拜，而是在大肆捕魚賺錢，非常氣憤，便勸阻這些無賴棄惡從善。可是無賴們不願意聽從長老們的教誨，他們依舊我行我素，甚至變本加厲。幾位長老覺得事態非常嚴重，便率領族人一起組成一道人牆，橫在了兩塊巨石之前，擋住無賴的去路。

長老們說：「你們怎麼可以不去做禮拜，而做這些違法亂紀的事情，你們必須放下漁叉和繩子，趕快到寺裡去做禮拜，真心對真主懺悔你們的罪行。」

無賴們根本不聽長老們的勸說，他們七嘴八舌地說：「這是我們的自由，你們做你們的禮拜，我們捕我們的魚，誰也不要干涉誰。」一位長老非常氣憤，他拿著劍想衝上去和無賴理論，卻被旁邊的人拉住了。這個時候，伏在石頭上休息的鯨魚早已游回了大海。

經過這次的教訓，村莊裡的長老們知道光說道理對這些無賴是沒有任何作用的，於是聚集在一起商討解決的辦法。無賴們提出，要把村莊分成兩半，願意做禮拜的人和願意捕魚的人各住一半，這樣就可以井水不犯河水，互不相干了。

長老們對此非常無奈，只好同意無賴們的意見。從此，在村鎮中央有一道高高的石牆成為兩類不同人群的分界線。

到了安息日這一天，寺院裡的鐘聲響起時，大部分村民會爭先恐後地去寺院裡敬拜真主，而少部分的無賴們卻反其道而行，奔向海邊的巨石，趁機

捕食送上門來的鯨魚。

　　兩類不同的人群的表現，也註定了他們不同的命運。

　　在過後不久的一次地震中，無賴們所居住的那半個村子蕩然無存。而村莊的另一半則安然無恙，因為虔誠的祭拜真主，這些善良的村民得以繼續安然無恙地過平靜的生活。

　　據說這一次的地震恰好發生在安息日，和以往不同的是，海邊的巨石還在，但每逢安息日就到巨石上休息的鯨魚卻從此不再上岸了。

一覺醒來天地大變

洞中長眠人

我曾使他們的心堅忍。當時，他們站起來說：「我們的主，是天地的主，我們絕不捨他而祈禱任何神明，否則，我們必定說出不近情理的話。」

在遙遠的古代，有一座名叫塔拉圖斯的小城鎮。住在那裡的居民，每逢節日，都要到城外的寺廟去朝拜，來祈求神靈為他們賜降平安和幸福。凡是不去參加這些儀式的人，一旦讓國王知道，輕則受罰，重則被處死。

當時，城裡有七位信真主的年輕人，他們為了逃避國王的迫害，躲進附近的森林裡，準備從那裡逃往外地。

雖然這七位年輕人的出生和經歷都各不相同，彼此也素不相識，但是他們都擁有共同的信仰，這讓他們一見如故。當他們談起人們對木雕泥塑的偶像進行祭拜的這些愚蠢行為以及國王的暴虐，都非常氣憤。因為過於激動，他們忘記了隔牆有耳，還沒有來得及逃走，就被人告發，並押送到了國王面前。

七位年輕人不懼權威、大義凜然的模樣震撼了在場所有的大臣們，大臣們在國王面前一再地幫這七位年輕人求情。國王終於答應不殺他們，但是限定他們在一天之內反思自己的行為，如果還不知道悔改，那麼他們就將要被押上刑場。

這七位年輕人在被趕出王宮後，都意識到：「要是想要不背叛自己的信

仰，就必須逃走，沒有第二條路可以選擇。」為了活下去，他們顧不上和家裡的親人告別，連夜逃出了城鎮。

他們沿著崎嶇的山路一直向高處攀登，終於在天亮之前找到了一個隱蔽的山洞。這個時候，大家都非常疲憊了，決定在山洞裡休息一下，然後再繼續往前趕路。結果，他們剛一躺下，便都呼呼地睡著了。

不知道過了有多久，這七位年輕人終於醒了過來，他們這一覺醒來之後覺得十分舒服，一點也沒有疲憊的感覺。有人說，他們可能睡了整整一天了，也有人覺得，可能睡了幾天幾夜。這時有人跑出洞外，看到烈日當空，像是正午時分的樣子，便和大家說：「你們誰也不用爭論了，天亮時，我們剛剛躺下，現在是中午，我們實際上只睡了半天。」

因為肚子一直在咕嚕咕嚕叫，他們決定先填飽肚子再說。可是誰去呢？他們都害怕國王的追捕，但一直不吃東西肯定是不行的。其中一位年輕人自告奮勇說：「我去吧！等到天黑的時候去買點東西回來，天黑應該比較沒人注意。」

於是大家都給他湊足了銀幣，臨走的時候，所有人都囑咐他要格外小心，千萬不要讓國王的人發現。他點點頭，在天黑的時候，他肩負著大家的重任下山了。

可是深夜裡，哪裡還能找到吃的呢？這位年輕人發愁了，無奈之下，他決定暫時在一個牆角休息一下，等天亮後再說。於是，他便在牆角蹲下呼呼大睡起來。

他一覺醒來，睜眼一看，被眼前的情景嚇呆了：原來的王宮早就已經是斷垣殘壁，大街小巷也早已面目全非了。怎麼才剛剛離開兩天，就變成這般模樣了？

當他來到街頭，卻見不到一個他所熟悉的人，就連自己家門在哪，都找不著了。

年輕人正在東張西望的時候，一些來往的過路人紛紛把他圍攏起來，詢問他從哪裡來？在這裡想做什麼？

原來，大家看到他那古老的服飾和打扮以及那些奇怪的舉止感到非常驚訝。當這位年輕人回答他是本城人的時候，引起了一片哄笑聲。

有人說：「聽你口音倒像是本地人，可是你的打扮實在太奇怪了。」

年輕人看著面前的人群也覺得非常奇怪，他們的衣服怎麼都變成了另外一個樣子。

這個時候，一位長老說：「你到底是從哪裡來的？到這裡來做什麼？」

年輕人從上衣口袋裡掏出幾枚銀幣對長老說道：「我只是想來買點吃的，幾個同伴還在等著我呢！」

這個時候所有人都大吃一驚，有人驚訝地說：「這銀幣非常值錢，這可是三百多年前的古幣啊。」年輕人不以為然道：「這有什麼可稀奇的，這些銀幣是我前幾天在街上買東西的時候人家找給我的。」

年輕人說完就想離開，但是沒有想到的是，人群越聚越多，像是在參觀什麼新奇的東西一樣。他心裡惦念著山洞裡的朋友，為了脫身，只好向大家說明自己的身分和來歷。

人群中一片譁然，眼前這位英俊的青年居然就是三百零九年前國王下令到處搜捕的七位勇敢的年輕人中的一位，大家不禁對這位年輕人肅然起敬。

可是，大家不明白的是，幾百年過去了，他怎麼還會好好的站在這裡呢？他怎麼可以長生不老呢？大家思來想去，忽然明白了，這就是真主所顯

示的奇蹟。

人們像擁戴英雄一樣簇擁著這位年輕人，來到了國王面前，此時的國王是一位虔誠信仰真主的賢明君王。他熱情的接待了這位年輕人，並和他一起來到了這奇異的山洞。當這位下去買食物的年輕人和其他幾位朋友講述了下山後的經歷以及他們在洞中長眠了三百零九年的情況時，大家非常驚訝，連連讚頌萬能的真主。

國王對這七位年輕人說：「你們隨我一起回宮吧！」這七位年輕人婉言謝絕了國王的好意：「我們不想再回去過優裕的日子了，我們只求接近真主。」話音剛落，這七位年輕人紛紛倒地，停止了呼吸。

最後，國王令他的隨從們把這七位年輕人的屍體運回京城，安葬在專門為他們建造的墓穴中，墓旁還建造了宏偉的清真寺，以便永久紀念他們。

小知識

關於洞中長眠人，也稱為「七眠子」，這篇故事主要說明《古蘭經》所說的死後復生是不可懷疑的。《古蘭經》對山洞中的人數列了幾種說法，並未說明究竟是幾個人，穆斯林學者一般側重於經中最後一說，即七人。

為信仰寧死不屈

納基蘭人殞身火海

「凡服從真主和使者的人都與真主所保護的眾先知、忠信的人、作證真理的人、善良的人同在，這等人是很好的夥伴。」

夏日的薩那炎熱異常，陽光炙烤著大地，使得地面上的塵沙滾燙，街上酷熱難耐，行人稀少，冷冷清清的。

突然，北方出現一個健壯的男人，他快速穿過郊區，越過城門，直奔王宮而去。這個人的神色和行為動作讓人印象深刻：陰鬱的臉色，不安的眼神，惶恐的步伐。

王宮的衛兵攔住他，厲聲問道：「為什麼這個時候要進王宮？」來人流露出急切的表情說：「我有重要的事情要稟報尊貴的國王陛下。」

衛兵說：「國王日理萬機，是不會見你的，等他對自己的王位高枕無憂了，不再為王權的事情而擔心時，他才有可能見你。令人尊敬的國王時刻準備著遠征，不論山川、河流，也不論草原、田地，他都要征服，他要統一天下。他發誓在沒有看到猶太教成為統一宗教時，他絕不可能安然地入睡。太陽要落山的時候，他要到聚集了各國國王、達官貴人和部落首領的王宮花園，和他們商量討伐他國的高明計謀。」

那人說：「我和國王是志同道合的，我來這裡的目的是為了要與國王並肩作戰，做他的左右手。如果他知道我的來意，他一定會召我進去的。勞駕你通稟一聲。」

祖‧努瓦斯國王會見完貴賓，從房間裡走出來，想去花園散步。這時，門衛稟報：「國王陛下，有一個來自納基蘭的人說有重要的事情要見您。他說他發現了一個新宗教。」

國王說：「新宗教！趕快讓他進來。」那人見到國王，對國王說：「尊貴的國王，祝您永掌王權，願你萬事如意，所向披靡。尊敬的國王，我來這裡別無他求，只是想告訴您一件事情，前段時間在納基蘭地區發生了一件重大的事情，如果不採取措施，那將要蔓延到其他地方，說不定還會蔓延到葉門或更廣泛的地區。」

國王說：「你的消息非常重要，請你說得具體些。」那人繼續說：「幾天前，有一個新教傳到了納基蘭。他們以真主的名義進行傳教，那些異教徒對此很歡迎，已成批加入，並蠱惑了很多人，有不少人信仰了新教。如果國王不採取緊急措施，那麼猶太教的影響將會漸漸消失。」

國王說：「你把他們傳教的整個過程詳細地說一下，越具體越好。」

那人說：「前不久，有兩個奴隸來到納基蘭。一個叫菲邁雍，是羅馬人，另一個叫薩立哈，是阿拉伯人。菲邁雍被一個崇拜棗樹的人買去，那人發現他整天沒日沒夜地幹活，任勞任怨，夜晚降臨的時候，他獨自一人在房間做禮拜。

一天，他的主人經過他的房間，發現他正在做禮拜，房間裡雖無燈，卻非常明亮。主人很奇怪，問其所信是何宗教。菲邁雍說：『我信真主，他是萬物之主，他的力量是無窮的。如果你同意，我將祈求真主用風把棗樹吹乾，或者用火把它燒掉，以證明真主有無窮的神力。』

主人對他說：『此話當真？』

菲邁雍說：『如果我做到了，你肯皈依我教嗎？』

　　主人回答說：『一言為定！』菲邁雍祈禱後，主人的棗樹真的被吹乾、消失了。他的主人便信了他的宗教。這一消息在納基蘭很快便傳開了，許多人改信了新教。

　　他的夥伴薩立哈說，他曾看到一隻怪物要吃掉邊走路邊做祈禱的菲邁雍，但那怪物卻突然死去了。薩立哈被他征服，要求和他在一起，要求信仰他的宗教，菲邁雍同意了。這期間，菲邁雍不斷顯示他神奇的法力，薩立哈更是喜歡，與他形影不離，後來兩人遭遇到了強盜，他們被賣掉了，這就是我所聽到的有關菲邁雍的情況。」

　　詳細地瞭解情況後，國王便親率大軍從薩那出發，朝征討納基蘭地區。大軍行至納基蘭，立刻把那裡包圍起來。當地的居民們驚慌失措，不知如何是好，國王大聲地對當地的居民說：「在動武以前，我要你們選擇，如果你們信仰猶太教，你們便免於責罰。如果你們堅持現在的信仰，你們將付出沉重的代價。」

　　他們回答說：「我們所信仰的新教，已深深印到我們腦海裡。不管我們遭遇到什麼樣的磨難，即使失去生命，我們也絕對不改變信仰。」國王見他們冥頑不靈，一味地堅持他們的信仰，就下令把他們全部燒死了，沒人能倖免遇難。

小知識

　　伊斯蘭教：「伊斯蘭」的意思是和平、順從。以它為教名，主要取「順從」之意，即順從所信仰的獨一真主的意志。西元610年，先知穆罕默德在阿拉伯半島開始宣傳伊斯蘭教，在他在世的短短數十年時間，伊斯蘭教便發展成為地跨歐、亞、非三大洲的世界性宗教。

忘恩負義的惡果

毀滅

這是暗示反抗穆聖的人，將來也必受到兩世的懲罰。

賽伯邑國建立在葉門的邁阿尼亞國的廢墟上，由於地理位置的原因，邁阿尼亞國的許多語言以及風俗習慣都被賽伯邑國繼承了下來。賽伯邑國先是將都城定在了薩爾瓦哈，他們在那裡建立起了高大的宮殿。後來賽伯邑國又將他們的都城遷到了自然條件較好的瑪阿利卜。

葉門是一個溝壑縱橫、土地肥沃、物產豐富的國家，只是河流稀少，偶爾會有山洪爆發。人們為充分利用山洪，採取了築堤修壩的方法，因此，在溝與溝之間，人們建了不少堤壩，修了很多流水管道。

沿著山溝，賽伯邑國王修建了非常堅固的堤，兩側修建了一排水渠，因為有了水渠，這條山溝變成了一片沃土，那裡有綠油油的莊稼和果園，黃沙也變成了綠毯，彎曲的小溪流過山溝，小鳥在叢林中歌唱，果實纍纍，百花爭豔。摘採果實的女子只要從果園中穿過，不需要多久，便可滿載而歸。

人們因此得到了諸多好處，於是，一批外出經商者們虔誠的來到真主賜福的黑札慈和沙姆的農村。

在當時，他們只要每走一兩段路，真主便給他們準備了一個休息的地方，還幫他們準備了水和可口的食物。真主的恩惠一個接著一個，讓這些虔誠的信徒感受到這確實是一塊祥福之地。

他們感受到了真主的偉大，每當想到這裡，便不住地讚美真主，因為真

主讓他們擺脫了飢餓和恐懼，讓他們變得富足。但是他們效法前人，因循守舊，而且過於自信，最後竟然開始忘恩負義起來，對真主也不那麼真誠了。真主看到情況，決定給他們一次改過自新的機會，派身邊先知去勸阻他們，讓他們改邪歸正，可是卻毫無成效。

真主決定要給他們一些苦頭吃，讓他們看看，叛逆的結果是要受到懲罰的。這也要成為後人的前車之鑑，如果誰還像他們這樣行事，誰就會遭受到真主給予的最嚴厲的懲罰。

所有的建築物都倒塌了，堤壩也被摧毀了，山洪在沒有受到遮攔的山谷叢林中，橫沖直撞，導致了房屋、農田全部被淹沒毀壞。山谷又恢復成原先的樣子，一片荒涼寂靜的沙漠，除了乾枯的荊棘和酸棗樹之外，一無所有。

鳥兒早已離去，只有幾隻貓頭鷹在光禿禿的廢墟上慘叫，烏鴉也站立在枯樹上哀嚎。

原本住在這裡的居民，看到昨日的天堂變成了沙漠，宮殿變成了瓦片，無法再繼續忍受下去，懷著怨恨和激怒的心情，流落到了其他的國家。

這些人得到了真主的恩惠，卻沒有珍惜，得到了榮譽，卻沒有尊崇，於是，真主給了叛逆者應有的懲罰。

小知識

葉門位於阿拉伯半島西南端，與沙特、阿曼相鄰，瀕紅海、亞丁灣和阿拉伯海。葉門有三千多年文字記載的歷史，是阿拉伯世界古代文明搖籃之一。

神奇的經歷

穆罕默德夜間旅行

除非同時說：「如果真主意欲。」你如果忘了，就應當記憶起你的主，並且說：「我的主或許指示我比這更切近的正道。」

真主的使者在完成日常的瑣碎事務和最後一次禮拜後，在溫姆·哈尼家住了一夜。溫姆·哈尼是使者叔叔敘艾布·塔利卜的女兒，是使者的支持者。

天將破曉，人們伴隨著晨曦醒來時，使者起床準備禮拜，他要來水，做完小淨。禮拜畢，溫姆·哈尼請他談談真主只給予他而不能隨便亂說的事，因為昨晚她看到一件大事，一個很奇怪的場面──這是真主專門賜予她的福氣和榮譽。

使者說：「溫姆·哈尼，正如妳所見，昨天我和你們一起做了宵禮，然後到聖堂去做禮拜，剛才我又與你們一起做了晨禮，這妳是知道的。」隨後使者對她說，他現在要去給古萊什人講一講他所看到的一切，以說明真主的能力。

因為溫姆·哈尼懷有堅強的信念，是伊斯蘭教的堅定信徒，因此，她對使者所看到的一切毫不懷疑，但她深知古萊什人陰險、狡詐，她看到過他們是如何撒謊、欺騙的。她擔心使者會上當，受到他們的數落和傷害。

溫姆·哈尼拉住他的衣角說：「表弟，我提醒你，你不要到那些歪曲你的使命、否認你的主張的人那兒去，我擔心他們會攻擊你。」她拽著他的衣

服，乞求他不要去，最好把他看到的一切隱藏在心底。

但是做為真主的使者，穆罕默德承擔著整個人類現在和將來的使命，怎麼會懼怕呢？偉大的事件被他知曉，他怎麼能緘默不語呢？他不怕狡詐和凌辱，也不怕輕蔑和欺騙，儘管他對溫姆·哈尼的提醒十分憂心，但還是整整衣服，堅定地出發了。

對於和古萊什人交談，真主的使者毫不膽怯，而溫姆·哈尼卻越來越擔心，她把奈卜阿——她可靠的鄰居叫到面前說：「你跟著真主的使者，聽聽他說了些什麼，然後回來告訴我。」

奈卜阿跟隨使者出發了。不久，他回來對溫姆·哈尼說：「真主的使者現在正在克爾白和玄石之間的哈推姆。艾布·蓋赫勒看到他時，像往常一樣用挑釁的口吻對使者說：『你有事嗎？』使者回答說：『是的，昨晚我進行了夜間旅行。』

艾布·蓋赫勒說：『你到哪兒去了？』使者回答道：『耶路撒冷。』艾布·蓋赫勒又問道：『去了耶路撒冷然後又回到了我們這裡？』使者說，『對。』

艾布·蓋赫勒說：『如果把人們召集起來，你能否把對我說的話跟他們講一遍？』使者說：『當然可以。』艾布·蓋赫勒像牛一樣地跑了，他一邊跑一邊喊：『克爾白·本·魯伊的子孫們快來呀！』」

溫姆·哈尼說：「奈卜阿，坐下吧！你接著往下說，後來怎麼樣呢？」奈卜阿坐下，繼續說：「使我吃驚的是人們從四面八方圍攏來，他們把使者圍在中間，艾布·蓋赫勒要求使者把他剛才說過的話向眾人講一遍。

當時他以為使者定會換個話題，說些別的。穆罕默德卻鎮定地對眾人說：『我被祥雲帶到了聖堂。那裡有好多先知，其中有易卜拉欣、穆薩，爾

薩還對我進行了宣傳，我向他們禮拜，還說了話。』艾布・蓋赫勒狡詐地說：『你既然看到了他們，那你描述一下他們長的什麼樣？』使者說：『爾薩比中等個子高一點，但也不很高，臉色紅潤，他的鬍子上好像有銀珠往下落。穆薩皮膚有點黑，身材高大魁梧，樣子有點兇。說真的，我沒看到誰像你們的主人，你們的主人與他們沒一點相同之處。』

他們要求使者用證據說明這些。真主的使者說：『在去敘利亞的路上我在某個山谷裡看到了一個商隊。

當時，那些人對牲畜還有點害怕，是我改變了他們的恐懼心理，在麥加的達吉南山，我還遇到了一支駝隊。在我看到他們時，他們正在睡覺。他們有一個盛水的器皿，還用一個什麼東西蓋著。

我打開蓋，喝了點水，又原樣蓋好。這種情況說明他們是要準備走白譚伊姆那條路的。商隊的頭駝是灰白色的，上邊還馱有兩個口袋，一個黑的，一個黑白兩色的。』

眾人聽後，急速向山路走去，正如使者所說，他們果然發現有一支駱駝隊，頭駝是灰白色的。」

溫姆・哈尼問：「奈卜阿，後來怎麼樣了？」奈卜阿說：「我看到他們歪著頭，擠眉弄眼，表示懷疑，然後就大喊起來。穆特伊姆・本・阿迪大膽地說：『這些事過去了，說起來是容易的。如果你今天能做到，那是何等偉大而奇特啊！我們趕著駱駝去耶路撒冷上山要一個月，下山也要一個月，一共要用兩個月的時間，而你卻說一晚上就到了。我不相信，你在騙人。』」

奈卜阿剛說到這裡，溫姆・哈尼臉上就布滿了不安的愁雲，眼裡噙滿同情的淚水。

奈卜阿接著說：「這時，艾布・伯克爾立刻對使者說：『我相信你說的

是實話。」穆特伊姆·本·阿迪也改口說：『我相信他是去了聖堂，在天亮前回來的。』艾布·伯克爾說：『是的，我相信他還能做出比這更偉大的事情。關於他來往於天地之間的消息，我相信是真的。』穆斯林都同意艾布·伯克爾的意見。但遺憾的是有一部分人叛逆了，他們不知道真主的力量，不知道他的使者所獨有的本領。」

溫姆·哈尼說：「這些人的叛逆對使者的宗教來說算不了什麼。也許他們離開穆斯林的隊伍會更好一些。因為猶豫、動搖對穆斯林來說並沒有益處。」

小知識

古萊什人：伊斯蘭教興起時統治麥加城的阿拉伯部落。「古萊什」為阿拉伯語音譯，意為「聚斂財富」。《阿拉伯大辭書》謂：「稱他們為古萊什人，是因為他們從事商業，沒有從事畜牧與農業。」又一說，古萊什意為「小集團」。

真主與我們同在

葉胡札的忠告

我本著真理而創造天地萬物，我只使它們存在至一定期。不通道的人們不顧他們曾受警告的刑罰。

以色列人中有一對親兄弟，在同樣的環境下成長，但性情完全不同。這和花草一樣，雖屬同種，但大小、花開早晚都不一樣。哥哥葉胡札崇拜真主，莊重溫和，有自知之明，躲避人世間的一切紛爭；而弟弟古特魯斯則不信真主，心狠手辣，小氣吝嗇，性格粗野。

父親為兄弟倆積攢了一筆數額巨大的財富，以便他們能過豐裕、舒適的生活。

父親離開人世後，兄弟倆平分財產，按各人的方式去支配。

葉胡札對真主說：「主啊！我的錢要花得符合您的心意，以感謝您的恩惠，我嚮往您的天堂……」他樂善好施，救濟貧窮，錢財幾乎告罄，但他心安理得，心中無憾。而古特魯斯分到錢，立刻鎖了起來，誰要也不給。他對窮人的苦苦哀求充耳不聞，他用他的錢財買了兩座花園，並努力經營，他在花園裡種上葡萄，葡萄長得枝葉茂密，果實纍纍。他在兩個園子之間修築道路，挖渠通水，四周種上棗樹。他認為天堂已經降臨到地上，這裡多麼美麗，土地肥沃，樹葉蒼翠，果實香甜，溪水清澈，鮮花怒放，百鳥鳴囀，真是令人目不暇給，美不勝收。

他很得意，因為這正是他所想要的生活。其實他應該思考一下這是誰賜

給的，進而堅定信仰，讚美真主。但是幸福迷住了他的雙眼，不感念真主的恩惠和仁慈，這將最終導致他厄運臨頭，一無所有。

真主的恩惠並沒有使古特魯斯懂得感恩，他反而日益驕傲自大，同時變得更加冷漠，對窮人從來都沒有憐憫之心。

一天，穿得破破爛爛的哥哥從他面前走過，他瞥見後，有些瞧不起地說：「你的財產到哪裡去了？你心地善良，現在卻落得穿著破舊、沒有僕從、朋友稀少的結果。你看我現在生活美滿，兒孫滿堂，僕從成群。你來我的果園看看，那裡有垂懸的葡萄，淙淙的流水，茂密的樹葉，互相攀緣的葛藤。你相信會有末日，我認為這是不合理的。如果照你的想法去做，聽從你的意見，那麼我就不可能得到比現在這個花園更美好、更珍貴的東西了。你沒從我現在的狀況中看到一些些好處嗎？有什麼能阻止我在末日前得到最珍貴、最美好的東西呢？」

葉胡札對弟弟說：「你的確背叛了真主，你不再感念他的恩賜，他的仁慈。你想想一下，到底是誰用泥土創造了人類？是真主。你現在有耳聽不進，有心想不通，偏離了正道，還想嘲笑我貧困，想用錢財壓倒我。我現在固然錢少，但比你富有，因為人的財富不是以錢財的多少來計算的。

你引以為自豪的錢財，在我的眼裡不過是海市蜃樓，是虛無縹緲的東西，你眼前美麗的花園，也沒有什麼了不起，總有一天會枯萎衰敗的。你的手下人是助你作惡，最終會毀掉你的，我是崇拜真主、依靠真主的，真主才是勝利者。

真主給了我恩惠，我勸你現在還是罷手吧！我信賴眾人的善良，而不靠權勢和威嚴。我什麼時候覺得餓了，便向真主祈禱；什麼時候吃飽了，便讚頌和感謝真主，這比擁有數額巨大的金錢要好得多。金錢已經使你埋沒了自己的善良，使你變得兇狠殘忍，我服從我的主人爾薩的決定，把我所有的錢

施捨於窮人，救濟別人，幫助別人讓我覺得快樂，讓我覺得幸福。真主終究會給我一個比你的花園好得多的花園，比你的天堂更幸福的天堂，在那裡充滿了幸福和快樂，它不是由金錢堆積起來的，而是愛和善良的結晶。你的兩座花園將不能倖免於狂風的襲擊或者暴雨的摧打。一旦遭到風吹雨打，你再要恢復它，可就比登天還難了。」

葉胡札說完便拋下弟弟，揚長而去，留下弟弟獨自欣賞著花園的美景。

一天早晨，古特魯斯像往常一樣去花園裡散步，呼吸新鮮空氣，在樹蔭下乘涼。當他走進花園時，卻發現那裡已變成一片廢墟，草木枯萎，葡萄架倒塌，一派破敗的景象。

他終於醒悟了，重新信仰了真主。他長期粗暴，現在溫柔了；他一貫貪婪，現在知足了；他曾經吝嗇，現在變得樂善好施了。他悲傷地搓著雙手，為自己的過錯感到難過：「但願我只崇拜真主一人，而不崇拜別的。」

小知識

在《塔木德》這本書中清晰地記載著以色列人民至今傳誦的名字——葉胡札，一個美德、智慧、善良的化身。他驗證出缺少美德的財富如曇花一現，而慈善的智慧則千古流芳。

花園的盛與衰

善惡終有報

「花園裡的水一旦乾涸，你就不能尋求。」

清晨，和風拂面，一個駝背的老人步履蹣跚，拄著一根枴杖在路上散步。每天太陽還沒升起，他便用枴杖敲打他在德爾旺的花園的門了。

老人將花園收拾得十分俐落整潔，滿園裡花草芬芳，蜂蝶相隨，渠水常流，清風拂柳。園子裡百花怒放，樹上果實纍纍物種豐富，有葡萄、椰棗，也有蔬菜、穀物，這些都使人賞心悅目。

老人喜歡四處巡視，愛在小路上散步，呼吸著滿是花香的空氣，欣賞著美麗的風光，傾聽著百鳥的啼鳴。他每日都禱告，讚美真主、感謝真主的恩惠，祈求真主保佑他不受別人的欺負，遠離世俗的引誘和魔鬼的蠱惑。

年復一年，日復一日，老人天天早晨如此。當他發現園子裡穀物成熟時，便招呼園丁、助手，讓他們備好鐮刀和其他工具，準備收割。當然，也會有許多窮人來幫忙。他會給每人一份豐厚的東西——給這個裝滿一筐，給那個包上一包，這是每年的慣例了。

可是這一年，老人的兒子們忍耐不住了，他們不願意看到父親把錢財分給那些窮人，也不同意把園子裡的果實送給他人。

老人的一個兒子說：「爸爸，您每年施捨給窮人那麼多錢，給了他們那麼多的水果、蔬菜和糧食，這影響了我們的生計。」

另一個兒子說：「父親，再這樣下去，我們也會變成窮人的。」

第三個兒子正想開口，老人便示意他閉嘴。他說道：「你們都想錯了，金錢算什麼？這個園子其實並不屬於我們。錢是真主託付給我，要我分給仁慈的人們的，因為這是對忠誠的人們的恩賜。窮人及其他需要幫助的人們有這樣的權利，他們完全有資格得到一份園子裡的果實，這些是我多年以來按照真主的裁決所習慣做的事。正因為如此，我的錢才越來越多。我一直都堅持這樣的行為，到了晚年怎麼能放棄呢？我已經頭髮花白，還有疾病纏身，也許過不了多久就會去見真主。我死後，你們將繼承這個園子和錢財，如果你們樂善好施，真主還會讓你們不愁吃穿；如果你們吝嗇守財，那麼真主就會懲罰你們。」

沒過多久，老人便因病逝世，他的兒子們繼承了他的財產。

時間過得真快，轉眼間又到了收成的季節，窮人們像往年一樣等待著屬於他們的那一份果實。

老人的兒子們聚在一起，商量如何採收和分配的事情。一個兒子說：「從今年開始，這個園子就不該讓窮人和乞丐分享果實了，也不許過路人在樹下休息了。誰想要什麼，誰就付錢，我們這麼做，肯定會發財的。」

可是一個在品格秉性上最像父親的兒子反對說：「你們膽子好大，自以為這麼做對自己最有利，卻不知道這麼做也包含著罪惡。你們如果那樣做，便剝奪了窮人的權利，早晚會毀掉這個園子的。還是讓窮人享受他們的權利，按父親以往的習慣辦事吧！你們做了有利於他人的事情，真主會讚揚你們，保佑你們，給你們更大的好處的！」

但他的聲音立刻被其他兄弟壓了過去，其他人嚷道：「你管不著，你別出什麼鬼主意了，也不用向我們提什麼忠告。你還是去祈禱吧！祈禱你走上

正路，祈禱真主給你恩賜，不過那些窮鬼們是聽不見的，他們也不會報答你。」

他們計畫在第二天清晨，趁窮人們還沒睡醒時去果園採收，然後每人一份。

真主知道他們的壞念頭，便降下災難。一陣大風颳過，園子裡的草木被連根拔起，果實紛紛墜地，樹木花草全部枯死。

第二天拂曉時，他們看到了面目全非的園子，十分震驚：「這是我們的園子嗎？昨天我們離開這裡時，還枝繁葉茂，果實纍纍，現在卻變成這個樣子。我們真是誤入歧途了！」

那個心地善良的兒子說：「這就是你們的花園。你們想剝奪窮人的權利，卻自食惡果，這是給守財奴最嚴厲的懲罰。」

他們趕快說：「我們讚美真主，我們信仰真主，我們錯了！我們該死！願真主能再給我們好處。」

但是天命已定，剩下的只有遺憾了，他們突然想到真主的啟示：「懲戒就是這樣，末日的懲戒是最大的，假如他們這樣做了。」

小知識

在伊斯蘭教裡把世界末日叫做復生日。在這一天，天使吉百利將吹響號角，所有死去的人都將復活並接受真主的拷問。誰做了善事、誰做了壞事、誰可以進入天堂、誰要下火獄……這些事都會在復生日這天全部顯現出來。

寧死不屈的信者
巴拉勒的幸與不幸

你難道不知道你是我的奴僕，你所有的東西都歸我所有嗎？

伍麥葉·本·赫勒發家有人來訪，伍麥葉在會客室見到了那個人。

一見面，那人便說：「你沒聽說什麼嗎？」

伍麥葉說：「沒有。」

他說：「我常常看到巴拉勒去拜訪穆罕默德，有時在白天，有時在晚上。他總是偷偷地去，怕被別人看見，他的神態和行為讓我覺得他已經回應了穆罕默德的召喚，如許多民眾那樣信仰了這一宗教。」

伍麥葉對他說：「你說的都是真的嗎？」

那人說：「我給你通風報信就是為了讓你教訓這個奴僕，懲罰這種不軌行為。」

聽了那個人的話，伍麥葉此時已滿腔怒火，他覺得巴拉勒是一個可憎又可惡的人，於是命人立刻將巴拉勒叫來。

巴拉勒奉命來了，膽顫心驚地站在伍麥葉面前。伍麥葉看到這個奴僕，滿腔怒火幾乎要噴發而出。他質問巴拉勒：「你現在聽誰的命令？難道你真的順從了穆罕默德，相信了他的號召，信仰了他的宗教？」

巴拉勒回答說：「我不想對您隱瞞我現在的情況。我現在確實常去穆罕

默德那裡，我信仰了他的宗教，回應了他的號召。我只告訴您一個人，不想讓其他的人知道。」

伍麥葉說：「你難道不知道你是我的奴僕，你所有的東西都歸我所有嗎？自從把你買來那天起，你就應該知道我不但買了你的身體，而且也買了你的靈魂，你要和我保持一樣的信仰。」

巴拉勒說：「我不否認我是您的奴僕，我可以為您做一切事情，但我不會改變自己的信仰，這是我自己的事情。」

伍麥葉聽後氣急敗壞地大吼：「奴才，你的全部都是屬於我的，也包括你的思想和靈魂，你沒有任何自由，我要嚴懲你，要滅掉你的信仰！」

說完，伍麥葉命人用繩子把巴拉勒的手和腳綁上，並把他交給麥加大河谷中的青年們，任他們像踢球一樣把他拋來拋去。傍晚，伍麥葉去看看對巴拉勒的懲罰效果如何，但這對一個信仰真主的人來說，根本沒有什麼作用。伍麥葉說：「巴拉勒，你對懲處有什麼想法？你覺得堅持你的信仰好還是回到拉特和阿齊那裡好？」

巴拉勒看了他一眼，堅定了對真主的信仰，對懲處滿不在乎：「即使災難接踵而來，苦難一個接著一個，我還要堅持我的信仰，絕不改變！」

第二天，驕陽似火，整個大地像是在燃燒，伍麥葉命令巴拉勒躺在地上，然後搬來一塊大石，壓在他的胸口上。陽光像利箭一樣向他射去，巨風捲著滾燙的沙土不斷侵襲著他，但這一切都沒能使他屈服。在他的腦海裡，真主是唯一的神，他嚮往真主，依靠真主。

無論是酷暑還是酷刑都沒有讓他的信念動搖，他仍然想：「只有真主才能使我免災，在大災大難中他是我唯一的依靠，只有真主才能使穆罕默德成為天使，引領我走向正路。我能成為信徒，是真主對我的恩惠。」

　　殘忍的伍麥葉一直對巴拉勒進行懲罰，這種懲罰隨著時間的推移不斷進行著。一天，艾布·伯克爾從麥加的一條小巷走過，看到巴拉勒因為接受懲罰而痛苦地呻吟著，而伍麥葉高傲地站在那裡。他的憐憫之心突起，於是對伍麥葉說：「結束你的行為吧！這種行為對你有什麼好處？痛苦的眼淚對你有何益處？他又沒犯什麼罪。」

　　伍麥葉狂妄地說：「他是我的奴僕，我的財產，如何懲罰他是我的自由，是你和你的主人使他遭受苦難。如果你同情他，不妨把他買走，使他擺脫現在的處境，只要他還是我的奴僕，我就絕不會結束對他的懲罰，除非他不堅持他現在的信仰。」艾布·伯克爾說：「好，我買了他。從現在起，他已經不是你的奴僕，至於你，巴拉勒，我相信你會從真主那裡得到好處的。」

　　艾布·伯克爾和伍麥葉，一個是信士，一個是不通道者，真主已安排了他倆截然不同的結局：「我警告你們有一種發焰的火，唯薄命者墜入其中，他否認真理，而背棄之；敬畏者，得免於火刑。他虔誠地施捨他的財產，他沒有接受過任何人理應回報的恩德，但他施捨只是為了求他的至尊主的喜悅，他自己將來必定喜悅。」

小知識

　　巴拉勒是被從埃塞俄比亞買來的黑奴，在皈信伊斯蘭教之前巴拉勒與其他奴隸一樣過著非人的生活。雖然巴拉勒也不知怎樣才可以改變自己和其他奴隸的境況，但他對此一直充滿希望。當他知道先知的事情及伊斯蘭教的存在之後，經過千辛萬苦終於找到了先知，在對伊斯蘭教有了充分瞭解之後，巴拉勒重新找到了生活的希望。

真主的力量

象軍也是可以戰勝的

難道你不知道你的主怎樣處治象的主人們嗎？難道他沒有使他們的計謀變成無益的嗎？他曾派遣成群的鳥去傷他們，以黏土石射擊他們，使他們變成吃剩的乾草一樣。

祖‧努瓦斯當上葉門的國王後，十分厭惡前輩們貪圖享樂的行為。

有一天，努瓦斯路過耶斯利卜，發現這個地方的許多人都在信奉猶太教。猶太教的許多教義印到了他的腦海之中，冥冥之中，他覺得這個宗教的教義跟自己的內心想法有很多相似之處，迎合了內心的願望。於是他信仰了這個宗教，並大力宣傳教義，號召所有的阿拉伯人都信仰它，否則將受到懲罰。畏於他的兇狠，很多人被迫加入了新教。

其中有一個人死裡逃生，來到羅馬請求援助。國王說：「貴國家離我們甚遠，我寫封信請求埃塞俄比亞國王幫助你們吧！他也反對這個宗教。」

說完，羅馬國王隨即寫了封信，命令尼加西（埃塞俄比亞古代國王的稱號）幫他報仇。這個人攜信來到埃塞俄比亞，向尼加西控訴他的族人的悲慘遭遇。尼加西決定出兵討伐葉門國王祖‧努瓦斯。

祖‧努瓦斯的軍隊不堪一擊，兩軍剛一交戰，便被擊潰了。最後，葉門被征服，這個顯赫一時的王國成為了埃塞俄比亞基督教徒的一塊屬地。後來，阿卜萊赫成了埃塞俄比亞的國王，他想擴大基督教的影響範圍，為此在薩那建了一座豪華壯麗的教堂。他以為這樣便能吸引麥加居民了，卻沒料到

當地居民仍然去老地方朝拜，葉門人也不理睬他，而阿拉伯人因不滿其他教教堂的出現，凌辱了這座教堂。

阿卜萊赫得知這件事情後，異常氣憤，他發誓要毀掉克爾白，拆掉易卜拉欣和易司馬儀的聖堂，除非他們離開克爾白而轉向他的教堂。他親率大軍，以大象為先鋒，向麥加進發，試圖毀掉阿拉伯人的天房——穆斯林朝聖和集會的地方。

在這危難之際，一個叫祖·納夫爾的人挺身而出，號召葉門人和其他阿拉伯人一起反抗阿卜萊赫。不幸的是，他們最終還是因為寡不敵眾而失敗了。然而，這並沒使阿拉伯人停止抵抗，仇恨使多數阿拉伯人誓死保護他們的半島，並激勵他們去戰鬥。可是阿卜萊赫的軍隊太強大了，他們所向披靡，軟弱的阿拉伯部族只好向他表示臣服和順從。

阿卜萊赫的部隊在麥加紮營後，士兵們大肆掠奪麥加地區古萊什和其他部族的財產，阿卜杜·邁特萊卜·本·哈希姆的駱駝也被他們搶走了。當時，哈希姆是部族的首領，並且管理著向朝聖者供水的工作。開始的時候，古萊什人和麥加居民想要反抗阿卜萊赫的侵略，但自知不是其對手，只好作罷，聽任他的欺壓。

阿卜萊赫的一個下屬來詢問誰是麥加的掌權者，有人道出了實情。這個人來到哈希姆的住處，對他說：「國王說，他來這裡是為了毀掉天房，而不是為了和你們打仗。」哈希姆說：「我們不願動武，況且我們也不是他的對手。」

來使說：「那你就和我一起去見他吧！阿卜萊赫命令我帶你去見他。」於是，哈希姆及其族人跟著來使來見阿卜萊赫。阿卜萊赫見到哈希姆，便說：「我一見到你，就對你很欽佩，至於說到駱駝，我不感興趣，我來這裡是為了搗毀天房，希望你能幫助我。」

哈希姆說：「我是駱駝的主人，而天房也有主人，它的主人絕不允許你破壞它。」

阿卜萊赫說：「什麼也阻擋不了我！」哈希姆說：「那悉聽尊便吧！」

這時麥加居民的代表希望阿卜萊赫不要去毀壞天房，做為交換條件，他們決定把麥加三分之一的財產給他。對此，阿卜萊赫不屑一聽，拒絕接受任何贖金。

哈希姆勸麥加居民保全生命要緊，要求他們去山上避難。不久，山頂上、大街上到處都是人，駱駝和羊的呼叫、婦女和兒童的喊聲混雜在一起，混亂不堪。哈希姆走出逃難的人群，和一些古萊什人來到天房，一起祈禱。他們懇求真主戰勝阿卜萊赫及其軍隊，祈求保佑天房，維護克爾白。祈禱完畢，他們就朝山裡走去。

一夜之間，麥加成了一座空城。這時，阿卜萊赫準備揮軍揮師直奔麥加，當他們來到麥加城外，遭遇到真主派出的口銜石子的群鳥。飛鳥把石頭扔向他們的頭部，砸破了他們的頭顱，砸斷了他們的四肢。

阿卜萊赫也中了石頭，他急忙班師回國，不久就一命嗚呼了。就這樣，真主保護了古萊什族的天房。這一奇蹟也提高了麥加的地位，它的居民努力去維護這種崇高的榮譽，打擊一切野心勃勃、膽大妄為的人。

小知識

阿拉伯人為紀念戰勝象軍這一歷史事件，遂稱該年為象年，並以該年做為一種紀年號。從這年起，阿拉伯人開始撰寫看書的歷史事件。相傳，穆罕默德即誕生於此年。

真主的啟示

穆罕默德迎娶離婚的女人

宰德啊，你應該極力挽留你的妻子。你應該敬畏真主，你要知道，
是真主讓你和宰納卜結為夫婦的，你應該和她好好相處，不要違背
了真主的旨意，也不要違背你自己曾經許下的諾言。

先知穆罕默德的妻子海迪吉對丈夫說：「我帶來了一個哈里斯部落的青
年，他的名字叫宰德，我把他送給你做奴僕吧！」先知知道後非常高興，表
示感謝。從此，宰德就在先知的身邊服侍。

不久，麥加的哈里斯部落派遣使者要把宰德贖回去，想結束他的奴僕生
活，先知非常生氣，對他們說：「你們如果要帶，就把他帶回去吧！我不要
你們一文錢。」

然而當這些人徵求宰德本人意見的時候，宰德卻表示不願意離開先知，
從此他改名為宰德・本・穆罕默德，以表示對真主的使者穆罕默德的尊重。

隨著歲月的流逝，宰德逐漸長大，先知非常喜歡他，想為他迎娶一位阿
拉伯姑娘做為日後的生活伴侶。為了讓他得到更好的生活，先知考慮了良
久，最後決定讓表妹宰納卜與宰德訂婚。

先知的表弟得知此事，覺得非常不可思議，他不同意宰納卜與宰德的婚
事，因為他認為宰德不是真正的阿拉伯人，他有其他種族的血統。但是信仰
真主的表弟不能做違反真主和先知意願的事情，這讓他感到非常無奈。

宰納卜與宰德在人們的議論與懷疑聲中走到了一起，儘管他們的婚姻不

被人們所祝福，但他們婚後的生活非常幸福。在這些彼此陪伴的日子裡，他們互相扶持，相互理解，無論面對何種困難，他們只要想到彼此，便覺得生活充滿了希望。

一段時間後，真主想透過一件事來闡明宗教教義，改變人們的傳統觀念，同時制訂一些法律，打破阿拉伯的傳統習俗，打碎人們的精神枷鎖。

在真主的安排下，宰納卜和宰德的關係不像原來那麼和睦了，變得越來越淡薄，甚至有些緊張。宰德來到先知面前，對先知說自己想要把宰納卜休掉。

聽完宰德的話後，先知不禁感慨道：「宰德啊！你應該極力挽留你的妻子。你應該敬畏真主，你要知道，是真主讓你和宰納卜結為夫婦的，你應該和她好好相處，不要違背真主的旨意，也不要違背你自己曾經許下過的諾言。」

在說這些話的時候，先知的心情十分激動，因為真主曾經預言過，當宰德拋棄她的時候，真主會把她許配給先知，做先知的妻子。

先知一直在祈求真主的同情和庇護，讓宰德和宰納卜能夠和好如初。他懇求真主改變他的旨意，撤銷他的判決，但是真主拒絕收回判決。先知把真主的啟示隱藏在心中，沒有向任何人宣布，但是真主引導誰，誰將不致迷誤，那是真主的正道。

為了樹立伊斯蘭教法典的典範，改變人們舊的習慣和看法，先知決定按照真主的旨意行事。在真主的安排下，宰德和宰納卜離了婚。離婚後不久，宰納卜和先知結婚了，這讓宰納卜為此感到驕傲，她對先知的其他妻子說道：「是真主為我主的婚，而妳們則是妳們的父母主的婚。」

先知和宰納卜結婚的事情改變了阿拉伯人長期流行的習俗，改變了那裡

人們的傳統觀念。過去人們一直認為，不是阿拉伯血統的孩子就沒有繼承權、生育權。如果結婚了，就不能離婚。

　　宰德和宰納卜離婚的事情使不少人對此議論紛紛。他們覺得宰納卜和宰德剛結婚，穆罕默德先知便希望得到她。但人們也知道，先知從來不違背真主的旨意，如果先知早就想要娶宰納卜為妻子，一定會在她年少的時候就娶她，而不會等她青春期過了再迎娶的。因此，這一定是真主的旨意。

　　先知一直忙於宗教的事情，並不迷戀女色。在他年輕的時候，宰納卜就是他的鄰居，但先知卻對她視而不見，從未有過邪念。

　　這一事件，讓真主意識到，先知穆罕默德是具有高尚品德之人。

小知識

伊斯蘭教重視婚姻，它不僅是整個社會的基礎，而且也是遵從主命履行穆聖教誨的具體表現。在伊斯蘭教中，男女結婚既是主命也是聖行。穆聖曾說：「男女結婚是我的定制，背棄我的定制者不是我的教生。」

一個蘋果帶來的幸運

悔過的青年贏得美人歸

對主發誓，我絕對不原諒你，末日之時，我會在真主這裡和你理論。

伊曆一世紀，有一個虔誠的求學青年，他非常貧窮，幾乎家徒四壁。一天，他感到異常飢餓，卻在家裡遍尋不到可以充飢的食物，於是決定離開家，出去碰碰運氣。

走出家門的他，忽然覺得芳香四溢，沁人心脾，轉身發現了一座果實纍纍的園子，而且有一棵蘋果樹的枝幹已經伸出了圍牆，發出誘人的清香。他停下了，想採摘一個蘋果充飢。他想，反正這個時候附近沒有人，不用擔心會被旁人看見，而且吃掉一個蘋果對這一大片果園來說，算不上什麼損失。

於是，他摘下一個蘋果，一眨眼的工夫便狼吞虎嚥地吃完了。可是當他準備回家的時候，卻開始反思起自己的行為：「我能算一個真正的信士嗎？我怎麼能去偷吃這個蘋果呢？我的行為就是在偷竊一名穆斯林的財產啊！我並沒有徵得主人的同意，我也沒有向他道歉。」

良心的譴責讓他不由自主地找到了果園的主人。青年對果園的主人說道：「大叔，我因為特別飢餓，在您毫不知情的情況下吃了您果園裡的一個蘋果，現在我知道錯了，特地來向您道歉，我不該私自拿您果園裡的食物吃。」

主人對這位青年說道：「對主發誓，我絕對不原諒你，末日之時，我會在真主這裡和你理論。」

　　這位青年哭著懇求果園主人原諒他：「敬愛的主人，為了得到您的原諒，我願意做任何事情，因為這是我犯下錯誤所應當付出的代價。」

　　無論青年怎麼哀求，果園主人都沒有原諒他，最後還徑直離開了。真心悔改的青年一直在果園主人家門口守候，等待果園主人出來。

　　過了很久，當果園主人再次走出來，發現這位青年還在門口，便被青年的真誠感動了。青年再一次懇求主人原諒他：「大叔，我可以用我一生的時間無償為您工作，或者做您說的任何合理事情，只要您肯原諒我。」

　　聽了青年人的話，主人沉思片刻，然後對他說：「孩子，我準備原諒你，但是我希望你能和我的女兒結婚。」

　　主人的話讓青年頗感意外，他有點不相信自己的耳朵。主人接著對他說：「我的女兒是一個瞎子、聾子、啞巴，而且還半身不遂，暫時沒有辦法走路，我正準備給她找一個我可以放心的、能接受她的丈夫。如果你同意這門婚事，我就原諒你。」

　　聽了主人的話，青年人震驚了，他開始考慮應該如何和大叔的女兒在一起生活。他暗想道：「自己現在風華正茂，正是有番作為的時候，有很多年輕貌美的姑娘可供選擇，但自己已經答應為犯下的錯誤付出代價。那麼在今世，我就忍耐一下，接受她吧！這樣我可以擺脫一個蘋果所帶來的窘境了！」

　　青年人對果園主人說：「大叔，我願意接娶您的女兒，履行我的誓言，祈求真主按照我的意念回賜我吧！」

　　果園主人說道：「好的，孩子，日子就訂在下週四吧！到時候，我在家裡為你們舉辦婚禮和宴會。」

時間很快就到了，青年人準時來到主人家門口。雖然是結婚，但是在他臉上卻絲毫看不到喜悅和幸福。他敲了敲門，為他開門的正是果園主人的女兒，也就是他的未婚妻。

當青年人看到她的時候，不由嚇呆了，站在那裡一動也不動。他簡直不敢相信自己的眼睛：大叔的女兒宛如天仙下凡，她的美麗讓整個世界都失去了光彩！大叔牽著他的手，把他帶到女兒的面前說：「孩子，願真主祝福你們，讓你們永結同心，讓你們永遠幸福！」

大叔的女兒看著青年人奇怪的表情，對他說：「沒錯，我是瞎子，我看不到非法之物；我是啞巴，因為我說不了非法之言；我是聾子，我沒有聽過非法之語；我半身不遂，我的雙腳不會向非法向前邁一步。我是父親的獨生女，他很愛我，這幾年，父親一直在為我尋找一個善良、可以託付一生的夫君。當你為一個蘋果而向他道歉的時候，他說能為了吃他一個蘋果而擔心的人，一定是一位害怕真主的人，這樣的人對我的女兒也不會錯。」青年人這才明白究竟是怎麼回事。

一年後，美麗、善良的妻子為青年生下了一名可愛的男孩，他便是這個民族的傑出人物——大伊瑪目艾布·哈尼法，著名的法學派鼻祖。

小知識

伊曆：即伊斯蘭教曆，是沿用阿拉伯太陰曆而形成的一種純陰曆法，它的紀年之始為西元622年7月16日，到西元2010年已經歷了1431年，是各種曆法中影響較大、歷史較長的一種曆法。中國亦稱回曆、穆曆、聖曆，現通稱伊斯蘭教曆，為世界穆斯林所通用。

堅持就會得到好報

好萊與丈夫和好如初

從此以後，妳的背，便和我母親的背一樣。

有一位名叫好萊的姑娘，長得十分美麗動人，不僅身材苗條，而且皮膚白皙，五官精緻。她出身於赫茲萊吉部族，長大後嫁給了奧斯・本・薩米特。在結婚開始的幾年裡，小倆口恩恩愛愛，日子過得十分幸福。

然而好景不常。一天，好萊正在祈禱，她的丈夫看到她虔誠地站在那裡跪拜，不由自主地上前去挑逗她，不料她立刻厭惡地避開了。

丈夫非常驚訝，接著大發雷霆道：「從此以後，妳的背，便和我母親的背一樣。」

在當時，如果丈夫對妻子說這句話，就表示丈夫已經不把她當作自己的妻子，而是當作母親了。只有當丈夫要堅決休掉妻子的時候才會這樣說。

好萊立刻明白丈夫的意思，原來他想要休掉自己，一想到將要離開生活多年的丈夫，她感到十分難受。好萊來到先知面前，向他訴說自己的悲傷，希望先知能夠為她指出一條出路。

真主的使者說：「妳的事情我現在還不能夠作出回答。」這並不是因為先知不願幫她，而是因為先知是真主派到世上的人，他決定任何事情之前，都需要依靠真主降下的啟示。現在，先知還沒有得到真主的啟示。

好萊更加難受，她祈求先知：「我的丈夫要休掉我，他是我最心愛的

人，是我孩子的父親。我懇求您，讓他看在我們夫妻多年和孩子的情分上，不要這樣做吧！」

先知從她的話中已經知道了事情的真相，但他不能說什麼，因為他還沒有得到真主的啟示。因此先知還是重複那一句話：「我對妳的事不能表示什麼意見。」

好萊一直站著虔誠地祈求著，她向真主訴說她的悲傷，終於，真主聽到了她的訴說。

這時真主的使者忽然昏迷了，這是真主在給他降下啟示的徵兆。片刻後，使者醒了過來，他告訴好萊：「真主已經聽到了妳的訴說，並且答應了妳的請求。從現在開始，妳的丈夫還會把妳當作妻子，不再遺棄妳。但他要改正以前的過錯，與妳重新和好，必須釋放一個奴隸。如果沒有奴隸，就必須連續齋戒兩個月。如果不能齋戒，就必須供給六十個貧民一日的口糧。」

聽了先知的話，好萊的臉上終於有了笑容，她的願望實現了，她高興地告別先知回家了。

這時，先知派人把奧斯叫來，對他說：「你做了什麼事情？」

「魔鬼纏身，讓我迷失了心竅，喪失了理智，做了一件糊塗事情。先知，你有辦法讓我的妻子再回到我的身邊嗎？」

「是的，我有辦法。」使者說，「你能夠釋放一個奴隸嗎？」

奧斯回答：「我沒有奴隸。」

「你能連續齋戒兩個月嗎？」

「不能，我一天不吃飯，我的視力便會減弱。」

「那麼，你是否願意為六十個貧民提供一天的口糧呢？」

「如果你幫助我的話，我願意這麼做，否則不能。」

於是，先知向他伸出了援助之手，使他為六十個貧民提供了一天的口糧。

從此以後，他和妻子和好如初，重新過上了幸福的生活。

透過這件事情，真主使穆斯林擺脫了蒙昧時代所遺留下來的落後習俗，伊斯蘭教終於照亮了黑暗的地方。

小知識

《古蘭經》是真主給全人類的最後啟示，是真主的語言，是透過哲布依勒天使，用阿拉伯語的語音、詞和義降示給使者穆罕默德的。《古蘭經》降示之後被教授給聖門弟子們，他們逐字逐句地、堅持不懈地背記，並謹慎地將它輯錄成冊傳給後人。簡言之，《古蘭經》是真主啟示的最後一部天經，它的使命是指導和拯救全人類。

國家圖書館出版品預行編目資料

關於古蘭經的100個故事／吳學榮編著.
－－第一版－－臺北市：宇河文化出版；
紅螞蟻圖書發行，2011.4
面 ； 公分－－(Elite；31)
ISBN 978-957-659-838-8（平裝）

1.可蘭經

251   100004339

Elite 31

關於古蘭經的100個故事

編　　著／吳學榮
美術構成／Chris' office
校　　對／楊安妮、賴依蓮、朱慧蒨
發 行 人／賴秀珍
總 編 輯／何南輝
出　　版／宇河文化出版有限公司
發　　行／紅螞蟻圖書有限公司
地　　址／台北市內湖區舊宗路二段121巷19號（紅螞蟻資訊大樓）
網　　站／www.e-redant.com
郵撥帳號／1604621-1　紅螞蟻圖書有限公司
電　　話／(02)2795-3656（代表號）
傳　　真／(02)2795-4100
登 記 證／局版北市業字第1446號
法律顧問／許晏賓律師
印 刷 廠／卡樂彩色製版印刷有限公司
出版日期／2011年4月　第一版第一刷
　　　　　2022年7月　　　　第二刷

定價 300 元　　港幣 100 元

ISBN 978-957-659-838-8　　　　　Printed in Taiwan